中小学校党组织领导的校长负责制：

北京实践

李　奕
肖韵竹　主编

北 京 出 版 集 团
北 京 出 版 社

图书在版编目（CIP）数据

中小学校党组织领导的校长负责制 ：北京实践 / 李奕，肖韵竹主编. — 北京 ：北京出版社，2022.3
ISBN 978-7-200-17087-0

Ⅰ. ①中… Ⅱ. ①李… ②肖… Ⅲ. ①中小学—校长负责制—研究—北京 Ⅳ. ①G637.1

中国版本图书馆 CIP 数据核字(2022)第 037990 号

中小学校党组织领导的校长负责制：北京实践
ZHONG-XIAOXUEXIAO DANGZUZHI
LINGDAO DE XIAOZHANG FUZEZHI：BEIJING SHIJIAN
李　奕　肖韵竹　主编

*

北京出版集团
北京出版社　出版
（北京北三环中路 6 号）
邮政编码：100120

网　址：www.bph.com.cn
北京出版集团总发行
新华书店经销
北京汇瑞嘉合文化发展有限公司印刷

*

787 毫米×1092 毫米　16 开本　24 印张　325 千字
2022 年 3 月第 1 版　2022 年 9 月第 2 次印刷

ISBN 978-7-200-17087-0
定价：58.00 元

如有印装质量问题，由本社负责调换
质量监督电话：010-58572393

本书编委会

主　　编　李　奕　肖韵竹

副 主 编　汤丰林　李丽辉　宋晓晖　王鸿杰

编　　委　刘洪涛　蒋桂达　孙亚茹　尚九宾　刘　琳　孙宇轩　胡　鹏　谢春燕　李　楠　刘　藻　赵蓬欣　刘青松　周爱彬　王　迪

指导专家　刘　建　马宪平　姚　桓

前言

在中小学校建立党组织领导的校长负责制，是习近平总书记亲自提出并主持研究确定的根本性制度改革，是坚持和加强党对中小学校的全面领导，坚持为党育人、为国育才，保证党的教育方针和党中央决策部署在中小学校得到贯彻落实的必然要求，是当前和今后一个时期基础教育领域的一项纲领性工作。

2018年全国组织工作会议和全国教育大会召开后，北京市迅速行动，率先启动试点工作，按照“三年三步走”的策略，先后历经“燕山先行先试、五区率先试点、全域同步试点”三个阶段，试点范围覆盖到全市16区和燕山、经开区，在107所中小学校探索建立党组织领导的校长负责制，致力于构建党组织发挥领导作用，履行把方向、管大局、作决策、抓班子、带队伍、保落实六大领导职责的组织体系、制度体系和工作机制，取得了积极成效。

在市委组织部和市委教育工委领导下，北京教育党校按照试点工作和试点研究协同推进的“双轮驱动”特色路径，牵头承担了“1+8”试点运行研究，并参与了深化研究任务，在试点基础上探索规律、发现问题、提出对策，强化了试点工作的站位高度、认识深度、理论厚度、推进力度和实践效度。为转化试点成果，推广试点经验，北京教育党校汇集了有关研究成果和中小学校实践案例，形成这部《中小学校党组织领导的校长负责制：北京实践》。

本书分为理论探究篇和实践探索篇两大部分。其中理论探究篇包括9项研究成果，重点阐释了中小学校党组织领导的校长负责制的意义、概念和内涵，系统分析了新中国成立以来中小学校领导体制的历史沿革，归纳了贯穿其中的党办中小学校的优良传统和宝贵经验，总结了北京试点新领导体制改革工作的成效经验，分析了试点推进过程中存在的问题，提出了全面推行的对策建议。对“教育集团化学校试点策略”“跨区域办学学校试点策略”“党政‘一肩挑’学校试点策略”“党政分设学校试点策略”“学校内设党支部管理策略”“党组织领导德育和思想政治工作策略”“试点学校干部选拔任用管理策略”等个性化策略方法均专门进行了论述。实践探索篇重点围绕中小学校建立健全党组织发挥领导作用的组织体系、制度体系和工作机制方面的有效举措、典型做法，选取了49篇操作性强、可借鉴、易复制的学校特色案例，为中小学校加快建立健全新领导体制、加强党对基础教育的全面领导、落实立德树人根本任务提供参考借鉴。

本书主编为北京市委教育工委副书记李奕同志，北京教育党校常务副校长、北京教育学院党委书记肖韵竹同志；副主编为北京教育学院党委委员、副院长汤丰林同志，首都师范大学党委常委、纪委书记李丽辉同志，北京市委教育工委组织二处处长宋晓晖同志，北京教育党校办公室主任、北京市基础教育党建研究中心常务副主任王鸿杰同志；编委由北京市委教育工委组织二处、北京教育党校办公室、北京市基础教育党建研究中心、北京市试点区（地区）相关负责同志组成。本书编纂过程中，北京市党建研究所、北京市委党校等单位的党建专家严格指导把关，保证了本书的科学性、可读性和启发性。

希望本书的出版，能够为中小学校新领导体制改革的稳慎推进提供理论支持和经验借鉴，助力把准改革方向，把握工作节奏，把住关键环节，更好地推动建立中小学校党组织领导的校长负责制工作的落地落实。

本书编委会

2022年3月

目 录

理论探究篇

深化中小学校党组织领导的校长负责制研究

市委教育工委、北京教育党校课题组*

【内容提要】

中小学校是国民教育体系的基础，担负着培养德智体美劳全面发展的社会主义建设者和接班人的重要使命。建立中小学校党组织领导的校长负责制，是坚持为党育人、为国育才，保证党的教育方针和党中央决策部署在中小学校得到贯彻落实的必然要求。为深入贯彻中央精神和市委要求，加强党对教育工作的全面领导，稳慎推进中小学校领导体制改革，市委教育工委、北京教育党校课题组全程指导和参与试点工作，通过开展文献研究、文本调研、专家访谈等，深入探索这一领导体制的理论架构，梳理实践的经验，分析存在的问题，设计改革的路径，为全面试行党组织领导的校长负责制提供了决策咨询建议。

【关键词】

中小学校党组织领导的校长负责制　历史沿革　内涵特征　北京试点

中小学校是国民教育体系的基础，担负着培养德智体美劳全面发展的社会主义建设者和接班人的重要使命。2022年1月，中共中央办公厅印发了《关

---

* 课题组组长：郑吉春，北京市委教育工委原常务副书记。

课题组核心成员：李奕，北京市委教育工委副书记、一级巡视员；肖韵竹，北京教育学院党委书记、北京教育党校常务副校长；汤丰林，北京教育学院党委委员、副院长；李丽辉，首都师范大学党委常委、纪委书记；宋晓晖，北京市委教育工委组织二处处长；王鸿杰，北京教育党校办公室主任、北京市基础教育党建研究中心常务副主任。

于建立中小学校党组织领导的校长负责制的意见（试行）》，并发出通知。通知指出，建立中小学校党组织领导的校长负责制，是坚持为党育人、为国育才，保证党的教育方针和党中央决策部署在中小学校得到贯彻落实的必然要求。各地区各有关部门要认真贯彻落实本意见精神，加强组织领导和工作指导，切实把这项工作抓紧抓好。要在深入总结试点工作基础上，健全发挥中小学校党组织领导作用的体制机制，确保党组织履行好把方向、管大局、作决策、抓班子、带队伍、保落实的领导职责。要把党建工作作为办学治校的重要内容，发挥基层党组织作用，加强党员队伍建设，使基层党组织成为学校教书育人的坚强战斗堡垒。为深入贯彻中央精神和市委要求，加强党对教育工作的全面领导，稳慎推进中小学校领导体制改革，市委教育工委、北京教育党校课题组全程指导和参与试点工作，通过开展文献研究、文本调研、专家访谈等，探索建设理论架构、认真总结实践成果、深入分析存在问题，提出了健全党组织发挥领导作用体制机制的路径选择和对策措施。

一、理论架构：中小学校领导体制沿革及党组织领导的校长负责制内涵特征

课题坚持聚焦中小学校党组织发挥领导作用的组织体系、制度体系、工作机制深化理论研究，围绕不同办学模式、党政配备方式等深入实践探索，在总结梳理中小学校领导体制发展沿革及启示的基础上，概括党组织领导的校长负责制内涵和特征，为改革工作探寻逻辑起点、提供理论支撑。

（一）中小学校领导体制历史沿革及启示

总结回顾党办中小学校、党管基础教育发展历程，中小学校领导体制大致历经了7个时期、9种样态。革命战争时期主要是地方党组织领导办学，新中国成立初期实行校务委员会制、校长责任制，社会主义建设时期实行党支部负责制、上级党政部门领导的校长负责制，“文革”时期由文化革命委员会

领导学校工作，改革开放初期实行党支部领导的校长分工负责制，1985年全国教育工作会议召开后逐步实行校长负责制、明确党组织发挥政治核心作用，党的十九大以来特别是习近平总书记在全国组织工作会议和全国教育大会上发表重要讲话后，中小学校进入党组织领导的校长负责制新阶段。从发展沿革看，主要有3点启示：一是党的领导贯穿始终，虽然各时期领导方式不同，但党领导办学方向和育人导向的本质从未改变；二是校长负责是基本内容，各种体制基本都提及校长负责学校的教育教学和行政管理等工作；三是党组织领导与校长负责有机统一是关键环节，通过不断优化领导方式，理顺党组织和校长权责关系。

（二）党组织领导的校长负责制基本内涵

依据党章和支部工作条例等规章，综合理论研究及实践成果，“中小学校党组织领导的校长负责制”可定义为：中小学校党组织全面领导学校工作，履行把方向、管大局、作决策、抓班子、带队伍、保落实的领导职责，支持和保证校长依法依规行使职权，推动党组织决策决议有效执行的领导体制机制。本文所指中小学校党组织是具有独立法人资格且设立党的基层委员会、总支部委员会、支部委员会的公办中小学校（含中等职业学校）的党组织。

（三）党组织领导的校长负责制主要特征

1.学校党组织全面领导学校工作

党组织领导的校长负责制，是办学治校、教书育人的重要政治原则，是党组织履行管党治党、办学治校主体责任的制度保障，重点在健全“两体系、一机制”，形成落实党的领导纵到底、横到边、全覆盖工作格局。一是按照“总揽全局、协调各方”原则，党组织领导学校事业发展和基层党组织工作。二是领导方式是集体领导，决策形式是民主集中制，实行集体领导和个人分工负责相结合的制度。三是议事决策经过“民主—集中—民主”环节，议事中书记、副书记和各委员平等充分发表意见，形成决议后个人服从集体意志。

2. 支持和保证校长依法依规行使职权

校长在学校党组织领导下，全面贯彻党的教育方针，组织实施学校党组织决策决议，依法依规行使职权，全面负责学校的教育教学和行政管理工作。校长组织实施党组织决定的重大事项，接受学校党组织领导和监督；党员校长履行“一岗双责”，参加组织生活会、民主生活会，接受党员和群众监督。校长依法依规并通过命令、督促、检查、奖惩等管理方式推进工作，发扬民主，发挥副校长和行政部门作用。

3. 聚焦立德树人根本任务

建立党组织领导的校长负责制，根本在于牢牢掌握党对学校工作的领导权，把学校建成立德树人的坚强阵地。一是把“立德”置于首位，抓住学生世界观、人生观、价值观形成的关键时期，遵循教育和成长规律实施育人工作。二是把培育时代新人作为目标，按照全面发展要求，培养有坚定理想信念、深厚爱国情怀、崇高品德修养、宽广知识见识、不懈奋斗精神、过硬综合素质的社会主义建设者和接班人。三是把立德树人融入教育教学全过程，针对不同年龄段学生实际，构建以社会主义核心价值观为引领的德育体系，推进“五育并举”。

4. 学校治理体系现代化是重要标志

实行党组织领导的校长负责制，核心是党组织领导，关键在校长负责。一方面，通过建立一整套符合新时代要求的现代学校管理制度，既保证党组织对学校工作全面领导，又支持校长依法依规行使职权；另一方面，打造学校党政协调运行共同体，推动党组织领导与校长负责形成相互依存、不可分割的有机整体，形成党政合力。

二、试点实践：北京市107所中小学校探索建立党组织领导的校长负责制

全面贯彻党的教育方针，坚持首善标准深化改革是北京市基础教育的优

良传统。2018年全国组织工作会议和全国教育大会召开后，北京市率先启动中小学校党组织领导的校长负责制试点工作，按照燕山地区先行先试、首批4区持续深化、全市各区逐步展开的“三步走”策略，突出“压茬推进、分步实施、前后衔接、逐步深化”的原则，采取顶层设计、上下结合、三级（市区校）联动、稳步推进思路，边试点、边研究、边深化，创新方法、破解难题，在107所中小学校（包括3所中职学校、10所幼儿园、1所特教学校）探索建立党组织领导的校长负责制，覆盖各区各学段各类型，取得了积极成效，探索形成了中小学校党组织领导的校长负责制的北京实践。

（一）持续统一思想，凝聚改革共识

坚持高位统筹，市委书记蔡奇同志作出重要指示，市委常委、教育工委书记夏林茂同志多次提出要求，市委组织部、市委教育工委、市教委领导直接协调推动。针对中小学校长期实行校长负责制，党员干部对新领导体制不了解、不熟悉的实际，市级召开调研座谈会、部署培训会、课题研讨会、阶段推进会等20余次，深入思想发动，广泛宣传党组织领导的重大意义、内涵特点、体制优势，各级对加强党的领导重要性紧迫性认识不断提升。东城区委专题研究推动，围绕集团校、跨区域办学等实际，制定“一校一案”，各级各部门协同攻坚。大兴区教育两委班子定期召开会议，主要领导带头宣讲政策，逐校拟制试点措施，印发工作动态，持续深化改革。

（二）健全组织体系，夯实工作基础

市级制定《试点工作方案》及工作指南，印发《扩大试点工作通知》和需要把握的重点任务清单，明确党组织定位，规范党组织设置，健全党组织体系，统筹领导班子建设和书记、校长选拔配备基本标准，指导各区做好“双强型”干部培养，落实“支部建在连上”要求，推动党组织与学校法人单位、内设机构、教育教学岗位相匹配，组织各区教育两委领导、业务部门负责人专题培训，举办基层党组织书记高级研修和示范培训班，做好干部队伍素质

培养、能力储备。西城区制定《关于基层党组织落实“支部建在连上”的实施办法》，将党组织建在教育教学基本单元。五中、十一中、史家胡同小学等教育集团成立党委，领导和协调各成员校工作，走出一条集团化学校加强党的领导和党建工作的新路子。

（三）创新制度机制，推进重点任务

坚持边探索、边立制、边完善，及时下发学校章程、党组织领导职责、书记和校长工作职责、党组织会议和校长办公会议议事决策规则等示范文本，为各区各校提供基本依据。积极借鉴高校、医院实行党委领导下的校长（院长）负责制有益经验和天津、上海、浙江等地试点成果，会同市委组织部深入基层调研30余次，分片召开市区两级组织、教育、编制、人力社保等多部门协商会，回应基层需求，研究破解改革中涉及的领导干部编配职数、党务机构和人员待遇等重难点问题。健全书记和校长定期沟通、领导班子成员相互配合工作机制，推动校长、骨干教师跨学校、跨学区交流轮岗，助力“双减”工作落实。通州区制定试点任务清单，明确28项制度、50项具体工作及主责部门。运河中学编印试点工作制度文本，修订完善学校3类34项制度机制，为各校提供参考。

（四）注重作用发挥，深化融合发展

聚焦立德树人根本任务，推动党建工作与教育教学、德育和思想政治工作深度融合，加强学校党组织领导意识形态工作、德育和思想政治工作路径探索，细化试点学校德育、教学、政教、后勤等部门抓意识形态工作清单，推动建立党组织领导、校长负责、群团组织参与、家庭社会联动的德育工作机制，创新教职工思政工作，持续深化“双培养”，不断强化对思政课教师、班主任等关键群体的政治引领和政治吸纳，为学校党组织发挥领导作用夯实基础。燕山地区推动试点工作与党建品牌创建同谋划、同落实，形成“联盟助教、统筹促育”区域党建工作格局。星城小学党支部携手3所学校成立星城

教育党建联盟，打造联合育人、资源共享、责任同担的党建工作共同体。综合以上情况看，全市试点工作进展顺利，取得阶段性的实践和理论成果，基本实现了预期目的。

三、存在困难：发挥中小学校党组织领导作用需要解决的现实矛盾和问题

北京市中小学名校云集、办学类型多样、社会关注度高，改革试点虽然取得了阶段性进展，但从全市范围看，仍在探索过程中，各区各校推进还不平衡，目前形成的经验做法要与中央精神再对标对表、在实践中加以检验，特别是要聚焦高质量党建引领高质量发展目标，研究破解改革面临的体制机制等问题。

（一）有的学校党组织体系还不健全，党的全面领导向下覆盖和延伸有差距

党组织领导学校全面工作要靠严密的组织体系去实现。各区中小学校党组织规模差异较大、设置层级和组织结构相对简单，党建工作制度化规范化建设有待加强。截至2021年底，北京市公办中小学校（含中职）共1253所（法人单位），党组织关系分别隶属于各区委教育工委、相关高校党委（23所）和市教育两委机关党委（6所）；建立一级党组织1196个，其中党委134个、党总支364个（党政分设的260个、一肩挑的238个），党支部698个（党政分设的196个、一肩挑的502个）。调研中发现，有的区还存在超大的学校党总支和党支部，个别基层党组织设置和负责人选配不规范，党组织领导与办学治校、教书育人结合不紧、融合不够等。

（二）部分党员干部能力素质比较单一，党组织班子和队伍作用发挥不够有力

随着基础教育综合改革进入深水区，集团化办学、名校办分校、跨区域办学等新模式探索、做好“双减”工作、建设高质量教育体系等重点任务与

学校领导体制改革叠加在一起，给改革带来诸多挑战，也对学校党组织班子、各级党员干部尤其是书记和校长的能力素质提出新的更高要求。从基层调研座谈情况看，有的学校领导干部经历阅历单一，具有教学、党务、管理等复合经历的不多，综合素质特别是抓党建工作能力有待提升；有的学校党组织班子中还有普通党员教师，人岗匹配度不高，难以发挥“委员”作用；有的党政分设的学校，党组织书记配得不够强，“双强型”年级组长、学科组长和中层干部培养储备不足；有的党员干部的思想观念、政治站位与领导体制改革要求还有差距，党组织战斗堡垒作用和党员先锋模范作用发挥不够。

（三）各项配套保障制度还没有建立起来，体制性短板和习惯性思维难破解

各区各校反映较多的问题：中小学校党组织书记、副书记和党办主任没有编制职数，党务工作者职称评定、职业发展和工资待遇等缺少相应的制度保障。目前，各区仍执行20多年前的中央编办和市委编办有关文件，按照在校教师编制数配备学校领导职数，通常设置“1正+N副”，即设1名校长（书记）和2至5名副校长（副书记）等，学校领导编配已不能适应学生数、班额数“双升”的实际要求，同时与党委、党总支设置学校党政正职应分设的要求也不相符。各学校缺少专职党务干部有一定的普遍性，部分兼职人员承担着大量校务、行政和教学管理等工作，难以专心干党务。据统计，全市中小学校设有党办或党政办的345所、占28.7%，工作机构和力量不足；落实党务工作者待遇的学校有662所、占55.1%，但标准普遍较低，有的每月仅几十元，党务工作岗位吸引力不强。以上问题均能在体制机制方面找到原因，也是下步亟需研究破解的重难点问题。

四、改革路径：健全党组织统一领导、党政分工合作、协调运行的体制机制

中小学校领导体制改革涉及根本、事关全局，是基础教育领域党建工作

的长期重点任务。创造性抓好中央精神的贯彻落实，最关键的是立足中小学校特点和党建工作基础，坚持以有利于贯彻中央精神、有利于推动基础教育发展、有利于干部教师队伍建设、有利于保持首都和谐稳定为出发点和落脚点。把握好精准对标、首善标准、统筹协调、区级主责四大原则，在健全完善职责明确、协调顺畅、运转高效、作用到位的体制机制上下功夫，以高质量党建引领基础教育高质量发展。

（一）定职责——把党组织和书记、校长职责调整到新领导体制要求上来

1.明确党组织领导职责

确立党组织全面领导学校工作基本定位和“18个字”总要求。一是把方向，坚持社会主义办学方向和正确育人导向，培养担当民族复兴大任时代新人。二是管大局，领导学校“三重一大”、师生员工切身利益等重要工作，强化党建带团建、队建，加强学生会和学生社团管理等，做好统一战线工作。三是作决策，讨论决定学校党组织建设、教职工思想政治工作和学校意识形态工作等问题；讨论决定学校章程等基本管理制度、发展规划、工程建设、招生考试、财务预决算、内部机构设置及负责人等。四是抓班子，贯彻新时代党的组织路线，加强学校领导班子思想政治建设，完善培养选拔、教育培训、考核评价、激励保障机制，加强任期考核。五是带队伍，坚持党管干部、党管人才，加强干部“七种能力”培训；深化“双培养”工作，加强教师信仰塑造和师德师风建设。六是保落实，落实党的理论路线方针政策和上级党组织决定决议，抓好跟踪问效；履行全面从严治党主体责任，加强党风廉政建设和日常监督，营造良好政治生态；注重从源头化解矛盾，确保校园和谐安全稳定。

2.明确党组织书记职责

学校党组织书记主持党组织全面工作，负责组织党组织重要活动，督促检查党组织决议贯彻落实，督促党组织班子成员履行职责、发挥作用。学校党组织书记带头遵守党纪国法，遵守学校各项规定，团结和带领班子成员依

法依规办学，落实意识形态、德育和思想政治工作第一责任人责任；带头坚持民主集中制，协调班子成员工作，按正确原则引导深入讨论问题，支持校长开展工作；带头服务师生员工，走群众路线，集中大家意见，做到科学决策、民主决策、依法决策。

3. 明确校长职责

强化“两个负责”，即校长向党组织负责，主动接受集体领导，党员校长履行“一岗双责”；向师生员工负责，坚持科学、民主、依法治校，多渠道听取意见，调动各方积极性。具体职责：一是研究拟订和执行学校发展规划、基本管理制度、招生考试改革措施、行政规章制度、重要办学资源配置方案；研究拟订和执行学校内部教育教学管理组织机构、教师和人才政策措施；研究拟订和执行重大基本建设、财务预决算和维护学校安全等方案。二是研究拟订和执行年度工作计划，组织开展教学活动和教育教学研究，执行教学和课程方案；推动教育供给侧结构性改革，落实“双减”要求，提高校内教学质量和育人品质；组织开展思想品德教育、体育、美育和劳动教育，促进学生全面发展；组织开展学校对外合作与交流。三是提名学校内设机构负责人，聘任与解聘教师以及其他工作人员；负责招生、就业和学生学籍管理，实施奖励或处分等。四是定期向党组织报告重大决议执行情况，向教职工大会（代表大会）通报工作，及时向上级报告重要工作和事项。五是做好学校安全稳定和后勤保障工作；加强财务管理和审计监督；支持群团组织开展工作。

（二）转方式——推进学校党组织集体领导与校长负责有机统一、协调运行

1. 做好学校章程修订工作

在校章中明确党组织是学校领导和决策机构，明确学校党组织会议议事决策内容和程序等。建立健全严密的组织体系，设置必要的党务工作机构，完善经费保障机制。明确党的领导贯穿教书育人全过程，规定学校党组织和

党员参与学校决策、执行、监督等各环节工作，落实具体举措。

2.健全决策程序和运行机制

一是明确议事决策原则。凡属学校重大问题和重要事项，按照集体领导、民主集中、个别酝酿、会议决定的原则，由学校党组织会议集体讨论作出决定。二是规范议事决策要求。党组织会议由党组织书记召集并主持，不是党组织班子成员的行政班子成员根据工作需要可列席会议。会议议题由学校领导班子成员提出，党组织书记确定。会议应当有半数以上党组织班子成员到会方能召开；讨论决定干部任免等重要事项时，必须有三分之二以上党组织班子成员到会。表决事项以超过应到会成员数的半数同意为通过；决定多个事项采取逐项表决，实行书记“末位表态”。三是履行议事决策程序。会议一般4项程序，即由提出议题的同志作简要汇报，列席会议的相关人员作必要解释说明，参加会议成员结合分工充分发表意见，对讨论议题充分沟通了解后进行表决（或作出明确结论）等。

3.完善沟通与监督机制

一是会前沟通，在重大事项和重要问题决策前，党组织书记、校长和有关领导班子成员要通过个别酝酿、充分沟通，互通情况、形成共识。防止会前不说、会上乱说的情况发生。二是会后监督，在党组织形成决策后，通过党务公开、校务公开及时向教职员工公布情况，确保决策实施，维护党组织领导权威。

4.统筹各类会议管理

一是厘清各类会议的权责边界，完善党组织会议、校长办公会议、教职工大会等各类会议的职能职责、会议规则和内容清单。二是做好会议安排和衔接转承，防止次序颠倒、内容错乱；对涉及学校改革发展稳定、事关师生员工切身利益等事项，在提交党组织会议决策前，校长办公会议、教职工大会进行前置研究；党组织会议决策后，校长办公会议及其他有关会议应及时作出部署，推动任务落地。三是统筹管理各类会议，坚持按规则开会，开管用的会、高效的会。

（三）强引领——把党的全面领导落实到立德树人根本任务关键环节

1.加强党对基础教育事业改革发展的领导

一是明确目标方向。把党的全面领导落实到引领学校改革发展和立德树人根本任务上来，树立学校最大的政治就是教育质量提升的意识，明确学校党组织书记和班子成员带头学政策、促改革、提效益的工作要求。二是聚焦重点任务。加强市级统筹协调，成立市级改革工作专班，研究制定北京方案，把做好“双减”工作、推进校长和教师交流轮岗、落实“五育并举”、建设高质量教育体系等融入教育教学日常工作，明确学校各级党组织围绕中心抓党建、抓好党建促发展的思路要求。三是激发基层动力。持续深化“双培养”工作，广泛开展党员教师示范教学活动，加强年级组、学科组、教研组长等骨干队伍建设，引导一线教师积极参与课后服务、作业设计、家校社协同育人等工作。

2.加强党对德育和思政课的领导

一是建立学校德育和思想政治工作领导小组，健全党组织领导、校长负责、群团组织参与、家庭社会联动的德育工作机制，明确书记、校长担任组长，专职副书记、德育副校长担任副组长。二是强化政治启蒙和价值观塑造，加强“思政（德育）课程”建设，推进“课程思政（德育）”创新，牢牢把握育人方向，全面提高育人水平。三是研究制定学校领导人员和相关部门的德育责任清单，督导班子成员和各部门履行德育工作责任。

3.加强党对教师队伍的领导

一是强化政治引领，组织深入学习中央精神和市委要求，回应教师关心的改革问题，明确党组织抓教师思想政治工作具体职责，把理想信念教育作为教师教育的必修课，把涵养教育报国情怀作为重要内容。二是做好政治吸纳，加大在德育和思想政治工作者中发展党员力度，确保学校关键课程、关键岗位由党员教师把关。三是加强政治监督，健全师德教育体系，严把师德师风第一标准，强化教师入口管理和过程监督，完善考评机制，落实师德师风“一票否决”要求。

4.加强党对意识形态工作的领导

一是把握主动权，深入推动习近平新时代中国特色社会主义思想进教材、进课堂、进头脑，加强“四史”教育和形势政策教育，弘扬正能量，引导舆论。二是唱响主旋律，建设以社会主义核心价值观为引领的具有时代特征和学校特色的校园文化，开展丰富多彩的德育、美育、体育和社会实践活动，培育良好校风教风学风。三是筑牢主阵地，加强教材、教案、橱窗、公众号、校报校刊和论坛讲坛等各类思想文化阵地建设。四是打好主动仗，严格校纪校规，强化纪律约束，健全党组织定期研判意识形态工作机制，防范意识形态风险。

（四）增供给——为学校党组织发挥领导作用提供充足的政策制度保障

1.创新学校干部选任和管理

一是明确选任标准。注重选拔党性强、懂教育、会管理、有威信、善于做思想政治工作的优秀党员干部担任党组织书记，着力建设政治过硬、品德高尚、业务精湛、治校有方的校长队伍。二是优化培养路径。科学设计党组织书记、校长素质模型和成长路径，探索把党务岗位作为培养复合型干部的重要平台，把优秀年轻干部安排在党务和教学等多岗位锻炼，把专职副书记作为培养选拔书记、校长的重要台阶。优先选用有副书记、副校长复合经历的优秀党员干部担任党组织书记。三是加强组织领导。开展党组织书记抓基层党建工作述职评议考核，建立和落实领导体制改革执行情况报告制度，学校领导班子成员在民主生活会、组织生活会、述职评议、年度工作总结中报告个人执行情况，严肃组织纪律和有关要求。

2.创新学校领导班子配备

一是明确学校党组织设置为党委、党总支的，书记、校长一般分设，书记一般不兼任行政领导职务，校长是党员的同时担任副书记；党组织设置为党支部的，书记、校长一般由一人担任，同时设1名专职副书记。二是充实专职副书记配备，明确书记、校长“一肩挑”或规模较大学校通常配备专职副书记，负责党建工作。三是配强学校党组织委员，按照规定确定委员名额，明确学校行政班子副职中的党员一般应当进入党组织班子。

3.创新学校党组织设置

一是探索“一个主体一个党委”模式，即同一区内的集团化办学、多址办学的学校，党员人数达到或接近100人的，成立集团（总校）党委，统一领导各成员校工作。二是探索“总校指导+属地管理”模式，即跨区承办分校、加盟集团的，可探索属地为主、双重管理的模式，建立符合实际的决策制度和运行机制。三是探索“把党组织建在教书育人一线”模式，即推动学校校区、职能机构、教育教学单位（年级组、学科组、教研组、备课组）等设置与党组织建设同步优化。四是探索“管业务同时管党建”模式，即选拔“双强型”党员干部担任学校基层党组织负责人，明确学校党政办、人事、德育、团少等部门负责人应为党员。

4.创新学校党建工作

一是建立与党组织领导的校长负责制相适应的保障机制，健全党务工作机构，充实党务工作力量，落实党务工作队伍激励保障措施。二是用好用足中央政策，借鉴公立医院、公办高校等体制改革思路举措，积极协调市区两级各有关部门，按照“市级给政策、各区抓落实”的思路，推动解决基层反映强烈的书记、副书记、党办（党政办）主任等无编制无职数，以及党务工作者职业发展通道不畅、待遇偏低等问题。三是加强“五个基本”建设，提升党组织组织力，强化政治功能，运用互联网技术和信息化手段推动基层党建工作创新发展。

北京市中小学校党组织领导的校长负责制试点运行研究

北京教育党校、市普教系统党建研究会课题组*

【内容提要】

在中小学校实行党组织领导的校长负责制，是新时代加强党对教育工作全面领导的时代诉求、培养担当民族复兴大任时代新人的现实要求、推进基础教育治理体系和治理能力现代化的实践需求。全国组织工作会议和全国教育大会召开后，北京市率先启动了试点工作和试点运行研究。北京教育党校、市普教系统党建研究会课题组紧紧围绕全市5个试点区（东城区、西城区、通州区、大兴区、燕山地区）、35所试点校的运行实践，通过文献研究、问卷调研、追踪访谈和案例分析等研究方法，对中小学校领导体制改革的重大意义、历史沿革，党组织领导的校长负责制的研究现状、概念界定、基本内涵，试点概况、成效问题等进行了系统的调查和深入分析，并从提高政治站位、发挥组织领导优势、扩大宣传培训力度、提高党的建设质量等四个方面，为北京市全面推进中小学校党组织领导的校长负责制提出了对策与建议。

【关键词】

中小学校党组织领导的校长负责制　北京试点　运行研究

---

*课题组组长：肖韵竹，北京教育学院党委书记、北京教育党校常务副校长。

课题组核心成员：李丽辉，首都师范大学党委常委、纪委书记；刘洪涛，北京市委教育工委组织二处副处长；蒋桂达，北京市委教育工委组织二处一级主任科员；孙亚茹，北京市委教育工委组织二处一级主任科员；王鸿杰，北京教育党校办公室主任、北京市基础教育党建研究中心常务副主任；尚九宾，北京教育学院思想政治教育与德育学院副院长；孙宇轩，北京市基础教育党建研究中心助理研究员；谢春燕，北京市基础教育党建研究中心副研究员；胡鹏，北京市基础教育党建研究中心讲师；李楠，北京教育学院党政办公室副主任。

教育是国之大计、党之大计。基础教育在为党育人、为国育才的事业中肩负着重要使命。在中小学校实行党组织领导的校长负责制，是新时代基础教育领域坚持和加强党的全面领导，贯彻落实习近平总书记全国组织工作会议和全国教育大会讲话精神，推进学校治理体系和治理能力现代化，推动基础教育高质量发展，落实立德树人根本任务的重大改革举措。

为贯彻落实中央精神和市委要求，助推北京市中小学校党组织领导的校长负责制试点工作平稳运行、有效落地，北京教育党校、市普教系统党建研究会课题组，紧紧围绕全市5个试点区35所试点校的运行，在梳理整合学界相关研究成果基础上，通过文献研究、问卷调研、追踪访谈和案例分析等方法，深刻把握实行中小学校党组织领导的校长负责制的重大意义，全面分析新中国成立以来中小学校领导体制沿革的历史及经验，探讨提出中小学校党组织领导的校长负责制的概念界定和基本内涵，系统梳理全市试点党组织领导的校长负责制的概况、成效及需要改进的问题，提出了下一步全面推行中小学校党组织领导的校长负责制的对策建议。

一、实行中小学校党组织领导的校长负责制的重大意义

实行中小学校党组织领导的校长负责制，是加强党对教育工作全面领导的时代诉求，是培养担当民族复兴大任时代新人的现实要求，是推进基础教育治理体系和治理能力现代化的实践需求。

（一）实行中小学校党组织领导的校长负责制，是加强党对教育工作全面领导的时代诉求

习近平总书记在党的十九大报告中指出：“坚持党对一切工作的领导。党政军民学，东西南北中，党是领导一切的。”因此，坚持和加强党对教育工作的全面领导，是办好教育的根本保证，是落实教育根本任务、回答教育根本问题的“法宝秘籍”。因为唯有坚持党对教育工作的全面领导，才能坚持教

育为人民服务、为中国共产党治国理政服务、为巩固和发展中国特色社会主义制度服务、为改革开放和社会主义现代化建设服务，才能培养德智体美劳全面发展的社会主义建设者和接班人。然而，在基层学校办学治校的过程中，全面贯彻党的教育方针的能力和效果还有待提升，党建引领学校发展的效能有待提高，基层学校党组织管党治党宽松软的问题仍然存在，党的领导落实到中小学校还没有真正实现“横向到边、纵向到底”。

因此，通过中小学校领导体制的改革，加强学校党组织领导作用的发挥，成为迫切需要解决的问题。2018年7月，习近平总书记在全国组织工作会议上指出：“当前，党的领导落实到基层还有不少‘中梗阻’”“在中小学、医院、科研院所，党组织领导的校长（院长、所长）负责制还没有建立起来”。同年9月召开的全国教育大会，习近平总书记对加强党对教育工作的全面领导作出重要指示。2019年6月，根据习近平总书记讲话精神，中共中央、国务院相继印发了《关于新时代推进普通高中育人方式改革的指导意见》（国办发〔2019〕29号）和《关于深化教育教学改革　全面提高义务教育质量的意见》，均明确提出了学校党组织在办学治校中发挥领导作用的要求。

根据习近平总书记重要讲话精神和重要文件要求，各级各类学校要通过加强党的领导和党的建设工作，逐步形成落实党的领导纵到底、横到边、全覆盖的工作格局；通过对中小学校党组织领导的校长负责制的探索，建立起支持学校党组织讨论决定学校重要问题、重大事项，履行好把方向、管大局、作决策、抓班子、带队伍、保落实领导职责的组织体系、制度体系和工作机制，保证党的路线方针政策和上级党组织决定不折不扣得到贯彻执行，打通党对教育工作全面领导的“最后一公里”。

（二）实行中小学校党组织领导的校长负责制，是培养担当民族复兴大任时代新人的现实要求

党的十九大报告提出：培育和践行社会主义核心价值观要以培养担当民族复兴大任的时代新人为着眼点；2018年8月，习近平总书记在全国宣传思

想工作会议上强调：宣传思想工作是做人的工作，要把培养担当民族复兴大任的时代新人作为重要职责；2021年4月，习近平总书记在考察清华大学时再次重申："我国社会主义教育就是要培养德智体美劳全面发展的社会主义建设者和接班人""广大青年要肩负历史使命，坚定前进信心，立大志、明大德、成大才、担大任，努力成为堪当民族复兴重任的时代新人"。

从党的十九大报告到全国宣传思想工作会议，再到清华大学考察调研活动，习近平总书记对于培养担当民族复兴大任的时代新人的反复强调，是在新时代中国特色社会主义事业总体布局和战略布局思考下，提出的重大目标和重要任务。而这一目标和任务的提出，对于社会主义教育事业发展方向来说，则进一步明确了在新时代我们应该"培养什么人"的首要问题。青少年阶段是人生的"拔节孕穗期"，最需要精心引导和栽培，基础教育在这个阶段发挥着重要的作用。因此，中小学校作为教书育人的主阵地，领导体制的改革就变得至关重要。

中小学校党组织领导的校长负责制，就是探索在中小学校建立党组织发挥领导作用的组织体系、制度体系、工作机制，为持续深化基础教育综合改革提供职责明确、协调顺畅、运转高效、作用到位的领导体制和运行机制，进而为办好人民满意教育，培养担当民族复兴大任的时代新人提供坚强的政治保障、组织保障、制度保障。

（三）实行中小学校党组织领导的校长负责制，是推进基础教育治理体系和治理能力现代化的实践需求

党的十九届四中全会提出"推进国家治理体系和治理能力现代化"；党的十九届五中全会提出"建设高质量教育体系"的规划目标和"建成教育强国"的远景目标。基于"基础教育在国民教育体系中处于基础性、先导性地位"，加快推进基础教育治理能力现代化，推动构建职责明确、协调顺畅、运转高效、作用到位的新时代中小学校治理体系，成为未来5年乃至15年基础教育发展的"胜负手"。而能否下好这一"先手棋"，是解决"培养什么人、怎样

培养人、为谁培养人”的教育根本问题的关键。

构建新时代中小学校治理体系，要探索完善中小学校党组织领导职责、书记和校长工作职责，明确中小学校党组织全面领导学校工作，明确书记主持党组织全面工作，明确校长负责学校教育教学和行政管理工作；要探索完善党组织发挥领导作用的运行机制、工作机制、保障机制，通过学校领导体制机制的改革和制度机制的完善，实现党对教育工作全面领导的落实落地，在体制机制方面率先实现突破，为加快推进基础教育治理体系和治理能力现代化，落实好立德树人根本任务保驾护航。

二、新中国成立以来中小学校领导体制沿革回顾及经验总结

历史是最好的教科书。回顾历史有助于总结经验，探究规律，擘画未来。新中国成立以来，我国中小学校不断深化领导体制改革，在曲折中前进，在继承中创新，在探索中不断取得新的进步。分析和总结73年来党在这方面的探索历程和基本经验，对于坚持和加强党的全面领导，不断提高党的建设质量，加快提升办学治校水平，稳健推动中小学校高质量发展，具有重要意义。

（一）中小学校领导体制的沿革回顾

新中国成立73年来，中小学校领导体制历经七个发展阶段。

一是“校务委员会”阶段。1949年到1951年，在军事管制的情况下，中小学校实行以进步的教职员和学生为骨干组成的“校务委员会”作为临时机构，管理和领导学校工作。这种体制在当时曾起了维持学校、发扬民主、反对落后、改造学校的作用。然而，这种体制很快就暴露出极端民主、工作无人具体负责的弊端，为社会主义改造期间校长责任制的实施奠定了基础。

二是“校长责任制”阶段。1952年3月，经国家政务院批准，由中央教育部颁布《中学暂行规程》（草案）和《小学暂行规程》（草案），规程规定：

中小学实行“校长责任制，设校长一人，负责领导全校工作”。这种体制契合当时学校运行规律的某些要求，对改变学校工作无人具体负主要责任的现状，发挥了积极作用。按照规程的规定，从政治领导到业务领导，各项行政事宜、任免教职员等都由校长全权负责，统一指挥。责任指向校长，从而促使校长钻研业务，保证了教育质量的稳步提高。1954年，《政务院关于改进和发展中学教育的指示》也指出：“改进学校领导的关键，首先在于建立学校领导核心，发挥集体领导作用，校长对学校工作应全面负责。”但是，由于缺少监督机构和制度，容易导致夸大个人作用、滋长官僚主义和个人独断专行的领导作风。

三是“党支部负责制”阶段。1957年，基于对整风反右政治形势的认识以及校长一长制弊端的反思，改进校长责任制的态势日趋明显。1958年9月，中共中央、国务院发布《关于教育工作的指示》，指出：“一长制容易脱离党委领导，所以是不妥的。”“党的教育方针，是教育为无产阶级的政治服务，教育与生产劳动结合；为了实现这个方针，教育工作必须由党来领导。”随着中小学校党组织的不断建立，逐步以“党支部负责制”取代了“校长责任制”，校长是学校行政负责人，党支部对学校行政负有领导责任和监督责任，突出了党在学校工作中的领导地位。但受“左”倾思想的影响，在实践过程中，过于强调党支部的“一元化”领导，党支部包揽行政领导工作，支部书记指挥一切，校长形同虚设，废除了行之有效的规章制度，致使教育质量受到影响。

四是“上级党委和主管教育行政部门领导下的校长负责制”阶段。1961年，党中央着手纠正“左”的错误，总结了新中国成立以来办学的经验教训。1963年3月，中共中央转发教育部制定的《全日制中学暂行条例（草案）》和《全日制小学暂行条例（草案）》，恢复了校长在办学治校中的重要职能。两个条例规定，“校长是学校行政负责人，在当地党委和主管教育行政部门领导下，负责领导全校的工作”，同时强调“共产党的领导是办好学校的根本保证。各级党委必须加强对中学教育的领导。党支部对学校行政工作负有保证和监督的责任”。这些规定比较适合当时的情况，加强了行政管理，整顿了教学秩序，教育质量又开始迅速回升。至此，我国的学校已经探索试行了委员会制、一长制和党委制三种学校领导体制类型，在经过第一次否定之否定后，出现了党委和校长负责相结合的第一次尝试——上级党委领导下的校长负责制。

五是“革命委员会”阶段。在“文化大革命”期间，1963年确立的上级党委领导下的校长负责制被批判为“削弱党的领导”，是“修正主义教育路线”的产物。在“工人阶级占领上层建筑”的口号下，先是由所谓“群众”组织夺权，接着是工宣队、军宣队、贫宣队管理学校，以后又实行“革命委员会”的管理体制。相对来说，“革命委员会”制实行时间较长。这种管理体制使得学校党政机构和学校管理走向混乱，被认为是新中国成立以来最低效的一种领导体制。

六是“党支部领导下的校长分工负责制”阶段。1978年，全国教育工作会议之后，教育部重新颁发《中小学暂行工作条例》(试行草案)，规定全日制中小学实行“党支部领导下的校长分工负责制”，并规定“学校的一切重大问题，必须经过党支部讨论决定。校长是国家任命的学校行政负责人……学校党支部要支持以校长为首的学校行政系统行使职权，并监督检查他们的工作”。这一体制对于克服当时的混乱局面，使教育工作走向正轨是有益的。随着形势的发展，这种体制越来越暴露出权责分离的弊端。所有这些，都严重影响了学校管理水平、办学效益和教育质量的提高，引发了广泛的争议，并最终催生了学校领导体制改革的第二次否定之否定。

七是“校长负责制”阶段。1985年,《中共中央关于教育体制改革的决定》指出:“学校逐步实行校长负责制。”各地学校领导体制改革开始由点到面逐渐推进，改革的内容由校内党政关系、校长职权等领导体制，逐步扩大到校内管理体制，扩大到教育行政部门与学校的职权关系。然而在当时，有不少教育行政人员和中小学校长对什么是校长负责制、党政关系，以及实行校长负责制是不是就是校长说了算等问题并未弄清。实践中，校长负责制在摸索中进行，并受到了质疑。1989年以后，不少人对校长负责制产生误解，一些地方教育行政部门甚至下令实行校长负责制的学校恢复原来的体制。为此，一些学者发表文章大声疾呼不能停止学校内部领导体制改革，甚至第三次否定校长负责制。同年10月24日，原教育部部长何东昌发表谈话说，中小学可继续实行校长负责制，校长负责制脱离了险境。尽管如此，学校领导体制改革还是受到了比较严重的影响。1992年，在邓小平同志南方谈话精神鼓舞下，学校领导体制改革出现了转机，各地推行校长负责制的工作又渐趋活跃。1993年2月，中共中央、国务院印发的《中国教育改革和发展纲要》（中发〔1993〕3号）指出，中等及中等以下各类学校实行校长负责制，校长要全面贯彻国家的教育方针和政策，依靠教职员工办好学校，文件还特别明确，实行校长负责制的中小学和其他学校，党的组织发挥政治核心作用。从《中共中央关于教育体制改革的决定》到《中国教育改革和发展纲要》，经过八年的试点与实践，取消了“逐步”二字，表明中小学要全面实行校长负责制。实际上，其后的实践中出现了校长权力过大、素质不高、政策执行机构越权干涉等问题，理论界也持续对校长负责制中的一些弊端进行了讨论。

就北京市来说，从1985年《中共中央关于教育体制改革的决定》颁布以来，也一直积极探索推行校长负责制。1993年，以出台《北京市中小学党支部（总支）工作意见》《北京市中小学校长工作意见》《北京市中小学教职工代表大会工作意见》（简称三个《意见》）为主要标志，中小学校全面实行了校长负责制。2004年，北京市对三个《意见》进行了修订完善。2017年，依据中组部、教育部党组2016年印发的《关于加强中小学校党的建设工作的意见》（中组发〔2016〕17号），制定了《关于加强北京市中小学校党的建设工作的意见》，突出学校党组织在办学治校中政治核心作用的切实发挥。党的十九大以来，北京市及时精准对标中央精神，根据新修订的党章规定的“实行行政领导人负责制的事业单位中党的基层组织，发挥战斗堡垒作用”的定位，持续加强中小学校党组织作用的发挥。

（二）中小学校领导体制沿革的经验总结

纵观新中国成立73年来中小学校领导体制改革的历程，党在领导中小学校体制机制改革的进程中，主要有以下三个方面经验：

一是把坚持和加强党的领导作为办学治校的根本保证。70多年中，无论具体实行哪种体制，学校都是党办的学校，是社会主义性质的学校，党对学校的领导是社会主义办学属性的根本保证。这是由我国国家制度所决定的，是国家制度的本质特征在基础教育上的体现。但在不同时期，党对中小学校实行领导的具体方式会有所不同。

二是把学校党组织的领导和校长负责作为推进体制改革的关键环节。学校领导体制机制的变革中，主要围绕着党组织和校长的权责定位这一重要问题，不断进行调整，来完善学校治理体系。早期的“党支部领导”体制，是一种单一化的管理模式，在执行中偏重于党组织包揽行政事务，有悖于学校管理的规律。改革开放后的“校长负责制”，强调校长负责，虽然责任比较明确，但党组织缺位、监督弱化，产生了校长独断等一系列问题。现在提出的“党组织领导的校长负责制”，力求将党组织集体领导与校长负责结合起来，更加适合新时代学校治理体系发展的需要。

三是把提升教育教学、人才培养质量作为体制机制改革的根本目的。从社会主义建设初期提出的“教育为无产阶级的政治服务，教育与生产劳动结合”，到改革开放时期提出的“教育体制改革的根本目的是提高民族素质，多出人才、出好人才”，再到党的十九大以来强调的“培养德智体美劳全面发展的社会主义建设者和接班人”，可以清晰地看出，在探索中国特色社会主义教育发展道路的过程中，中小学校领导体制改革始终坚持以办学治校质量提升为主线，积极适应国家发展对教育教学、人才培养的需要。

三、中小学校党组织领导的校长负责制的理论阐释

党组织领导的校长负责制是新中国成立以来中小学校的第八种领导体制。

作为中小学校的新型领导体制，理论上认识清楚，实践上才能坚定，因此，课题组在历史分析和研究综述的基础上，紧紧围绕试点实践，从概念界定、基本内涵的方面对之进行了理论阐释。

（一）有关中小学校党组织领导的校长负责制的理论研究状况

理论阐释，文献综述是前提工作。课题组通过文献检索和相关研究成果的梳理，从中小学校党组织领导的校长负责制试点运行研究、党对教育事业的全面领导的研究和中小学党建工作研究三个层面进行了综述。

1.关于中小学校党组织领导的校长负责制试点运行的研究

这一方面的研究成果较少，主要是从2018年以来，北京燕山地区、浙江、天津、上海等地先后开展了试点中小学校党组织领导的校长负责制的工作，基于工作形成的一些研究成果。其主要内容包括中小学校党组织领导的校长负责制的内涵、主要问题、实践路径等。

浙江省在试点过程中，从理论上探讨了中小学校党组织领导的校长负责制的内涵，认为其实质是既确立中小学校党组织在学校的领导地位，又充分发挥校长在行政工作中的关键作用，并协调好党组织领导与校长负责的关系；提出了试点工作中的四个新情况新问题，即思想困境、法治困境、机制困境、胜任力困境；探索出了路径，即建立健全学校党组织纵横架构，推进组织建设体系化，优化学校党政组织模式设置，推进治理体系现代化，强化党组织的领导作用，推进群团组织自治常态化，选拔培养“领头雁”，推进队伍建设专业化，建立健全党政议事决策制度，推进治理运行规范化，全面完善学校基础设施，推进阵地建设规范化。上海嘉定区以项目驱动，发挥学区化党建共同体的集中优势，合力推进试点，形成了构建高效内部治理体系、完善议事决策制度机制的路径。在教育部官网上发布的一篇天津市试点工作的文章中，重点阐述了从“突出政治性，在加强党的领导上下功夫。突出系统性，在健全制度体系上下功夫。突出创新性，在推动改革发展上下功夫”的区域试点经验。

2.关于党对教育事业的全面领导的研究

这方面的研究主要集中在党对教育事业的全面领导的意义、内涵、要求方面进行研究。关于党对教育事业的全面领导的意义，研究者结合新形势新要求，认为要围绕“培养什么样的人、怎样培养人、为谁培养人”这一教育根本问题，把加强党对教育事业的全面领导，贯彻到教育工作各方面、各环节，纵到底、横到边、全覆盖，办好人民满意的教育，培养造就适应新时代中国特色社会主义事业要求的、德智体美劳全面发展的社会主义建设者和接班人。关于对党对教育事业的全面领导的内涵研究，研究者运用系统化思维，从理念维度、功能维度、路径维度、制度维度，分析党对教育事业全面领导的科学内涵。

3.关于中小学党建工作的研究

这方面的研究成果较为丰富，通过中国知网文献检索，相关研究论文共有62篇，其中2012年以来的文章共21篇，“幼儿园党建”主题的文章共3篇，“中小学领导体制”主题的文章17篇。博士硕士论文检索到关于“中小学党建”的论文共4篇。其中，对中小学党建工作现状的研究，研究者多从组织机构、制度机制、运行方式、作用发挥等多方面对当前中小学党建工作现状进行分析，并提出相应对策。对中小学党建工作具体内容的研究主要集中在科学化、党建品牌建设、党建工作实效性、党建课程建设及主题活动研究、书记专业化发展、党政一肩挑模式研究等方面。

上述这些研究初探了党组织领导的校长负责制的试点工作，具有新形势下的党建特点，对本课题的理论思考与实践探索均具有启发作用和指导意义。但仍存在三点不足：

一是研究成果在体现新时代中央新精神、新要求上还存在差距，特别是全国教育大会以来中央强调的加强党对教育工作的全面领导的要求，关注较少。二是以党的十九届四中全会提出的加强党的全面领导为统领推进治理体系和治理能力现代化的研究成果较少。针对学校领导体制改革的研究成果也主要侧重“学校治理体系和学校管理”的研究，关注中小学校党组织领导的校长负责制的组织体系、制度体系和工作机制建立的成果比较缺乏。三是有关基础教育加强党的全面领导的研究方法较为单一。研究方法多采用的是质性研究，量化研究如调查问卷工具使用较少；理论性研究较多而实践性研究较少，特别是通过案例分析法、行动研究法针对学校党建相关工作存在的问题，提对策建议，进而改进工作的研究较少。

基于对现有文献的分析研究，本课题在研究中小学校党组织领导的校长负责制试点运行过程中，运用问卷调研、访谈座谈、案例分析和行动研究方法等，充分结合试点区校的实际情况开展研究，提出了一些原创性的理论成果。

（二）中小学校党组织领导的校长负责制的概念界定

理论阐释，概念界定是基本要素。中小学校党组织领导的校长负责制，是学校党组织对学校工作实行全面领导，履行管党治党、办学治校的主体责任和校长在学校党组织的领导下依法治校有机统一的学校领导体制。实行这一新体制，关键在于建立健全中小学校党组织发挥领导作用的组织体系、制度体系和工作机制（简称“两体系一机制”）。

学校党组织坚持民主集中制原则全面领导学校管党治党、办学治校工作，履行把方向、管大局、作决策、抓班子、带队伍、保落实的领导职责，对学校党的建设全面负责，推动学校党建工作与教育教学工作深度融合。校长在学校党组织的领导下贯彻党的教育方针，组织实施学校党组织有关决议，行使国家法律法规规定的各项职权，负责学校教育教学和行政管理等工作。

中小学校党组织领导的校长负责制，是中小学校坚持社会主义办学方向、贯彻党的教育方针、落实立德树人根本任务的重要保证。

（三）中小学校党组织领导的校长负责制的基本内涵

理论阐释，厘清内涵是关键环节。准确把握这一体制的具体内涵，需要从三个方面加以明确。

1.明确党组织的领导职责，统一领导学校工作

学校基层党组织即学校党组织委员会（包括学校党委、党总支、党支部）是学校的领导机构，凡是涉及党的路线方针政策的大事、事关学校发展的重大问题和影响师生员工利益的重大决策，都必须按照民主集中制原则，由党组织集体讨论决定。

这里面有三层含义。首先，学校党组织集体领导，采取的决策方式是民主集中制，任何个人都必须服从集体的意志，防止个人专断。其次，学校党组织是一个领导集体，其职责是领导而非管理，必须支持校长依法行使管理职权。最后，党组织统一领导学校工作，按照“总揽全局、协调各方”的原则开展工作。学校党组织统一领导学校党建、行政、学术、民主党派、群团等各方面工作，但针对不同性质的组织，领导方式要有差异性和针对性。比如，对党的组织，包括党的机关、基层组织等，党组织应该直接领导，全抓全管；对行政组织，党组织应该从战略高度进行宏观领导，主要抓重大事项决策，管全局、管方向、管大事；对学术组织，党组织主要是政治领导，确保学术发展的社会主义方向，弘扬学术道德；对教代会工作，党组织主要是方向性领导，支持教代会发挥好参与管理和维护教职工合法权益的作用；对民主党派工作，党组织是在彼此尊重的基础上进行政治领导，用真诚的合作激发各民主党派投身学校建设的热情，发挥智慧和力量等。

2.明确校长是学校行政主要负责人，负责教育教学和行政管理工作

按照《中华人民共和国教育法》和《中华人民共和国义务教育法》等相关法律规定，校长是由教育行政部门依法聘任的具备国家规定任职条件的学校法定代表人，负责教育教学和行政管理工作。

党组织领导的校长负责制中的校长职责，可以从两个方面去把握。一方面，校长在党组织领导下依法依规行使管理职权。校长要全面贯彻党的教育方针，组织实施党组织集体讨论决定的重大事项，切实把党组织决策部署落到实处；负责教育教学和行政管理工作，独立负责地行使管理权力，依法依规（包括学校章程）对校务及事关教职工利益的重大问题作出决定并付诸实

施，或形成议案提交党组织研究决策。另一方面，校长是行政事务的最终决策者，运用行政权力推进工作。学校行政系统和机关及其他事业单位一样，具有科层制属性，实行首长负责制。校长是行政最高首长，拥有最大的行政权力，必须对决策结果负责。这也是校长和党组织委员会在决策方式上的显著区别。

3. 明确党组织全面领导与校长负责是相互依存、不可分割的有机整体

党组织领导的校长负责制，虽然对全国大多数中小学校是个新事物，但在高校已经全面实行，是高校治理体系中的根本制度。从高校的实践来看，党组织领导与校长负责是相互依存、不可分割的有机整体，从制度上规范学校党委与行政的关系，规定党委领导权力和校长行政权力的运行边界和实现形式，既保证党委对学校工作的统一领导，坚持正确的办学方向，又支持校长依法依规行使职权，落实教学科研工作的中心地位，保证党委决策落到实处并取得成效。

与高校党委领导下的校长负责制实质上一致，中小学校实行党组织领导的校长负责制，核心是党组织领导，关键在校长负责，根本出发点和落脚点是要形成党政合力。为此，学校必须高度重视制度的规约和保障作用，大力加强制度建设，努力建立健全党政分工合作、协调运行的工作机制，切实做到日常工作定期沟通、重要决策事先沟通、紧急事项及时沟通，办好让人民满意的学校，培养好德智体美劳全面发展的社会主义建设者和接班人。

四、北京市中小学校党组织领导的校长负责制试点运行概况、成效及需要改进的问题

2018年全国组织工作会议后，北京市及时跟进、精准对标中央政策精神，启动了中小学校党组织领导的校长负责制试点工作。四年多来，试点工作按照“压茬推进、分步实施、前后衔接、逐步深化”的原则，通过先期局部探索和全面试点推进，系统谋划，科学实施。实践探索过程中，坚持工作和研

究协同推进，积极借助党建专家、智库力量，集中破解试点工作难题，智慧众筹经验策略，为全面推行新领导体制打下基础。

（一）全市中小学校党组织领导的校长负责制试点运行概况

2018年9月，经北京市委组织部同意，在燕山地区率先开展党组织领导的校长负责制先期探索工作。之所以在燕山地区先行先试，主要原因是考虑到燕山地区具有学校数量较少、整体发展比较均衡、党建基础较好等因素。

工作启动后，燕山工委组织部与教委党委联合下发了《关于开展燕山地区中小学校党组织领导的校长负责制试点工作实施意见（试行）》，先后分三批逐步扩大试点范围，第一批确定3所试点学校，第二批确定6所试点学校，第三批全域推进，实现燕山地区中小学校全覆盖。燕山地区在探索中，坚持统筹谋划与分类指导相结合、整体推进与分步实施相结合、自上而下与自下而上相结合、问题导向与目标导向相结合，鼓励试点单位结合实际研究制订“一校一策”试点工作方案，明确职责清单，落实目标任务。为了更好地总结实践经验，教委党委还成立了燕山党组织领导的校长负责制试点工作课题研究组，通过专家引领、课题领路、考察增智、适时提升等多角度进行科研推动，全面总结燕山试点工作的阶段性成果，为全市开展党组织领导的校长负责制试点工作提供案例与经验。

2020年9月27日，北京市中小学校党组织领导的校长负责制试点工作部署培训会召开，标志着北京市中小学校党组织领导的校长负责制试点工作全面开展。市委组织部、市委教育工委高度重视试点各项工作，统筹推进各项任务落实，抓好重要节点工作调度。市教育党校和市普教系统党建研究会双线推动，利用专业优势协同推进试点工作，在试点运行研究方面发挥重要作用。

试点工作突出“压茬推进、分步实施、前后衔接、逐步深化”的原则，在燕山地区先期探索的基础上，共有5个试点区和地区，12个参与区，确定了35所市级试点校（参与此阶段试点工作的还有20余所区级试点校），全面启动了试点工作，实现全市整体推进。试点区和地区以及35所试点校按照《北京市中小学校党组织领导的校长负责制试点工作方案》(下称试点工作方案)和《试点运行研究实施方案》(下称研究实施方案)文件要求，在市教育党校承担的《北京市中小学校党组织领导的校长负责制试点运行研究》总课题的带领下，通过"教育集团化学校试点策略""跨区域办学的学校试点策略""党政'一肩挑'学校试点策略""党政分设学校试点策略""学校内设党支部管理策略""党组织领导德育和思想政治工作策略""试点学校干部选拔任用管理策略""试点学校各类示范文本研究"8个子课题牵引，坚持边试点、边研究、边深化、边总结的原则和策略，进行了有序、有力、有效的实践与理论探索。

(二)中小学校党组织领导的校长负责制的试点成效

基于问题分析，对标政策要求，课题组汇集、分析了全市中小学校党组织领导的校长负责制组织推进、试点运行中的在"两体系一机制"关键部位和相关要素建立健全中的一些好做法、好案例，系统归纳了中小学校党组织领导的校长负责制试点中形成的五方面的成效和经验。

1. 市级统筹、三级联动确保体制改革的高效、稳步推进

学校领导体制是学校治理体系的最高层面、关键部位。建立党组织领导的校长负责制，是新时代中小学校内部治理的重大改革。此项改革，既是一次学校内部领导管理结构的变革，也是一次深刻的思想观念的转变，需要顶层设计，上下结合，三级(市区校)联动，稳步推进。

全市试点工作启动前，市委组织部、市委教育工委、市教委负责试点工作的总体布局和统筹协调，会同有关部门加强政策引导和工作指导。试点工作启动后，各区委组织部、区委教育工委、区教委等部门在市委的领导下，建立健全相关工作机制，结合实际细化工作方案和制度措施，制订推进计划，精心组织实施；各学校党组织切实履行主体责任，提高思想认识，树立担当意识，有针对性地制定具体措施，认真组织落实，有力有序推进试点工作的各项任务落地。市教育党校充分发挥党校"四大作用"，全程参与试点工作准备、启动、运行和研究工作，为试点工作的高效有序开展，持续提供培训、

研究和宣传等方面的人力物力资源。

2.探索建立了试点学校党组织发挥领导作用的组织体系

试点党组织领导的校长负责制，首先要构建好党组织发挥领导作用的组织体系（“1+3+2”+2），其中主要包括领导组织架构和干部队伍。领导组织架构包括党组织委员会领导地位，书记、校长、教代会职责地位，以及按照“支部建在连上”的原则，坚持把党组织建在教书育人一线的学校二级及以下党组织设置，按照办学治校与管党治党相适应的学校校区、职能机构和教育教学单位设置。

试点中，组织体系建构以组织结构规范、调整为重点任务，明确学校一级党组织领导地位、书记和校长工作职责；按照基层党组织建制要求，实现各级党组织应建必建的规范设置；按照“支部建在连上”原则，结合校址设置特点，创新学校二级及以下党组织设置，充分发挥基层党支部战斗堡垒作用。干部队伍包括适应党组织领导的校长负责制实践要求的校级领导班子和校级中层干部队伍。干部队伍建设以队伍完善、建强为重点任务，按照与党组织发挥领导作用相适应的原则选优配强学校领导班子；按照党性观念强、专业素质强的“双强型”标准选任党员干部任基层党支部书记，同时逐步实现学校党政办、人事、德育、团少等部门负责人为党员担任，不断加强中层干部的选育用管。

3.探索建立了试点学校党组织发挥领导作用的制度体系

试点党组织领导的校长负责制，要以健全的制度体系为保障。党组织发挥领导作用的制度体系主要包括党组织领导的校长负责制的校内基本制度、重要制度和其他制度（1+“3+3+2”+N）。

试点中，首先是完善学校的基本制度，修订学校章程。在章程“组织机构和党的建设部分”增加条目，明确党组织的全面领导地位、设置形式、职责权限、工作方式和党务工作机构、人员配备、经费保障等。其次是制定学校的重要制度，包括党组织领导职责、书记工作职责、校长工作职责，党组织抓意识形态、德育、思想政治工作职责，以及党组织委员会、校长办公会

（行政会）议事规则。最后还要依据全市试点工作方案要求，修正、完善学校其他内部规章制度，保证与新领导体制的一致性。

4.探索建立了试点学校党组织发挥领导作用的工作机制

试点党组织领导的校长负责制，关键是把党组织发挥领导作用的工作机制理顺，包括党组织履行把方向、管大局、作决策、抓班子、带队伍、保落实的领导职责的各项具体机制（3+3+5）。

试点中，一是以建立健全议事决策、沟通协调和保证监督工作机制为重点，确保党组织“作决策、保落实”。二是以完善党的建设工作机制为重点，包括有关学校党建工作方面的议事决策机制、组织实施机制和评估改进机制等，确保学校党建工作的引领作用。三是以建强、完善“三全育人”工作机制为重点，包括党组织领导意识形态工作机制、党组织领导德育工作机制、党组织领导思想政治工作机制、党组织领导群团社团工作机制、家校社协同育人机制等，确保党组织“把方向、管大局”。四是以完善党管干部工作机制和党管人才工作机制为重点，确保党组织落实“抓班子、带队伍”，最终实现党组织履行六大领导职责。

5.探索形成了确保党组织发挥领导作用的个性化试点策略

试点工作中，除了形成上述有关“两体系一机制”构建中的共性经验之外，还通过8个子课题，结合试点区教育特征和改革实际，针对当前多样化办学和干部设置特点，充分激发调动试点学校的积极性，尊重基层党组织的主体地位、首创精神，围绕学校干部选任管理、内设党支部管理和党组织领导德育和思想政治工作等重要任务，形成了确保各类型学校党组织发挥领导作用的个性化策略。

一是教育集团化学校试点策略。聚焦建立集团党委统一领导教育集团工作、集团党委设置与校区党组织设置形式的关键问题，围绕教育集团学校组织一体化、内部均衡发展、集团文化建设、党建品牌建设等发展维度，抓住试点工作带来的新发展机遇，在建立健全集团党委发挥领导作用的“两体系一机制”基础上，制定完善《关于在东城区教育集团成立集团党委的试点工作方案》《东城区教育集团党委管理办法》，结合集团及下属法人学校设置特点，厘清集团党委和下属学校党组织职责权限；创设集团党委“正职副书记”职位，建立党委委员落实“一岗双责”工作机制，发挥东城区“大党建”传统优势，把集团党建重心转移到立德树人根本任务；以“有利于党组织活动开展和党员作用发挥”为出发点，推动支部建在年级、学科（组）教学一线；按照支部建制要求适当扩大支部数量，把担任支部委员作为培养青年干部的必要环节；把支部活动与学科建设、教书育人相融合，建强内设党支部战斗堡垒。

二是跨区域办学的学校试点策略。针对学校所属本部和所在本区两个方面形成办学合力中存在的问题，提高政治站位，深入学习把握试点工作方案，夯实学校党政部门对“党组织领导的校长负责制”的共识。建立集团校党委和属地校党组织的沟通协商机制，属地校党组织书记、校长参加集团校的行政办公会，列席党委会；在集团党委会和行政办公会议事规则中明确跨区域集团校议事内容。针对党政分设的跨区域办学学校，建立“协商+授权”的沟通协商模式。基于属地校内生文化的生成、发展的内循环，充分发挥集团校或输出校的优势，形成助力属地校发展的外循环支持系统，建立共融共生、共享共建“双循环”系统，充分激发和调动属地校的内生动力。

三是党政“一肩挑”学校试点策略。针对“一肩挑”学校容易出现重业务轻党建的“一头沉”问题和权力集中难以监督的问题，按照“集体领导、民主集中、个别酝酿、会议决定”的要求，加强决策前沟通，重大事项实行票决制，将党建与教育教学、教师队伍建设等工作同谋划、同落实、同考核。切实发挥好“一肩挑”的合力优势和效率优势，强化整体统筹各类会议安排，明确会议职能规则和内容清单，优化会议流程，做好各类会议的衔接转承和规划设计；任务落实中强化党组织委员“一岗双责”。

四是党政分设学校试点策略。针对党政分设学校容易出现的党建业务融合力度不够问题，重点通过明确党组织、书记和校长三类职责，探索建立议事决策“动议、酝酿、上会、表决、实施”的“五步法”，严格落实书记“末位表态”，切实贯彻民主集中制；实施“一校一策”“一校一品”“一校一案”，将党建工作融入教育教学中和学校管理中，使党政分设的学校既分出责任、分出质量、分出担当，又切实把党组织集体领导和校长行政负责两个优势有机整合，充分发挥。

五是学校内设党支部管理策略。弘扬“支部建在连上”光荣传统，把支部（党小组）建在年级组、教研组，选拔党性强、懂教育、会管理、有威信、善于做思想政治工作的党员组长兼任党支部书记，建强党组织委员会，激励各党支部、党小组敢于创新、主动作为，充分发挥内设党支部战斗堡垒作用。

六是党组织领导德育和思想政治工作实践策略。在建立健全相关“两体系一机制”基础上，形成了党组织领导德育工作的“三大系统”——党委领导、书记和校长牵头、党委委员共同参与德育工作决策系统，内设党支部组成的德育工作执行系统，多个具体职能部门参与的德育工作支持系统（内含德育工作保障评价）；探索形成了党员干部“五走进”和年级支部“六个结合”思想政治工作机制以及“一三三四”思想政治工作法等，加强了党组织对德育和思想政治工作的全面领导。

七是试点学校干部选拔任用管理策略。对标选优配强干部队伍目标，跟踪分析选拔任用、轮岗交流、重点培养等方式在试点中的运行情况，探索形成干部选拔任用管理的“四导向”策略，即坚持目标导向聚力，抓好领导班子政治“硬指标”；强化实践导向赋能，把好干部选拔任用“风向标”；紧扣问题导向提质，用好干部日常考核“指挥棒”；突出需求导向挖潜，办好干部培养锻炼“加油站”。完善干部培养选拔工作程序，形成了“中层干部多岗位锻炼，副校级领导跨校履职”的干部培养模式，优化了“内外兼备”“内培、外培、备培”有机结合的干部培训模式。

（三）试点中小学校党组织发挥领导作用方面需要改进的一些问题及分析

中小学校现行的校长负责制的领导体制，已有三十多年的发展历程。运行过程中，中小学校办学规范性持续提升，办学积极性和教育教学质量得到稳步提升，但同时这种领导体制在发展中逐步呈现出贯彻党的教育方针政策落实力度不够、学校治理体系和治理能力现代化亟须加强和“三全育人”工作机制亟待建立等问题。试点中小学校党组织领导的校长负责制，其核心就是把党组织发挥领导作用的组织体系、制度体系和工作机制建立健全，确保把党的全面领导贯彻到中小学校的办学治校过程中。

课题组通过调研分析、访谈座谈、个案分析和追踪研究发现，有92%的调查对象认为本校探索完善党组织发挥领导作用的工作机制非常好或比较好（图1）。但具体到“两体系一机制”的微观要素层面，还存在一些需要进一步完善、改进的问题。

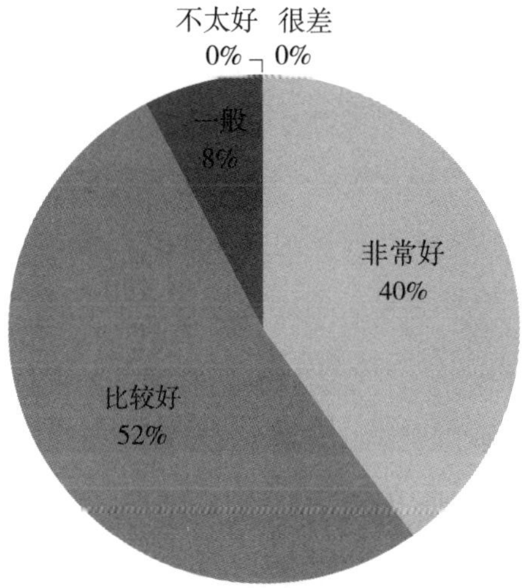

图1　对本校探索完善党组织发挥领导作用的工作机制的总体评价

一是一些试点校党组织发挥领导作用制度保障尚不完备。当前中小学校党组织发挥领导作用的法定地位有待完善，虽然试点工作方案已经明确规定了要建立健全党组织发挥领导作用的制度体系，但是课题组在个案分析、座谈访谈和问卷调研中发现，部分学校还没有健全相关制度体系，特别是党组织抓意识形态、德育和思想政治工作的清单制度一些学校尚未建立（图2），党组织在学校治理体系中发挥作用的制度保障不足。

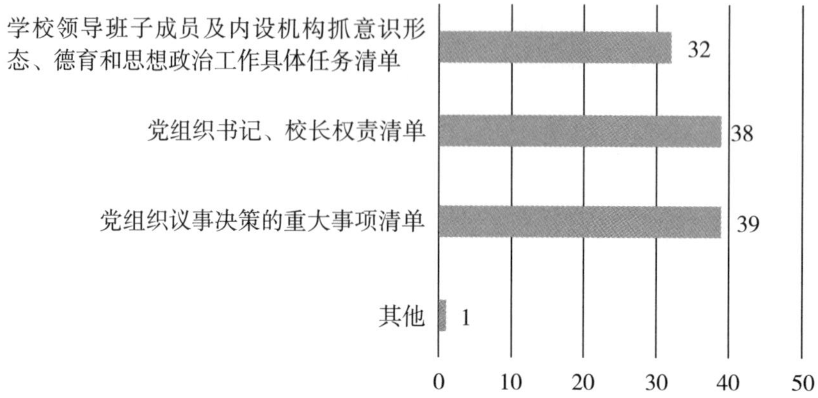

图 2　试点工作中学校已制定的任务清单

二是一些试点学校组织体系建设还需结合学校特点进行完善。基础教育综合改革逐步深入，多样化办学、中小学特色发展已经逐步成为一个趋势。调研中发现，联盟、集团校和跨区域办学学校中的师生人数激增，多校址办学，又给党组织建设、领导班子建设、教育教学管理、学校文化建设等方面带来新的挑战。问卷数据显示，集团化和跨区域办学学校调研对象在书记、校长设置方式上，赞同分设的比例比赞同“一肩挑”的比例高出35%（图3）。如何创新组织设置和班子设置更加有利于加强党的领导、有利于学校事业发展，有利于开展党的组织生活，目前大家认识尚不一致，需要进一步探索。

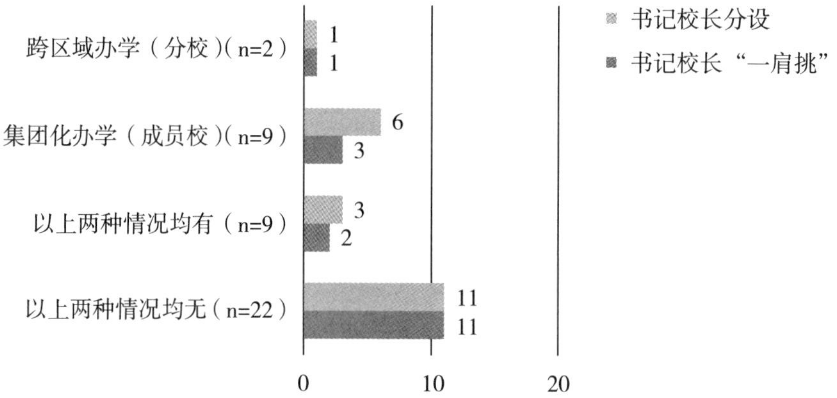

图 3　集团化办学、多址办学等大规模学校利于学校党组织发挥领导作用的书记校长配备方式

三是试点学校适应党组织发挥领导作用的干部队伍建设需要持续加强。党组织领导的校长负责制的确立，是与党组织发挥领导作用相适应的干部选配制度同步推进的。调研中发现，一些领导干部存在本领恐慌，有的长期从事党务工作，缺少教育教学管理经验，业务能力有待提升；有的长期从事行政工作，往往站位不高，大局观不强，存在单纯重业务的倾向，从政治上分析判断问题的能力不够。问卷数据显示，试点校对现职和后备干部培养需求较大（图4）。总体上近两年，市区两级虽然加强了对党组织书记、党务干部的培训，但是他们专业精神、专业知识、专业能力和专业思维的提升、拓展和历练仍然有待提高。

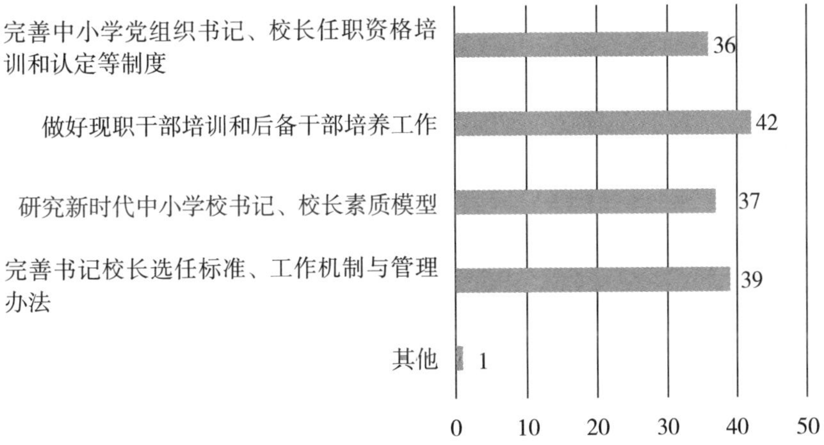

图4　试点校干部选拔任用和管理方面亟须解决的问题

五、北京市全面推进中小学校党组织领导的校长负责制对策与建议

中小学校领导体制改革的价值追求和终极目标是为了更好地落实党的教育方针，促进学校的高质量发展，担负起为党育人、为国育才使命。立足中国共产党百年华诞的重大时刻和“两个一百年”历史交会的关键节点，展望“十四五”建设高质量教育体系的战略任务和2035年建成教育强国的远景目

标，全面实施好党组织领导的校长负责制，需要在前期试点经验基础上，进一步提高政治站位，系统谋划实施，扩大试点覆盖，为全面推进党组织领导的校长负责制打好基础、做好准备。

（一）着力提高政治站位，以领导体制改革促高质量发展

在中小学校实行党组织领导的校长负责制就是把党的全面领导的制度优势贯彻到基础教育领域，落实到中小学校的办学治校中，转化为高质量发展的效能。为此，改革有关各方应该切实提高政治站位，持续提升推进改革的思想自觉和行动自觉。

一是深化对构建基础教育高质量发展体系的认识。党的十九届五中全会提出了以教育公益性为原则，构建均衡发展和城乡一体化的义务教育、完善普惠性的学前教育和多样化发展的高中阶段学校的基础教育体系。中小学校的领导体制改革需要在对新体系的整体把握中深化推进。二是增强供给侧结构性改革的实践自觉。基础教育是民生，更关乎国家未来。作为新型领导体制的中小学校党组织领导的校长负责制的建立，需要贯彻新发展理念，抓住供给侧结构性改革的主线，形成更高层次、更优水平的新型协同供给体系，为基础教育现代化提供持续动力源。三是必须以学校高质量党的建设为引领。中小学校实行党组织领导的校长负责制作为把党的全面领导贯彻在基础教育领域，打通政策落实“最后一公里”的重要举措，其作用发挥最终要体现在高质量的学校党建引领高质量发展的成效上，因此，要持续练好办学治校的党建基本功，切实把党的教育方针全面贯彻到学校工作的各方面。

（二）着力发挥组织领导优势，为扩大试点和全面推行提供保障支持

中小学校党组织领导的校长负责制是一项自上而下、上下结合特征鲜明的改革举措，下一步的扩大试点（全市107所试点学校）和全面推行工作，亟待在充分发挥前期试点中形成的组织领导优势基础上，健全完善保障支持。一是各区委教育工委要主动向区委汇报试点工作，加强与区委组织部、区编

办、区人力社保局等有关部门协调沟通，争取政策支持。二是在中央相关文件发布后，及时制定《北京市中小学校党组织领导的校长负责制实施方案》（以下简称《实施方案》），配套工作指南和任务清单，为精准落实政策要求提供制度保障。三是在试点工作成效较为突出的学校中，遴选党组织领导的校长负责制的“样板校”，为全域覆盖、全面推行提供参考借鉴。四是加强过程督导、效果评估，研制、建立试点工作评估指标体系，以评促建，把党组织领导的校长负责制落实情况纳入巡视、巡察工作范畴。

（三）着力扩大宣传培训力度，为精准实施提供资源平台

学校领导体制改革是一项系统工程，既包括党组织发挥领导作用的“两体系一机制”关键部位的重构，也包括多项要素的修改完善。市区校三级需要进一步加强联动互补，有针对性地开展宣传、培训工作。市级层面，通过教育党校系统培训者培训班、中小学校党组织书记班、中小学校校级干部研修班、北京教育党校大讲堂、专题培训班等，加大对中央政策文件和全市《实施方案》的宣传和解读；区级层面，通过试点学校分享、宣传平台、区级专项培训等，做好区级实施细则的宣传解读。校级层面，充分利用干部会议、党员教育和教职工政治理论学习等，做到政策宣传全覆盖、思想认识相统一。

（四）着力提高党的建设质量，推动中小学校高质量发展

中小学校党组织发挥领导作用，前提和基础性的工作是高质量的党的建设。从前期试点工作经验来看，全面实施新领导体制，亟须完善、改进五个方面工作。一是健全完善党建工作力量，参考借鉴设立“党建中心”配置“党办主任”等前期试点工作中的创新举措，充实党建力量。二是实施“组织力提升工程”“活力党建计划”，全面推进党支部标准化规范化建设，加强基础工作，完善基本制度，提升基本能力，落实基本保障。三是开展以党史学习教育为重点的“四史教育”，实施“教师信仰提升工程”，坚定理想信念、涵

养报国情怀、提升育德能力，守好意识形态阵地，为“三全育人”工作格局的建立提供强大思想保证和理论支撑。四是按照《实施方案》进一步改进、完善学校党的建设评价体系，做好学校党组织书记抓党建述职评议考核工作，确保党的建设与事业发展深度融合，以高质量党的建设推动学校为党育人为国育才、实现高质量发展。

参考文献：

［1］习近平.决胜全面建成小康社会夺取新时代中国特色社会主义伟大胜利——在中国共产党第十九次全国代表大会上的报告［M］.北京：人民出版社.2017：20.

［2］习近平.在全国组织工作会议上的讲话［EB/OL］.(2018-07-03)［2021-04-23］.http://www.12371.cn/2018/09/17/ARTI1537150840597467.shtml.

［3］习近平.坚持中国特色世界一流大学建设目标方向为服务国家富强民族复兴人民幸福贡献力量［EB/OL］.（2021-04-19）［2021-04-22］.http://www.gov.cn/xinwen/2021-04/19/content_5600661.htm.

［4］习近平谈治国理政（第三卷）［M］.北京：外文出版社. 2020:118.

［5］习近平.把我国基础教育越办越好［EB/OL］.(2016-09-10)［2021-04-23］.http://www.xinhuanet.com/mrdx/2016-09/10/c_135677198.htm.

［6］张洪华.建国后中小学领导体制演变的特点及趋势［J］.教学与管理，2017(7)：3.

［7］《中国教育年鉴》编辑部.中国教育年鉴［M］.北京：中国大百科全书出版社，1984.

［8］刘英杰主编.中国教育大事典（1949—1990）（上）［M］.浙江：浙江教育出版社，1993:11.

［9］国家教育委员会办公厅.教育工作文件选编（1985）［M］.北京：人民教育出版社，1987:16.

［10］中共杭州市拱墅区教育局委员会.“党组织领导下的校长负责制”

新探索［J］.人民教育，2020（13–14）.95.

［11］王晓燕.建立中小学校党组织领导下的校长负责制的区域探索［J］.现代教学，2020（10B）.62.

［12］天津市教育委员会.天津市开展中小学校党组织领导下的校长负责制试点工作［EB/OL］.http://www.moe.gov.cn/jyb_xwfb/s6192/s222/moe_1733/201907/t20190709_389473.html.

［13］窦现金.加强党对教育事业全面领导是办好教育的根本保证［J］.中国农村教育，2019（07）:15–17.

［14］郝峰.坚持党对教育事业的全面领导要聚焦“四个维度”［J］.中国高等教育，2019（07）:37–38.

教育集团化学校试点策略研究

东城区委教育工委课题组*

【内容提要】

本课题重点围绕“建立党组织统一领导教育集团工作的可行性、集团党委设置与校区党组织设置形式”开展研究，通过深入教育集团个别访谈、集体座谈、现场观摩，结合文献研究、案例研究等方法，初步探索完善了适应集团党组织发挥领导作用的制度、机制、体系，梳理了教育集团试点校实施“党组织领导的校长负责制”的初步成效与面临困境，形成了“构建‘三级联动’的组织领导体系、厘清集团党委和各法人学校之间的权责边界、创新集团干部的选用培养机制、建好集团党建品牌引领集团学校内涵发展”等“教育集团化办学试点策略”。

【关键词】

教育集团化学校　试点策略

一、问题的提出

（一）教育集团化办学的发展脉络及取得成效

教育集团化办学是北京市深化教育领域综合改革，促进教育公平和优质

* 课题组组长：刘藻，北京市东城区委教育工委书记、东城区教委主任。

课题组核心成员：聂圣立，东城区委教育工委副书记；刘羽，东城区委教育工委组织部部长；王伟，东城区委教育工委统战部部长、组织部副部长；高琳，东城区教育党校书记、常务副校长；张鸥，东城区委教育工委组织部副部长；王茹红，东城区委教育工委组织部副部长；张清华，东城区教育党校副校长；沈宇，东城区教育党校教师；康春荣，东城区教育党校教师。

均衡发展的重要举措之一，其宗旨直面民生福祉，以学生发展为核心。通过集团化办学，充分发挥名校优质资源的辐射带动作用，聚焦多方的力量，让教育品牌利用效益不断提升，得到扩充与发展，让更多的学生接受优质公平的教育。自2015年起，东城区选取了在全国知名度较高的优质学校，陆续组建了七个教育集团，充分发挥了现有教育品牌的辐射带动作用，形成了共荣、共享、共通、共识、共育、共促和共创的联合培养局面，为北京市的集团化办学提供了经验。2017年，中办、国办印发《关于深化教育体制机制改革的意见》，明确提出“探索集团化办学”。2018年9月，市教委下发了《关于推进中小学集团化办学的指导意见》，意见指出，加强统筹优化集团办学布局，规范发展，完善集团治理结构，促进共享，发挥资源辐射作用，改革创新激发集团发展活力，以及加强保障措施等集团化办学任务，明确了首都中小学集团化办学的路径和方向，也标志着北京市中小学校集团化办学进入了规范发展的阶段。

（二）教育集团化办学遇到的阶段难题

集团化办学是新时代基础教育治理的新实践、新探索，是优化基础教育资源布局，扩大优质教育资源供给，促进教育公平的有效途径。在集团化办学取得阶段成效的同时，也面临很多困难。

一是关于组织一体化的问题。集团的管理层级增加了，校址离散增大了，部门叠合增多了，面临着法理依据、行政授权、运行机制规范、监督评价机制、行政制度保障等问题。如何高效地整合资源、协同机制、共识理念等一体化成为发展难题。

二是关于集团内均衡发展的问题。全面提升教育质量是推进教育集团化办学的首要问题，如何形成相对稳定的合作领域和工作程序，以使集团活动制度化，进而取得整体优化的实效？怎样建设着眼于均衡发展而又提升教育质量的教育集团需要进一步思考探究。

三是关于集团文化建设问题。东城区教育历史文化悠久，很多学校小而精，具有独特的文化，而集团化办学的主要特征之一是龙头学校向成员学校输出办学理念、办学标准，这样能够发挥优质学校的辐射作用，但也容易影响到教育集团内部多样性。

四是集团党建品牌建设的问题。教育集团建设之初，统筹协调集团发展的是集团的龙头学校，统筹协调的内容偏重于业务，各个法人学校分别以各自独立的党组织开展工作，集团层面的价值引领、发展愿景、党建品牌还比较欠缺。

（三）“党组织领导的校长负责制”为教育集团化办学带来的新发展机遇

2019年6月，国务院办公厅在《关于推进普通高中育人方式改革的指导意见》指出，“要加强普通高中学校党组织建设，发挥党组织把方向、管大局、保落实的领导作用”。中共中央、国务院在《深化教育教学改革全面提高义务教育质量的意见》明确提出“加强学校党的建设，充分发挥学校党组织领导作用”。目前，中小学校处于党组织发挥领导作用的地位已经明确，但是党组织发挥领导作用的体制机制还没有完全建立起来。教育集团的发展和改革任务艰巨复杂，必须要有强有力的领导，要在教育集团完善党的组织体系建设，理顺体制、完善机制，把党的领导贯彻落实到位，把党建工作抓实抓细抓到位，发挥党的组织优势、制度优势、理论优势、政治优势，使集团化办学改革沿着正确的方向有序推进，组织实施坚强有力，各方面力量形成合力，为集团各部分、各构件之间的高效配合与集中统一提供强大的组织保证。

2020年9月27日，市委组织部、市委教育工委、市导教委联合召开“中小学校党组织领导的校长负责制试点工作部署培训会”，具体部署了相关试点工作要求，课题《北京市中小学校党组织领导的校长负责制试点运行研究》伴随启动。东城区作为“北京市中小学校党组织领导的校长负责制”试点区，参与市级课题《北京市中小学校党组织领导的校长负责制试点运行研究》，“教育集团化学校试点策略研究”是东城区承担的其中一项子课题。东城区选取史家教育集团和五中教育集团作为试点单位。

按照市委教育工委的要求，“教育集团化学校试点”要重点围绕建立党组织统一领导教育集团工作的可行性、集团党委设置与校区党组织设置形式开展研究。“中小学校党组织领导的校长负责制”的试点工作为解决集团化办学中的难题提供了新的契机。

二、研究方法与过程

（一）研究方法

1. 文献研究法

围绕“中小学校党组织领导的校长负责制”“集团化办学”等内容检索文献，在全面了解中小学内部管理体制变化和党组织发挥作用的历史脉络基础上，重点查找“集团化办学”相关文献，对文献资料进行比较、借鉴、继承与批判，组织研究团队学习文献，为研究设计奠定理论基础。

2. 调查研究法

通过深入集团学校进行个别访谈、集体座谈了解干部教师对于“中小学校党组织领导的校长负责制”内涵和意义的认知状况；了解集团化学校发展现状。通过观摩试点学校党组织委员会议等形式了解教育集团化学校议事决策过程并进行分析，从而有针对性地进行研究，探索“集团化办学试点策略”。

3. 行动研究法

与“中小学校党组织领导的校长负责制”试点工作密切结合，与教育实践的具体改革行动紧密相连，以提高行动质量、改进实际工作、解决实践问题为首要目标。在行动研究中不断探索、改进和解决教育实际问题。

4. 案例研究法

从学校视角进行个案剖析，为“中小学校党组织领导的校长负责制”前提下的教育集团化研究提供案例。

（二）研究过程

1. 课题论证，构建研究和试点工作的系统框架

2020年10月27日，课题组参加了《北京市中小学校党组织领导的校长负责制试点运行研究》课题开题论证会，在进行课题论证设计的过程中明确目标方向、时间表、路线图，通过课题研究助推试点工作。两委结合东城区实际制订了落地试点实施方案，多次向区委组织部、区委常委进行专题汇报，共同商定具体实施方案和工作指南。确定了东城区的市区级试点学校，教育集团校试点为史家教育集团和五中教育集团。

2. 理论学习，统一思想认识

重视理论学习，依托教育党校进行文献研究和课题理论培训。为试点学校配发《学校如何运转》《怎样坚持民主集中制》等书籍，整理相关文献资料。同时，组织围绕“坚持和完善党的领导的理论内涵和实践路径”主题举行了理论培训，邀请北京市党建研究所副所长尤文虎做专题报告。先后组织“以系统思维推进党组织领导的校长负责制试点工作”“《中国共产党支部条例（试行）》解读”等专题讲座。

3. 深入调研，了解现状

开展专项调研。采取“一校一策”的方式，开展了试点校“一对一”摸底调研，全面掌握试点校干部队伍、体制机制建设情况和工作推进思路，为试点工作的顺利推进奠定了基础。同时，结合试点运行子课题研究，探索“集团化学校试点策略”，开展专项调研，邀请史家教育集团、五中教育集团等试点校相关人员进行深度访谈，了解试点推进情况，掌握试点校工作中的困难，集体研究讨论，共商应对策略。了解学校在试点过程中面临的实际问题、运行状况，并就党组织领导的校长负责制的核心要义进行了讨论。同时，工委委员带队下到各试点校，通过座谈交流，了解基层推进第一手情况。北京市委教育工委副书记李奕同志带队到北京五中教育集团展调研指导，市委教育工委组织二处原副处长王小垂到东城区，就党组织领导的校长负责制进行专项解读，干部教师在系列学习中不断夯实理论基础，对“党组织领导的

校长负责制”的认知也不断提高。在史家教育集团、五中教育集团召开中小学校党组织领导的校长负责制试点工作东城研讨会，邀请市级党建专家进行“会诊”。

4. 开展试点研究，梳理研究结果

协调试点运行与课题研究的相互协调、相互促进、相互统一。各试点校每月上报《党组织领导的校长负责制试点工作推进情况月报表》，区委教育工委每月召开一次月度例会，定期召开工作推进会，听取基层推进情况。在厘清问题的基础上，力求在组织设置、人员配置等方面进行难题破解。两委先后出台《东城区中小学校党组织领导的校长负责制工作方案》《关于推进党组织领导的校长负责制试点工作成立党的基层委员会的工作方案》《东城区教育集团党委管理办法》《东城区队伍建设质量提升三年行动计划》等多部区域文件。

三、研究结果与分析

（一）出台了相应文件，为教育集团试点工作提供政策保障（工委层面）

教工委结合东城实际，出台了《东城区中小学校党组织领导的校长负责制工作方案》，从组织体系、干部配备、支部规范化建设等方面为教育集团实施“党组织领导的校长负责制”提供了政策供给。

1. 成立集团党委。先后成立史家教育集团党委和五中教育集团党委，根据《关于在东城区教育集团成立集团党委的试点工作方案》《东城区教育集团党委管理办法》，确定了集团党委领导的学校校长负责制，初步厘清了集团党委的职责权限。

2. 配备集团干部。根据五中教育集团和史家教育集团两个试点集团的管理特点，集团党委书记兼任集团总校长，突出和强化集团党委全面领导集团教育工作的作用，同时发挥校长管校、治校的积极作用。原史家小学校长王欢同志任史家教育集团党委书记、总校长，原史家小学书记洪伟同志任集团党委副书记。原五中校长王蕾同志任五中教育集团党委书记、总校长，原一中书记王朋同志任集团党委副书记，两个教育集团的副书记均为“正职副书记”。

3.调整支部设置。遵循“支部建在连上”原则，以“有利于党组织活动开展和党员作用发挥”为出发点，推动试点集团调整支部设置方式和活动形式，将支部建在年级、学科（组），把支部活动与学科建设、教书育人相结合，增强学校党的工作影响力、生命力、凝聚力和战斗力。下面以两个试点教育集团为例进行具体阐释。

史家教育集团：史家教育集团内部法人建制单位包括四所同一法人学校（史家胡同小学、东四七条小学、史家实验学校、遂安伯小学）和两所独立法人联盟校（史家小学分校、西总布小学）。

史家教育集团党委下属党支部所属的法人建制单位包括史家胡同小学、东四七条小学、史家实验学校、遂安伯小学。史家教育集团党委下设一个总支即史家党总支、一个支部即七条党支部，在党总支之下共设置17个党支部，使支部设置与学科匹配，支部活动与教研活动匹配。结合党员分布情况，将支部建在教育教学一线（校区、年级组、学科组等），确保党的组织和党的工作全覆盖。同时明确各支部书记由学科的党员主管干部担任。

五中教育集团：五中教育集团内部法人建制单位包括八所学校即五中、五中分校、国子监中学、一中、五中分校附属方家胡同小学、五中通州校区、五中朝阳双合分校、东城区东四十四条小学。

五中教育集团党委下属党支部所属的法人建制单位包括：五中、五中分校、一中、五中分校附属方家胡同小学。集团党委下设一个党总支，三个独立党支部。

（二）初步探索完善了适应集团党组织发挥领导作用的职责、机制（集团层面）

根据《北京市中小学校党组织领导的校长负责制试点工作方案》和《北京市中小学校党组织领导的校长负责制试点区（东城）实施方案》，两个教育集团试点对于“党组织领导的校长负责制”的各项基础性工作进行了不同程度的探索。按照市级文件精神完善了党组织、书记和校长的职责，在具体落实过程中，对各项职责又做了补充的详细要求。同时，在党组织发挥领导作用的运行机制、“三全育人”的工作机制、组织体系保障机制方面进行了探索完善。

1.建立集团党委会议事决策规则、沟通监督机制，发挥集团党组织总揽全局、协调各方的领导作用

党组织全面领导学校工作，不仅在决策过程中发挥领导作用，还要在决策前、决策后发挥领导作用。因此，教育集团议事决策、沟通监督机制的完善才能保障党组织对学校的全面领导。

教育集团试点学校进一步修订学校章程，在章程中明确了对于集团党委所管辖的法人单位，党组织委员会是最高议事决策机构。凡属学校重要问题和重大事项，由教育集团党委按照民主集中制的原则集体讨论、作出决定。集团党委会坚持科学决策、民主决策、依法决策。就校长办公会（行政会）、党组织委员会等的议事决策事项、议事决策规则等，反复推演、审慎落地。特别是针对集团党委与各学校的权责关系进行了多次论证和研讨，既要不折不扣落实改革政策，又要避免叠床架屋、重复议事、多头决策。

2.集团党建工作重心转移到立德树人根本任务

党组织领导的校长负责制的一个根本任务就是落实立德树人。党组织全面领导学校工作，就是要牢牢把握学校工作的领导权，全面贯彻党的教育方针，保证正确办学方向。党组织全面领导学校工作：一方面要加强党组织自身建设；另一方面，党建工作的重心要转移到落实立德树人根本任务上来。

比如史家教育集团在内部体系调整中，新建德育和思政中心，由集团党委委员担任中心主管领导，统筹集团德育和思政工作的规划与落实。在内设支部中，新设“家校社”党支部，发挥全面育人的作用。在学校治理体系调整中，保持教师发展中心设置，由党委委员担任中心负责人，与德育和思政中心联合，做好教师队伍建设特别是师德师风建设。五中教育集团抓住“立

德树人”的总目标，突出用党建抓业务。抓住党组织管规划，突出把方向、定大局的作用。抓住变“党务”为“党建”，突出同向同行，统筹协调党员、民主党派、群众等的管理和带动。

3.调整内部治理结构，党建工作和业务工作深度融合

党组织全面领导学校工作，不仅是在党的建设方方面面发挥领导作用。还要在学校事业发展的方方面面发挥领导作用。要通过内部治理结构的调整，使党建工作和业务工作深度融合，从治理结构上保障党组织发挥对学校事业发展的全面领导。

比如史家教育集团党委成立后，打造八个中心，以党委统一领导，促进集团治理体系重构。集团校确定党委会构成，制定了党委委员工作职责清单，党委委员肩负党建与行政双重责任，除分管党内工作外，每一名委员兼任一个行政中心的主管领导，身份双重、责任双重、担当双重，形成集团治理的党政结构，确保党组织的部署直接落实到教育教学等工作的第一线，确保党建引领下各项工作真正地融合与提升。

（三）教育集团试点校实施“党组织领导的校长负责制”取得的成效与面临的困境

1.积极成效

第一是集团学校治理规范化得到提升。在集团党委的统一领导下，党委会和行政会议事范围的厘清，议事决策程序、沟通监督机制的建立，党委委员下沉到校区，教育教学单位党员负责人兼任党支部书记、教师广泛参与等一系列体制机制的建立和完善，促进了集团学校的治理水平提升。

第二是党建、业务两张皮的问题得到不同程度的解决。通过党组织等职责的调整，通过新的运行机制、权力运行模式的建立，通过党建工作重心转到立德树人，党建工作和业务工作得到深度融合。

第三是由教育自觉到政治自觉。广大干部教师，尤其是教师的政治站位明显有所提高。党的政策方针贯彻到学校的各个方面各个环节得以更好落实，

教育工作者能够从国家责任的视野去理解教育，自觉站在党和国家大局上想问题、办事情，并传导给孩子。

2.面临的困境

第一，集团党委和各法人单位的权责及管理边界划分需要进一步厘清。对于集团党委与各法人单位的责任、权力界定还在探索中，对于以下诸项难点尚未完全确定。主要表现为：集团中各独立法人单位的党支部，涉及集团内各法人校间的干部、人事调整，给予什么样的政策既能起到保障作用又是科学规范的；集团层面没有工会组织，制定章程时涉及工会的相关内容具体如何确定；赋予党委干部调整、人事调配、党员预审、统筹奖励金、下级党组织设置等权限的具体细则。

第二，集团化学校的党组织体系设置需要进一步完善。“党组织领导的校长负责制”的实施要求对于党的基层组织设置进行创新，按照《北京市中小学校党组织领导的校长负责制试点工作方案》精神，同一区内集团化办学、多址办学的学校，可成立集团（总校）党委。史家教育集团和五中教育集团成立了党委，但是两所试点集团由于学校实际情况不同，集团党委建设的推进程度不同，党组织体系架构也需要在实践中进行检验并完善。

四、研究结论与建议

（一）构建“三级联动”的组织领导体系，加强教育集团党组织的领导

为进一步推动集团化改革、办好人民满意教育、培养德智体美劳全面发展的社会主义建设者和接班人提供坚强的组织保证，需要构建区教工委、教育集团党委、内设党支部三级联动的组织领导体系，区教工委适当赋权集团党委，集团党委发挥把方向、管大局、作决策、抓班子、带队伍、保落实的领导作用。集团党委下设支部着力解决“最后一百米”的问题，把党的力量传递到“神经末梢”。

（二）完善制度体系，厘清集团党委和各治理主体（法人学校）之间的权责边界

从实践探索的角度分析，东城区的教育集团均有各自不同的特点，从是否为“一长执多校”的角度大致可以分为两类：一类为龙头校校长兼任集团内多所学校法定代表人；另一类为集团内多所学校有不同法定代表人。这两种不同类型的集团，集团党委和集团下各法人学校党组织的具体权责边界会有不同。

目前，在实际运行中，集团党委领导的法人学校包含范围，以是否为同一法定代表人，确定集团党委的管辖边界。在“一长执多校”模式下，一般是集团党委书记担任多个单位的法定代表人，集团党委会是最高决策机构，各单位的党组织更多发挥“战斗堡垒”作用，这种模式的优点在于提高各法人学校的决策效率，实现扁平化管理，各基层支部的标准化、规范化建设在集团党委的统一领导下能够更好地得到贯彻落实。集团内未纳入集团党委管理的法人建制单位党组织仍然直接隶属于教工委统一领导，学校的重要问题和重要事项由本单位的党组织委员会会议研究决定，在需要与集团联动时，由集团党委和学校党组织分别决策。

在集团内多所学校有不同法定代表人的情况下，各独立法人学校党组织分别决策各自学校的重大事项。集团党委会决策事项更集中在涉及整个集团的重要问题和重大事项上。这种管理模式的特点是充分尊重校长对学校的管理权，同时有利于集团内中小规模学校在保留自己办学特色的同时吸收集团先进的办学理念和教育方法，更加符合集团化办学的初衷和集团化发展方向。

（三）创新集团干部的选用、培养机制，做好组织保证

1. 集团党委书记和党委委员的选用是关键

按照新时代党员干部选拔的资格和条件，同时根据《中小学校领导人员管理暂行办法》，注重选拔党性强、懂教育、会管理、有威信、善于做思想政

治工作的优秀党员干部进入党组织委员会。作为集团的“领航人”，集团党委书记的选定更为关键。党委书记不仅党性强、懂教育、会管理、有威信、善于做思想政治工作，还要有全局观、协调观、合作观。教育集团建设之初，内部实施教育家办学模式，到了“党组织领导的校长负责制”阶段，对于集团党委书记在政治上的要求更严更高。

教育集团党委委员要能够既担任集团教育教学等部门主管，又承担党内工作分工。比如史家教育集团，80%以上党委成员均主管集团教育教学具体部门和工作。在具体运行中，党委成员先集体研讨、作出决策，促进了党建工作与业务工作同部署、同落实，为学校育人工作提供了强大的组织优势和组织保证，真正发挥党的领导作用。

2.通过党务岗位培养复合型干部是有效路径

“党组织领导的校长负责制”要求“双强型”“复合型”干部，因此通过提供更多的党务工作岗位、支部工作任务锻炼培养集团青年干部是一条行之有效的路径。

教育集团往往体量较大，通过科学合理的支部设置，减少支部规模，为青年干部和教师提供更多的党务工作岗位，后备干部、优秀教师能够在参与支部工作的过程中得到淬炼。后备干部、优秀教师能够更高站位、更系统思考自身的使命和责任。同时在党群联动的过程之中，带动群众。

（四）建好集团党建品牌，以文化引领集团学校内涵发展

要深层次地发挥集团办学效应，就要通过集团党建品牌、党建文化把集团层面的价值追求、思想引领融贯在集团建设的方方面面。实现集团共性与个性的有机结合，着眼于均衡发展，实现质量提升的个性化集团办学模式，促使集团内校际差距进一步缩小。在优质共享的基础之上得到提升，在携手发展中找到学校新的增长点。激发各法人学校的活力，办有特色的学校。

集团化办学的主要特征就是龙头学校向成员学校输出办学理念，办学标准，普通学校是集团内部共性与个性相统一的组成单元，在优质学校带动下，力争走出一条优质、特色发展道路，成为集团内部多样化办学生态系统中的一员，最终也成为集团内其他单位借鉴、赋能的发动机。比如北京五中教育集团内的几所学校大都有丰厚的文化积淀，北京一中已经有三百多年的历史，而且是清代的官学发展来的。国子监中学特有的地理优势使学校具有得天独厚的教育资源。方家胡同小学是老舍先生曾经担任校长的小学。所以在五中教育集团内不是建立在合并、兼并其他学校的这样一种方式上产生的，而是基于一种品牌辐射，资源共享，文化共融的基础上的集团。

参考文献：

［1］中共中央国务院.关于深化教育教学改革全面提高义务教育质量的意见[DB/OL].http://www.moe.gov.cn/jyb_xxgk/moe_1777/moe_1778/201907/t20190708_389416.html.

［2］国务院办公厅.关于新时代推进普通高中育人方式改革的指导意见[DB/OL].http://www.gov.cn/zhengce/content/2019-06/19/content_5401568.htm.

［3］教育部课题组.深入学习习近平关于教育的重要论述［M］.北京：人民出版社，2019：31-41.

［4］孙霄兵.中国共产党领导教育的基本政策、战略维度和历史逻辑［J］.人民教育杂志，2021（3-4）：6-13.

［5］张爽.教育治理现代化视阈下基础教育集团化办学的中国道路［J］.中国教育学刊，2020（11）：1-6.

［6］李政涛.中国教育公平的新阶段：公平与质量的互释互构［J］.中国教育学刊，2020（10）：47-52.

［7］侯天宝、杨军.基础教育治理现代化的逻辑、困境及路径［J］.教学与管理，2018（28）：7-10.

［8］姚桓.深刻理解坚持和加强党的全面领导［N］.人民日报，2017-12-15.

［9］袁贵仁.深化教育领域综合改革加快推进教育治理体系和治理能力现代化——在2014年全国教育工作会议上的讲话［J］.人民教育，2014（05）：7–16.

学校内设党支部管理策略研究

东城区委教育工委课题组*

【内容提要】

本研究聚焦学校内设党支部，旨在按照支部建在教书育人一线的原则要求，通过文献研究、调查研究、个案研究、行动研究等方法，探索出学校内设党支部管理的策略。通过实践研究，初步形成了常设支部要规范，临时支部挑重担；支部书记要双强，支委干事要担当；政治领导有力，思想引领落地；集聚优势资源，增强育人效果；内设党支部管理信息化等策略。

【关键词】

内设党支部　管理　策略

一、问题的提出

（一）加强党的自身建设和全面从严治党的总体要求

“基层党组织是党执政大厦的地基，地基固则大厦坚，地基松则大厦倾。”中国共产党历来高度重视党的基层组织建设、党支部建设的理论和实践创新。在中国共产党百年发展历程中，党支部工作贯穿于全过程，党的十八大以来，党内法规建设走上了制度化、体系化的轨道，党的十九大通过的《中国共产

---

* 课题组组长：刘藻，东城区委教育工委书记、东城区教委主任。

课题组核心成员：聂圣立，东城区委教育工委副书记；刘羽，东城区委教育工委组织部部长；高琳，东城区教育党校书记、常务副校长；张鸥，东城区委教育工委组织部副部长；丁涛，东城区委教育工委组织部二级主任科员；张海英，东城区委教育工委组织部二级主任科员；张清华，东城区教育党校副校长；沈宇，东城区教育党校教师；王兰洁，东城区教育党校教师。

党章程》和2018年出台的《中国共产党支部工作条例（试行）》，从根本上规定了党支部的性质、组织设置、地位、作用、职责、任务等，党支部建设的理论与实践进入历史性新阶段。这给学校内设党支部管理与建设提出了更高的要求。

（二）实行党组织领导的校长负责制的必然要求和学校高质量发展的内在需求

按照试点工作要求，学校要探索和完善全员全过程全方位育人的工作机制，身处教书育人一线的学校内设党支部在落实意识形态责任制、加强和改进学生德育工作、创新教师思政工作、提高党的建设质量等方面负有重要职责。建设高质量教育体系，亟待取得突破性进展，其中关键在于发挥党的基层组织在学校发展过程中的领导和表率作用，使学校高质量发展的主体责任传递并压实到组织终端。管理好、建设好内设党支部，既是实行党组织领导的校长负责制的必然要求，也是学校自身治理体系和治理能力现代化、实现高质量发展的内在需求。

二、研究过程与方法

（一）研究过程

1.加强培训，提升认识

课题组自2020年下半年以来，参加了市委教育工委、市教育党校组织的多次专题会、培训会，自主开展了座谈会、推进会、研讨会数十次，课题组还与联动区通过视频、电话等形式沟通研究进展，共商研究策略，不断提升认识、凝聚共识。

2.顶层设计，重点突破

在广泛调研听取意见的基础上，课题组通过顶层设计，重点突破关键环节，系统推进试点工作，先后出台《东城区中小学校党组织领导的校长负责制工作方案》《关于推进党组织领导的校长负责制试点工作成立党的基层委员会的工作方案》《东城区教育集团党委管理办法》《东城区队伍建设质量提升三年行动计划》等区域文件。

3. 专家伴随，实践探索

课题组多次邀请市区领导、党建专家到东城区论证指导试点运行与课题研究，构建东城区试点运行与课题研究的理论框架和实践路径，为试点校优化组织设置，完善人员配置、健全工作机制，提升教育质量提供理论支持与实践参考。

4. 反思完善，成果汇总

课题组在文献研究基础上，不断改进、完善课题研究与试点运行的思路、方法、步骤和阶段性成果，邀请试点校相关人员进行深度访谈，以观察员身份旁听试点校党组织委员会会议，通过多种形式调研了解试点推进情况，商议推进策略，丰富研究成果。

（二）研究方法

1. 文献研究法

围绕关键词进行文献检索，对文献进行比较分析、吸收借鉴，夯实理论基础。

2. 调查研究法

通过访谈、座谈、考察、观察等形式了解学校内设党支部发挥作用的现状并进行分析，从而有针对性地探索学校内设党支部管理策略。

3. 行动研究法

课题研究与试点工作密切结合，与教育实践的具体改革行动紧密相连，通过行动研究改进实际工作，解决实际问题。

4. 个案研究法

吸收不同规模、不同类型学校参与到研究中，从学校视角进行个案剖析，为学校内设党支部管理研究提供生动案例、鲜活经验。

三、研究结果与分析

截至2021年8月东城区教育系统基层党组织中有2个集团党委，20个党总支，共有内设党支部105个，3626名党员，约占这些单位教师总数的51.26%。

东城区委教育工委以加强党的自身建设为重点，创新工作模式，完善党建机制，全方位、多角度为建强基层组织提供制度保障、工作抓手。

1.党建工作机制更加健全

创立“大党建”工作机制，牢固树立党建“一盘棋”思想，制定相关规则，建好工作机制，实现党的组织和党的工作在东城教育的全覆盖，牢牢把住教育方向。创立“三巡”思想政治工作把关机制，即政治教育“巡听”、师德报告“巡讲”、意识形态“巡视”制度，从办学方向把关到立德树人根本任务落实，从师德师风建设到课程价值取向，实现全过程监控与管理。创立“321”队伍建设引领机制，以一个支部一座堡垒、一名党员一面旗帜、一枚党徽一生承诺为标准逐级落实党建主体责任；建立并用好“双培养”机制；不断完善师德师风建设长效机制。

内设党支部是党的肌体的“神经末梢”，党建工作机制的完善与健全是党的工作传导到“神经末梢”的保证，是党中央工作部署传导到“神经末梢”的保证，是基层组织提升组织力、发挥战斗堡垒作用的基础，是推动构建协调顺畅、运转高效、作用到位的学校治理体系的重要保障。

2.党支部标准化、规范化建设初见成效

全系统绝大多数基层党组织在政治建设、健全工作机制、落实组织生活制度、规范支部建设等方面都能够做到标准、规范。学习传达中央、市委重要会议精神和重大决策部署能够及时到位；能够按要求开展“三会一课”，能够定期召开党员大会、党支部委员会，党员领导干部均能参加组织关系所在党支部的双重组织生活；民主评议党员程序规范，均能做到有评有议并按要求分出等次；党支部支委设置科学合规，绝大多数基层党组织都设置了专职纪律检查委员；不存在1名党员同时担任2个或多个支部书记的情况；不存在党支部未按期换届选举的情况；不存在党支部换届选举不合规，参会人数不够比例，不按规定计票、违反选举程序等问题。

这些成效的取得与区委教育工委、学校党组织顺畅的工作机制密不可分。比如党支部换届选举中，区委教育工委组织部会在换届之前半年对相关党组织提醒，基层党组织要向工委组织部进行三次呈报，每一次呈报都要求明确，沟通及时、反馈有效，杜绝了程序上、标准上、内容上可能出现的错误和失误。除此以外，换届选举当天，学区党建工作组还委派学校党支部书记代表工委督导换届选举大会，对选举全过程进行现场监督。这些措施有力地保障了基层党组织换届的按时、规范、有序。由此可见，工作机制的完善是支部标准化、规范化建设的重要保证。

3. 党建品牌建设示范引领作用更加彰显

东城区坚持在阵地党建、场域党建等方面精耕细作，逐步形成了特色鲜明的党建工作品牌。在培育党建阵地、创建党建示范点上下功夫。党建示范点创建率已达63%，以创建促提升、以示范带全局的党建创新体系构建完成。在创设教育场域、做实党建活动上下功夫。组建国庆先进事迹报告团，把国庆活动中迸发的爱党爱国热情转化为强大精神动力，形成爱国主义教育场。每年七一开展教育系统“身边党员榜样”评选活动，连续举办4届“信仰·榜样·传承”主题党日，以榜样事迹激励广大党员拼搏进取、奋发有为，形成党员榜样能量场。

党建工作品牌的创建为学校党组织及内设党支部搭建了平台，一批政治先进、组织严密、领导有力、工作扎实的基层党支部和一大批党性观念强、宗旨意识突出、业务水平高的党员脱颖而出。

4. 试点运行研究取得一定进展

支部建在教书育人一线新探索。北京市第十一中学把内设党支部建在年级组，通过改组原“班级组”为“党小组”严密组织体系，完善组织设置。由党员导师担任党小组组长（班级组长），创新引入家长委员会党员代表，形成新的内设党支部架构，围绕教育教学工作加强政治理论学习和教书育人实践研究，探索家校共育新路径和学校内部治理新模式，激发家长参与学校治理的意愿和动力，使家校一体化育人实践更加扎实。

内设党支部工作机制新探索。史家教育集团把内设党支部建在学科组、教研组，以“三条线”完善内设党支部工作机制。“引导线”——教研活动安排党的基本理论和立德树人实践经验的5分钟“微学习”；“推进线”——听评课活动增加对思想政治工作、意识形态工作、落实五育并举的观察与评价；“驱动线”——在支部建立党员先锋岗，使双培养工作落实做细，骨干教师群体中党员比例不断提高。史家教育集团还建立了内设党支部支委定期培训新机制，集团党委委员定期组织专门力量对支委开展党的理论培训、党务工作专题培训，加强内设党支部支委能力建设。

党员先锋模范作用发挥途径新探索。东城区教育系统一些学校党组织按照《中国共产党支部工作条例（试行）》中的有关要求，遵照一定的组织程序，尝试在学校教科研攻关项目、教育教学改革项目、长期培训项目中创建临时党支部，引导和鼓励教师有组织地参与学校变革创新、改革发展中，创造了项目管理新模式。党员力量被有效组织、动员和凝聚起来，先锋模范作用突显，工作成效明显。

试点运行近一年来，试点学校党委、党总支在内设党支部的管理上进行了实践探索，取得了一定进展，为全面实行中小学校党组织领导的校长负责制提供了宝贵经验和有益借鉴。

四、研究结论与建议

《中国共产党章程》和《中国共产党支部工作条例（试行）》等一系列党内法规是学校内设党支部开展工作的依据，也是我们开展学校内设党支部管理策略研究的基本遵循。总体来看，东城区学校内设党支部管理既有成功的经验，也存在一些问题，既有可以保留传承的良好做法，也有需要改善提升的空间，如内设党支部委员会人员配备需进一步优化、支委能力建设需进一步加强等。对照《党章》和《条例（试行）》，依据《东城区中小学校党组织领导的校长负责制试点工作方案》，在前期文献研究、调查研究基础上，我们对学校内设党支部管理提出如下建议。

1.常设党支部要规范，临时支部挑重担。学校可依据不同的文化传统和实际情况设置内设党支部，落实"支部建在教书育人一线"的要求。以年级组为管理单元的学校设年级党支部，以学科组为管理单元的学校设学科党支部，以校区为管理单元的学校设校区党支部。同时在活动阵地、活动时间上给予充分保障。在学校重点工作项目、创新攻关项目、特殊工作项目中可设临时党支部。事实证明，临时党支部的设立既能够强化党员意识，发挥党员先锋模范作用，又能集聚优势力量，集体攻坚克难，推动创新发展，使支部战斗堡垒作用和党员先锋模范作用在学校发展中不断彰显。在家校社一体化教育进程中，可吸收家长党员、社区党员进入学校内设党支部、党小组，参与学校治理，以有效方式激发其治理意愿，提升其治理能力，有利于形成教育合力，提升教育效果。

2.党支部书记要"双强"，支委干事要担当。在内设党支部中，要选配党性修养强、业务能力强的双强型干部担任支部书记，考虑为工作量较大的支部书记配备副书记，选配优秀教师作为支部支委、党务干事，既缓解内设党支部书记（支委）的工作压力，又拓宽干部培养考察渠道，为干部培养选拔补充后备力量，也为优秀教师拓展成长空间。事实证明，业务骨干、优秀教师成为支委后，不仅更易发挥其研究能力与专业优势，也使个人政治站位更高、履职担当的自觉性更强，个人和团队都进步较快。年级组、学科组、校区等行政负责人担任党支部书记后，要更新相关考核标准，强化党建责任主体意识，强化一岗双责，提高内设党支部的工作水平。

3.政治领导有力，思想引领落地。思想政治工作要贯穿内设党支部工作的全过程，内设党支部要成为坚持党的领导的坚强阵地。要真学、真懂、真信、真用习近平新时代中国特色社会主义思想，把政治理论学习的成效体现到增强党性修养、提高工作能力、改进工作作风、推动党的教育事业发展的主动精神上来。内设党支部要把政治学习作为“三会一课”中的常规环节，不断创新学习方式，做到年年成系列，月月有主题，密切联系实际，学习转化增效。创建内设党支部“互评互学”机制，以推动实际工作为原则，适当以学校、学区为单位，探索学校内部不同支部和不同学校的同学段之间的联学、联讲。构建长效宣讲机制，组建“校园政治理论学习宣讲团”“优秀党员师德报告团”，探索政治理论宣讲新路径。完善思想政治工作制度，传承密切联系群众优良作风，广泛深入开展谈心谈话，及时了解教职员工思想动态，以教职工为本，给教职工搭台，为教职工解难，在紧密联系、推动工作中凝聚共识，使内设党支部旗帜更鲜明、坚强又有力。开展学习型支部建设，培养学习、工作、研究三位一体思维方式和工作方式，始终把学习的着力点放到学以致用、以用促学、学用相长上，以学风促作风，纯洁思想纯正作风。牢牢把握意识形态工作的领导权和主导权、话语权，强化“一岗双责”，落实内设党支部“报告会、研讨会、讲座、论坛”前置性审查，建立内设党支部意识形态工作审批备案制度。

4.集聚优势资源，增强育人效果。传承红色基因，内设党支部要在绘制红色教育地图、实施红色地方课程、使用红色地方教材上创造新经验、打造新亮点，形成新时代爱国主义教育新实践。挖掘红色资源，内设党支部要讲好校园故事和社区故事，把身边党员榜样事迹、优秀师生事迹转化为学生身边的成长资源，激励、鼓舞东城学子成长成才。内设党支部要开展新时代核心区三全育人新实践，不断以有效方式加强队伍建设，进一步激发教师为党育人、为国育才的使命感，激活教师立德树人的教育智慧，激励教师带着感情、带着责任上好每一节课，做好学校每一项工作，以教师自身干事创业、拼搏奋斗的精神为学生打好成长底色，真正实现全员全过程全方位育人，开创新时代东城育人新局面。

5.内设党支部管理信息化。对成熟的运行机制、工作流程要进行信息化处理，及时公开、适度上网，减少沟通成本，提高工作效率，以互联网技术和信息化手段推动内设党支部管理创新，助力党建提质增效。同时也使干部教师把更多的精力和时间投入到创造性地开展教育教学工作之中，投入到提高育人实效上。

105个内设党支部就是105个教育改革创新、实现高质量发展的战斗堡垒。基层是党的执政之基、力量之源，东城区委教育工委将以中小学校党组织领导的校长负责制的研究与实践为契机，带领学校党委、党总支等基层组织力量，以提升组织力为重点，锻造坚强有力的内设党支部为目标，继续大胆探索内设党支部管理机制，努力实现内设党支部全面进步、全面过硬，切实改进学校内部治理，实现区域党的工作和学校教育的跨越式发展。

参考文献：

[1] 习近平.突出问题导向确保取得实际成效　把全面从严治党落实到每一个支部.[DB/OL].http：//cpc.people.com.cn/n1/2016/0407/c64094-28255487.html.20160407.

[2] 李斌、杨竹芸.中国共产党支部工作制度建设的百年历程和经验[M].理论与改革.2020.6.庆祝中国共产党成立100周年专题.1-12.

[3] 黄岚.高校“双带头人”培育制度设计的三个结合点[M].高教论坛.2021年3月第3期.68-70.

[4] 何克祥.中国共产党百年党内政治生活的基本经验[M].探索·政党治理.2021年第1期.111-124.

[5] 周彬.学校治理现代化：变革历程与建设路径.教育发展研究2020.6.学校治理.51-58.

[6] 张清宇、苏君阳.现代学校制度下教师制度化参与的内涵及意义[M].现代教育管理·2017年第7期·院校改革与发展43-48.

党政“一肩挑”学校试点策略研究

通州区委教育工委课题组*

【内容提要】

本研究聚焦党政“一肩挑”学校，以行动研究为主，综合运用文献研究法、调查研究法、案例分析法等具体研究方法，探索了中小学校党组织领导的校长负责制试点工作中的做法和策略。通过实践研究，形成了以下策略：一个中心（加强学习，统一思想，提高站位），两个体系（组织体系是组织基础，制度体系是实施依据），一个机制（运行机制是推进保障）。

【关键词】

中小学校党组织领导的校长负责制　党政“一肩挑”学校　策略

一、问题的提出

（一）研究背景

1.加强党对中小学校的全面领导，是全面贯彻党的教育方针的要求

2016年，中央组织部、教育部党组印发《关于加强中小学校党的建设工作的意见》(中组发〔2016〕17号)，意见指出：加强中小学校党的建设，对于全

---

* 课题组组长：刘青松，通州区委教育工委书记。

课题组核心成员：王秀东，通州区委教育工委副书记；丛光锋，通州区委教育工委党建科科长；孙翠松，通州区教师研修中心主任，北京教育学院通州分院院长，区教育党校副校长；全斌，通州区教师研修中心副主任，北京教育学院通州分院副院长，区教育党校办公室主任；张春明，通州区教师研修中心干部培训与党建研修部主任；任智茹，通州区教师研修中心办公室副主任；张新颖，通州区委教育工委党建科干部；谷梦茜，通州区教师研修中心干部培训与党建研修部干部；刘晓敏，通州区教师研修中心干部培训与党建研修部副主任；刘莉，通州区教师研修中心干部培训与党建研修部干部。

面贯彻党的教育方针、保证社会主义办学方向、落实立德树人根本任务、办好人民满意的教育，具有重要意义。近年来，中小学校党建工作取得明显成效，但也存在着不少薄弱环节和突出问题。为落实全面从严治党要求，切实加强中小学校党的建设，充分发挥学校党组织战斗堡垒作用和党员先锋模范作用，根据党章和有关法律法规，提出了加强中小学校党的建设的五个方面意见。

2. 推进党组织领导的校长负责制，是加强党对中小学校全面领导的重要途径

2018年7月3日，在全国组织工作会议中，习近平总书记指出：党的领导落实到基层，还存在不少“中梗阻”。在中小学校，党组织领导的校长负责制还没有建立起来。2018年9月10日，在全国教育大会上，习近平总书记强调各级党组织要“支持学校党组织发挥把方向、管大局、作决策、抓班子、带队伍、保落实的领导职责”。2019年6月11日国务院办公厅印发《关于新时代推进普通高中育人方式改革的指导意见》，6月23日中共中央、国务院印发了《关于深化教育教学改革全面提高义务教育质量的意见》，均明确了学校党组织发挥领导作用。

建立中小学校党组织领导的校长负责制，是把坚持和完善党的全面领导落实到基层的重大制度创新，实行党组织领导的校长负责制，将成为我国现代基础教育制度最重要的标志之一。2020年9月27日，北京市召开试点中小学校党组织领导的校长负责制部署培训会，进入党组织发挥领导作用的新阶段。

3. 党政“一肩挑”学校策略研究，是通州区落实党组织领导的校长负责制的重点

为了持续深化副中心基础教育综合改革，建设教育体制机制创新引领区，切实加强副中心中小学校党的领导和党的建设工作，按照北京市中小学校党组织领导的校长负责制试点工作要求，通州区作为试点区之一，承担北京市普教系统党建研究会课题《北京市中小学校党组织领导的校长负责制试点运行研究》的子课题《党政“一肩挑”学校试点策略研究》，与门头沟区、平谷区、昌平区、密云区共同开展试点工作和课题研究。

目前，通州区具有法人单位的中小学校共计66所，其中中学32所，小学34所，实行党政“一肩挑”的学校共有62所，占比高达94%，是最主要的党组织领导模式。通过党政“一肩挑”学校策略研究，破解党组织领导的校长负责制试点工作中的难点和问题，对于通州区推进中小学校党组织领导的校长负责制工作具有重要的理论意义和实践价值。

（二）文献综述

为了更好地推进实践研究，本研究主要对中小学校党组织领导的校长负责制试点工作进行文献综述。主要内容包括中小学校党组织领导的校长负责制的内涵、主要问题、实践路径等方面。

2018年以来，中小学校党组织领导的校长负责制在天津、上海、浙江、宁夏、北京燕山等地开展了试点工作。从理论上探讨了中小学校党组织领导的校长负责制的内涵，认为其实质是既确立中小学校党组织在学校的领导地位，又充分发挥校长在行政工作中的关键作用，并协调好党组织领导与校长负责的关系。从实践中，提出了试点工作中的四个新情况新问题，即思想困境、法治困境、机制困境、胜任力困境，探索出了路径：建立健全学校党组织纵横架构，推进组织建设体系化；优化学校党政组织模式设置，推进治理体系现代化；强化党组织的领导作用，推进群团组织自治常态化；选拔培养“领头雁”，推进队伍建设专业化；建立健全党政议事决策制度，推进治理运行规范化；全面完善学校基础设施，推进阵地建设规范化。上海嘉定区以项目驱动，发挥学区化党建共同体的集中优势，合力推进试点，形成了构建高效内部治理体系、完善议事决策制度机制的路径。

各地试点的经验和做法为本课题研究提供了思路、内容和路径的借鉴。与此同时，由于各地实际情况的差异，从党政“一肩挑”的管理模式来探究中小学校党组织领导的校长负责制的运行研究还很少。因此，针对通州区中小学校管理模式的基本情况，研究党政“一肩挑”学校在推进党组织领导的校长负责制中需要首要解决的问题和策略，对于丰富中小学校党组织领导的校长负责制的理论，为党政“一肩挑”学校顺利推进党组织领导的校长负责制提供经验和策略非常迫切。

（三）核心概念界定

1. 校长负责制

校长负责制是指在上级党组织和教育行政部门的领导下，学校教育教学和行政工作由校长统一领导和全面负责、党支部（或总支）发挥在学校的政治核心作用和监督保证作用，以及教代会民主参与管理的学校内部的根本组织制度。

2. 中小学校党组织领导的校长负责制

中小学校党组织领导的校长负责制是指党组织全面领导学校工作，发挥把方向、管大局、作决策、抓班子、带队伍、保落实的领导职责，支持校长依法独立负责行使职权。校长是行政负责人，全面负责教育教学和行政管理工作。

3. 党政“一肩挑”学校

指中小学校长同时兼任党支部（党总支部、党委）书记，并设党支部（党总支部、党委）委员会的一种党组织领导模式。

二、研究方法与过程

本课题的研究目标：在了解中小学校党组织领导的校长负责制试点运行中的目标与内容，基于党政“一肩挑”学校试点工作中的问题、成因，形成党政“一肩挑”学校推进党组织领导的校长负责制的有效策略。在整个研究过程中，通过行动研究的范式，综合运用文献研究、调查研究、案例分析等具体方法，探索了党政“一肩挑”中小学校开展党组织领导的校长负责制试点工作中的政治建设、思想建设、组织体系、制度体系，以及工作运行机制等方面的内容。

(一)研究方法

1.行动研究法

本课题是实践性非常强的研究，中小学校既是研究对象更是实践研究的主体。因此，本研究主要运用行动研究范式，依据市区级《试点工作方案》，市区校协同，各司其职，共同探索党政“一肩挑”学校建立党组织发挥领导作用的组织体系、制度体系、工作机制，为推动构建职责明确、协调顺畅、运转高效、作用到位的新时代副中心中小学校治理体系而共同探索和研究。

2.文献研究法

搜集、整理相关文件和文献，通过学习国家和市区级相关党建文件，明确政策要求和方向；通过文献研究明确党组织领导的校长负责制、党政“一肩挑”管理模式的内涵，了解党组织领导的校长负责制发展历程、意义与价值，了解党政“一肩挑”管理模式的特点，丰富党政“一肩挑”学校党组织领导的校长负责制的相关理论基础；通过文献研究，了解其他地区开展党组织领导的校长负责制试点的做法、经验与策略。该方法贯穿研究全过程。

3.调查研究法

一是问卷调查法。调查对象为：通州区、昌平区、门头沟区、密云区、平谷区的中小学幼儿园中层以上干部（党组织书记、校长、园长，党组织副书记、副校长、副园长，中层干部），共计发放问卷1321份，回收有效问卷1291份，占比98%。调查内容：基本情况（性别、学校类型、年龄、学历、职称、职务、教育工作年限）、对党组织领导的校长负责制的认识、党政“一肩挑”学校落实党组织领导的校长负责制试点工作的策略、设想或建议等。目的：了解五区干部队伍现状及问题，以及对党组织领导的校长负责制的认知与实施建议。

二是访谈法。通过发放访谈提纲的方法对协作区党建相关负责人和部分学校进行访谈，了解协作区对于党政“一肩挑”的困惑、对应策略与方法。通过集中座谈和个别访谈的方法，对党政“一肩挑”学校推进党组织领导的校长负责制中的现状与问题、做法与策略、成效与建议等方面进行交流，及时推进课题研究进展，凝练做法、形成案例和策略。

4. 案例分析法

本课题选取了5所党政“一肩挑”试点校，包括北京市通州区运河中学、北京市通州区永乐店中学、北京市通州区中山街小学、北京教育科学研究院通州区第一实验小学、北京市史家小学通州分校。在试点工作中，每所学校结合校情制订实施方案，定期开展现场调研、经验交流、专家指导等活动，通过案例梳理、研讨分析，形成一校一案、一校一策，为党政“一肩挑”学校党组织领导的校长负责制试点工作提供具体案例和做法。

（二）研究过程

1. 学习文件、顶层设计、文献研究（2020年9—10月）

按照市里统一部署，全区深入学习文件，做到人人皆知；与门头沟、平谷、昌平、密云四区联系协同研究，建立课题研究团队和组织机构，确定五所试点校；依据《北京市中小学校党组织领导的校长负责制试点工作方案》，做好课题研究顶层设计；开展前期文献研究，了解党组织领导的校长负责制的内涵、价值与历程，以及党政“一肩挑”的特点；依据《试点工作方案》，结合通州区教育系统开展党组织领导的校长负责制试点工作实际，制订《北京市通州区中小学校党组织领导的校长负责制试点工作实施方案》，明确主要任务、措施，并形成了贯彻落实《北京市中小学校党组织领导的校长负责制试点工作方案》重点任务责任清单。为课题研究提供政策、理论和行政支持。

2. 专家指导、调查研究，落实前期任务要求（2020年11月—2021年3月）

邀请专家走进学校，有针对性地解决实际推进中的困惑和问题，及时获取专家指导；开展五区问卷调研，了解五区开展党组织领导的校长负责制的现实基础，走进燕山地区，了解燕山地区试点工作的做法与经验，试点区协同攻关；科室协同，研制为探索在中小学校建立党组织发挥领导作用的组织体系、制度体系、工作机制，提供制度保障、实践基础、具体内容、推进方式与实践经验；通过中期报告梳理总结前期工作的阶段成果、疑难困惑、下一步工作建议与安排。

3. 经验交流、案例分析、凝练成果、完成结题（2021 年 3—6 月）

通过《通州区中小学校党组织领导的校长负责制试点工作周报表》，推进制度文本、研究成果、研究案例、经验策略、总结报告的完成进程。在经验交流、案例分析、策略梳理、制度汇编中，探究和形成学校治理体系，形成一校一案、一校一策。

三、研究结果与分析

（一）深入学习，统一思想，提高站位，做好思想保证

1. 区级层面率先学习，统一思想、提高站位

领会中央精神和决策部署，部署区级试点工作。召开全区试点工作大会，成立试点工作领导小组，制定区级实施方案，研制《北京市通州区中小学校党组织领导的校长负责制示范文本》，形成了《贯彻落实北京市中小学校党组织领导的校长负责制试点工作方案重点任务责任清单》。

2. 试点校加强学习，全员统一思想

逐层学习传达试点工作相关精神，确保全员了解试点工作，把思想“统起来”；研究区情、校情，了解政策沿革的背景和历程，明确党组织领导的校长负责制的内涵。

3. 成立学校试点工作小组，明确分工，做好试点推进准备工作

试点校党总支牵头成立试点工作小组，由党总支书记任组长，党总支副书记、党总支委员和分管副校长任副组长，中层干部为成员，领导全校党组织领导的校长负责制试点工作，从组织管理上确保试点工作顺利推进，做到把组织“架起来”。

（二）梳理组织架构，明确权责隶属，完善组织体系

1. 厘清各组织机构的职能定位

厘清党组织委员会、校长办公会（行政会）、教代会等组织的职能定位。

党组织委员会是学校最高决策机构，按照民主集中制原则研究和决定学校重大问题，是决策研究，是对事情“干与不干”作出决定，负责决策。校长办公会（行政会）是学校教学、科研和行政管理工作的议事机构和党组织会决议的执行机构，是规范执行，是解决怎么干的问题，负责落实，要研究具体的细节。教代会是民主监督和前置研究，涉及教职工切身利益的重大问题要进行审议和前置研究。

厘清党组织领导职责、书记和校长工作职责。明确党组织全面领导学校工作，发挥把方向、管大局、作决策、抓班子、带队伍、保落实的领导职责；书记主持党组织全面工作；校长全面负责教育教学和行政管理工作。

2. 根据学校实际情况，调整支部设置

明确党组织委员会和校长办公会的人员组成。根据学校实际情况，有的学校党组织委员会和校长办公会采用“两个机构一套人马”的方式，有的学校根据人员和办学条件确定“两个机构两套人马”，组成成员有相同的，也有不同的。重新设置支部。有的学校将原来以年级为单位划分的党支部，调整为以学科为基础的新支部，抓住一线教师，体现“支部建在连上”的原则，落实党组织全面领导学校教育教学工作要求。

3. 确定学校内设机构人员，实现党政融合

首先，选拔党性强、懂教育、会管理、有威信、善于做思想政治工作的党总支委员，即部门主管副校长担任党支部书记。部门主管副校长既抓部门或年级的行政管理，同时又兼任各支部书记，做到横纵相连、立体管理，一手抓行政管理和业务发展，一手抓组织建设和意识形态。例如，有的学校支部书记由学校中层干部（年级或部门主管主任）担任，落实学校低重心扁平化管理要求，支部书记均在本年级（部门）教学一线任课或任职，推进党建工作与本年级的教育教学紧密结合。其次，为使组织架构和行政架构更好地融合，建立党政办公室，由党政办公室负责协调党组织和各部门之间的工作，促进党政工作顺利开展和无缝衔接。最后，保证党办、校办、人事、德育、团少等部门负责人为中共党员。

4.根据工作实际情况，努力扩大参与度，实现全员覆盖

努力扩大干部、教职工的参与度，让每一位教职工都成为参与者、承担者、实践者。如，学校章程完善、制度制定等，让全体教职工都参与修改完善。在参与过程中体验试点工作的改革与创新，使试点工作实现全员覆盖，为探索完善全员、全过程、全方位育人的工作机制奠定基础。

（三）修订章程，制定规则，细化清单，完善制度体系

1.修订学校章程

明确了党组织发挥领导作用，建立了权责明确、结构合理的内部治理体系，对党组织的设置形式、职责权限、工作方式和党务工作机构、人员配备、经费保障等内容做出了明确要求。

2.研制议事规则

明确党组织委员会和校长办公会（行政会）的职能、议事范围、会议时间、议事程序和议事原则，坚持民主集中制，实行书记、校长“末位表态制度”。

3.细化权责和任务清单

各校制定了《北京市通州区中小学校党组织领导的校长负责制试点工作方案》的重点任务责任清单，保障各项工作任务按计划推进；研制了党组织议事决策的重大事项清单、党组织书记权责清单、校长权责清单，从会议内容和权责要求方面做出明确规定；制定了意识形态、德育和思想政治工作任务清单，明确了落实责任的主体、具体任务与措施。

4.制定公开制度，完善监督制度

建立了重大事项会前沟通、领导干部定期向党组织报告工作等制度，修订完善了党务、校务和工会公开制度，形成了监督党组织决策的机制。

（四）基于实践，聚焦难点，探索完善运行机制

1.落实议事决策机制

学校对总支会的决策内容、如何决策、怎样决策、如何统筹会议等进行探

索实践，进一步明确了重大问题和常规问题的界限，加大了议事前深度调研的力度，细化议事规则、量化议事程序，特别突出前置程序研究。按照“集体领导、民主集中、个别酝酿、会议决定”的程序要求，确定了会前准备、会议召开、会议决定、会后追踪、会后监督等流程，形成了议事决策机制制度化、常态化。试点中，坚持科学决策、民主决策、依法决策，严格执行班子议事规则与决策程序。每校规定了党组织委员会和校长办公会的召开次数、参加人员。

2. 完善沟通协商机制

建立了重大事项决策前沟通机制，书记（兼校长）等领导班子成员要通过个别沟通、民主协商（教代会）、集体酝酿（校长办公会）等多种形式互通情况、达成共识。例如，运河中学的做法：党组织委员会会议议题由党组织委员会成员提出，提前报书记确定。会前，由党政办将会议研究的事项清单，提前送达与会人员，以便提前了解议题内容，事前沟通协商，会中充分发表意见。会中按一事一议要求逐项讨论有关议题，班子成员逐个发言，党组织书记（兼校长）末位表态，经讨论后采取口头、举手、投票等方式进行表决，重大事项实行票决制，防止个人或少数人说了算。表决事项时，以超过应到会人数的半数同意为通过。如原事项被否决，不能临时提出新方案要求表决。会后，书记校长牵头负责抓全面落实，其他班子成员按照分工抓好组织实施。实行下次会前汇报上次会议事项的落实情况。对无故延期落实任务的，按有关规定予以追责。

结合党政“一肩挑”学校实际情况，建立党组织委员会和校长办公会联席召开机制，主要内容：学习传达上级有关精神、通知通报有关情况、沟通征询有关事项（工作协调）、务虚研讨有关问题等。

3. 发挥保证监督机制作用

执行党组织会议议事决策制度和校长办公会制度，完善重大事项和重大问题由党组织集体决议制度，做好台账管理，对重大议题进行登记备案，确保党组织在学校重大问题和重大事项决策中的领导作用，确保民主集中制规范执行。执行领导干部每月末向学校党组织定期报告工作制度，党组织书记（校长）和其他班子成员每月末向党总支报告执行党的决议，履行一岗双责及抓重大任务落实情况，学校建立重大事项公示制度，修订完善党务公开、校务公开制度，保证监督党组织决策得到有效落实。此外，还通过多种形式完善监督制度，如教代会监督、师生评议领导班子、定期征集意见建议、校长信箱、向家长和社会公示接待电话等。

四、研究思考与建议

（一）不断提高思想认识，高度重视试点工作

在试点工作推进中，通过市、区、校级的学习，实现了思想统一，认识到位。因此，试点工作贯彻顺畅。各校完善了组织体系、制度体系和运行机制，但是在落实全员全过程全方位育人的实践中，落实和推动党建工作与教育教学工作深度融合，还需要进一步转变“重业务、轻党建”的观念，提高思想认识，全面落实意识形态工作责任制，加强和改进学生德育工作，创新教职工思想政治工作。

（二）发挥党政“一肩挑”的优势，关注不足

1.党政“一肩挑”的优势

书记校长“一肩挑”有助于推动党建工作和教育教学工作的深度融合，有助于整体把握党组织建设和学校发展的整体规划、推进与融合；有利于统筹安排党组织委员会、校长办公会，在议题确立、讨论分析、决策实施等方面容易形成统一的意见，提高效率；执行力顺畅，书记校长“一肩挑”的权力、责任同属一人，有利于校内党政两条线的领导集体协同工作，使校内的领导力量更能形成合力，有效整合学校党、政、工、团等多方力量，上通下达顺畅，执行力强，强化了保障落实。避免了书记、校长因观念存在分歧而形成的工作进展缓慢等现象，强化了校长行政管理权力的有效行使。

2.党政“一肩挑”的不足

重业务、轻党建造成党建工作不实。一个人同时履行书记、校长的职责，

因为精力、业务考核、原有工作模式惯性等因素，都会造成对于业务工作具有一定的倾向性，容易把更多精力投入到业务中，让老师产生“重业务、轻党建”的印象。主动沟通意识不足。书记校长“一肩挑”权力集中，容易出现监督的空白，主观意识过强，造成议事决策不规范等现象。

（三）系统推进，持续发力，推进试点工作落细落实

1. 坚持政治引领，稳步推进机制建设

坚持常态化政治理论学习制度，加强思政工作管理机制研究，探索实行涉及教师职称评聘、课题申报、评奖评优等征求党支部意见机制。继续探索完善议事决策机制、沟通协调机制和保证监督机制。探索构建五育并举的课程体系建设机制，对立德树人新路径开展实践研究。

2. 坚持党政融合，推动中心工作上质量

进一步加强学校党政领导班子建设，充分发挥集体领导优势，进一步加强学校基层党组织建设，充分发挥支部的战斗堡垒作用和党员的先锋模范作用，营造风清气正的良好政治生态和育人环境。坚持问题导向与目标导向相结合，将试点工作与构建新时代学校治理体系同步进行，将党建与教育教学、教师队伍建设等工作同谋划、同落实、同考核。积极开展党建工作创新探索，根据新体制新要求，挖掘党建品牌的新内涵、实施路径，进行新预设、新探索、新提炼。推动教师信仰提升工程进一步深入开展，促进师德师风建设。

3. 坚持党建科研，推进制度体系建设

采取边实践、边研究、边借鉴的方式，对试点运行工作不断总结、完善和规范。对“组织力提升工程”“活力党建计划”“教师信仰提升工程”等内容开展课题研究，实现学习、工作研究一体化，进而推进制度体系建设。

参考文献：

［1］习近平.中国共产党领导是中国特色社会主义最本质的特征［J］.求是，2020（14）.2020.7.15.

［2］中共杭州市拱墅区教育局委员会.“党组织领导下的校长负责制”新探索[J]. 人民教育 . 2020 (13–14).

［3］王晓燕. 建立中小学校党组织领导下的校长负责制的区域探索[J]. 现代教学 .2020(10B).62.

［4］吴庆琳. 完善中小学校长党政“一肩挑”管理模式的实践与思考[D]. 华东师范大学 .2011.4.

［5］中共北京市委组织部、中共北京市委教育工作委员会、北京市教育委员会关于印发《北京市中小学校党组织领导的校长负责制试点工作方案》的通知（京教工〔2020〕67号）.

［6］刘晓哲 . 关于贯彻执行党委领导下的校长负责制若干问题的思考［J］. 学校党建与思想教育，2017（01）：43–47.

［7］张静，刘燕 . 制度建设视角下加强高校党委领导下的校长负责制研究［J］. 思想理论建设，2020（10）：76–80.

［8］李家俊 . 党委领导下的校长负责制的实践与思考［J］. 中国高等教育，2019（24）：4–6.

［9］韩泽春 . 规范执行高校党委领导下的校长负责制［J］. 理论视野，2017（12）：48–54.

［10］刘保国 . 对中小学基层党组织领导下的校长负责制的研究与探讨［J］. 黑龙江教育 .2020（8）：8–9.

［11］陈设立 . 上海市建立中小学校党组织领导下的校长负责制研究［J］. 现代教学 .2020（10B）：60–61.

［12］李科 . 实施党组织领导下的校长负责制，不断优化现代学校管理［J］. 现代特殊教育 .2019（9）：10–11.

跨区域办学学校试点策略研究

通州区委教育工委课题组*

【内容提要】

本研究基于行动研究范式，综合运用了文献研究法、调查研究法、案例分析法等具体研究方法，对跨区域办学学校推进党组织领导的校长负责制试点工作中的基础问题进行探究。基于跨区域办学学校涉及的体制和机制的多元性、复杂性与差异性，最终形成三点结论：跨区域办学学校的所有相关主体的思想高度达成共识是推进党组织领导的校长负责制工作的认知基础；建立多元主体参与、有效沟通的沟通协商机制是推动党组织领导的校长负责制工作的必备策略，多主体间主动、双向的全面沟通为各项工作落实提供了充分可能性；共融共生、共享共建的双循环机制是关键策略，双循环是由内而外、自下而上的循环，是在基于属地校内生文化的生成、发展的内循环基础上，充分发挥集团校或输出校的优势，形成助力属地校发展的外循环支持系统。充分激发和调动属地校的内生动力，这是双循环机制的关键。

【关键词】

中小学校党组织领导的校长负责制　跨区域办学　试点策略

*　课题组组长：刘青松，通州区委教育工委书记。

课题组核心成员：王秀东，通州区委教育工委副书记；梁佳伟，通州区委教育工委党建科副科长；孙翠松，通州区教师研修中心主任，北京教育学院通州分院院长，区教育党校副校长；全斌，通州区教师研修中心副主任，北京教育学院通州分院副院长，区教育党校办公室主任；张春明，通州区教师研修中心干部培训与党建研修部主任；任智茹，通州区教师研修中心办公室副主任；张新颖，通州区委教育工委党建科干部；谷梦茜，通州区教师研修中心干部培训与党建研修部干部；刘晓敏，通州区教师研修中心干部培训与党建研修部副主任；刘莉，通州区教师研修中心干部培训与党建研修部干部。

一、问题的提出

（一）研究背景

1.加强党对中小学校的全面领导，是全面贯彻党的教育方针的要求

2016年，中央组织部、教育部党组印发《关于加强中小学校党的建设工作的意见》(中组发〔2016〕17号)，意见指出：加强中小学校党的建设，对于全面贯彻党的教育方针、保证社会主义办学方向、落实立德树人根本任务、办好人民满意的教育，具有重要意义。近年来，中小学校党建工作取得明显成效，但也存在着不少薄弱环节和突出问题。为落实全面从严治党要求，切实加强中小学校党的建设，充分发挥学校党组织战斗堡垒作用和党员先锋模范作用，根据党章和有关法律法规，提出加强中小学校党的建设工作的五个方面意见。

2.推进党组织领导的校长负责制，是加强党对中小学校的全面领导的重要途径

2018年7月3日，在全国组织工作会议中，习近平总书记指出：党的领导落实到基层，还存在不少“中梗阻”。在中小学校，党组织领导的校长负责制还没有建立起来。2018年9月10日，在全国教育大会上，习近平总书记强调各级党组织要“支持学校党组织发挥把方向、管大局、作决策、抓班子、带队伍、保落实的领导职责”。2019年6月11日，国务院办公厅印发《关于新时代推进普通高中育人方式改革的指导意见》，6月23日中共中央、国务院印发《关于深化教育教学改革全面提高义务教育质量的意见》，均明确了学校党组织发挥领导作用。

建立中小学校党组织领导的校长负责制，是把坚持和完善党的全面领导落实到基层的重大制度创新，实行党组织领导的校长负责制，将成为我国现代基础教育制度最重要的标志之一。2020年9月27日，北京市召开试点中小学校党组织领导的校长负责制部署培训会，进入党组织发挥领导作用的新阶段。

3.跨区域办学学校策略研究，有助于为全市跨区域办学学校提供借鉴

为了切实加强党对中小学校的全面领导，推动城市副中心基础教育事业

改革发展，按照北京市中小学校党组织领导的校长负责制试点工作要求，通州区作为试点区之一，承担北京市普教系统党建研究会课题《北京市中小学校党组织领导的校长负责制试点运行研究》的子课题《跨区域办学学校试点策略研究》，与门头沟区、平谷区、昌平区、密云区共同开展试点工作和课题研究。

目前，通州区具有法人单位的中小学校共计66所，其中跨区域办学有5所，占8%。中学有32所，跨区域办学学校4所，占12.5%；小学34所，跨区域办学学校1所，占3%。探索跨区域办学学校党组织领导的校长负责制策略的价值体现在：有助于丰富不同办学模式下落实党组织领导的校长负责制的理论研究成果，有助于发现跨区域办学学校推进党组织领导的校长负责制工作中的主要问题、原因与改进对策，为其他地区的跨区域办学学校推进党组织领导的校长负责制提供经验借鉴。

（二）文献综述

1.党组织领导的校长负责制的相关研究

（1）党组织领导的校长负责制的内涵

高校实行党组织领导的校长负责制要早于中小学。2014年，中共中央办公厅印发的《关于坚持和完善普通高等学校党委领导下的校长负责制的实施意见》（以下简称《意见》）强调，“党委统一领导学校工作、校长主持学校行政工作、健全党委与行政议事决策制度、完善协调运行机制、加强组织领导”。有研究者基于此文件探讨了其内涵，认为党委领导下的校长负责制的实质，是党委统一领导学校工作，支持校长独立负责地行使职权。具体体现在五个方面：坚持党委的领导地位不动摇，贯彻执行民主集中制，建立完善的党政议事决策规则，形成党政协调运行的有效机制，坚持依法治校和民主管理。

（2）党组织领导的校长负责制的价值

建立中小学校党组织领导的校长负责制的价值体现在：有利于正确把握

党对教育工作的全面领导；有利于正确理解党的领导原则，党组织领导的校长负责制，从领导主体来看，是党组织集体领导，而不是个人（党组织书记）领导。学校党组织的领导作用，是通过对学校重大事项、重要问题，按照集体领导、民主集中、个别酝酿、会议决定的原则，由党组织集体讨论决定；有利于充分认识加强组织体系建设的重要作用。以组织体系建设为重点，使党的各级各类组织各正其位、各司其职、各负其责，上下贯通、左右联动，分工合作、步调一致，最大限度地发挥好党的组织优势。

（3）党组织领导的校长负责制的内容

依据《意见》要求，高校党组织领导的校长负责制内容包括：健全领导班子议事决策制度，主要指党委全委会、常委会和校长办公会等议事规则；完善党政协调运行机制，主要指“建立健全党委统一领导、党政分工合作、协调运行的工作机制”，强调党委要加强学术组织建设，发挥群众组织作用，健全民主管理和监督机制，实行党务和校务公开等制度。2016年，中央组织部、教育部党组印发《关于加强中小学校党的建设工作的意见》（中组发〔2016〕17号）中提到，要完善党组织设置和工作机制，建立党组织参与决策和监督、有效发挥作用的制度机制，推进党组织和党的工作全覆盖，选优配强党组织书记，把抓好德育和思想政治工作作为中小学校党组织重要任务。这些内容都是推进党组织领导的校长负责制工作中的重要内容。

（4）推进中小学校党组织领导的校长负责制的现状与问题

2018年以来，北京燕山地区、天津、上海、浙江、宁夏等地开展了中小学校党组织领导的校长负责制试点工作。上海的现状是：获得大多数干部的认同，并开展了可行性研究；一区一校的试点提供了可资借鉴的案例；配强干部为发挥中小学校党组织的领导作用提供了组织准备，部分区教育工作党委在学校党政干部选拔任用、考核评价、职业发展、激励保障等方面做了进一步细化和创新。存在的问题有：在思想认识上还未完全统一；在政治领导和思想领导上方法不多；学校类别多，党组织规模差异大；党组织“一班人”整体能力有待提高。也有地区在试点工作将出现的新情况、新问题概括为四个困境：思想困境、法治困境、机制困境、胜任力困境。

（5）推进党组织领导的校长负责制的策略

上海通过研究得出的策略有：充分地认识建立中小学校党组织领导的校长负责制的重要性；建立中小学校党组织领导的校长负责制要遵循的原则和把握的关键；对建立中小学校党组织领导的校长负责制进行总体考虑；不断完善和创新学校议事决策机制；推进大中小学思想政治教育一体化建设；优化党政领导班子配备与储备；抓住学校章程与上级巡察两个重要保障。杭州拱墅区的策略有：建立健全学校党组织纵横架构，推进组织建设体系化；优化学校党政组织模式设置，推进治理体系现代化；强化党组织的领导作用，推进群团组织自治常态化；选拔培养“领头雁”，推进队伍建设专业化；建立健全党政议事决策制度，推进治理运行规范化；全面完善学校基础设施，推进阵地建设规范化。

2.跨区域办学学校的相关研究

（1）跨区域办学的内涵

跨区域办学是指优质资源输出区在农村、城乡接合部和城市发展新区举办一批优质中小学校的办学模式。通州区的中小学跨区域办学是依据《北京市城乡新区一体化学校建设管理办法》（京教基〔2012〕16号）等政策，为了积极推动京津冀协同发展，高水平服务北京城市副中心建设，扩大区域优质教育资源，促进教育均衡和教育公平而推进的“城乡一体化”办学模式。跨区域办学涉及资源输出区（校）和资源输入区（校）的合作范围、办学任务、输出学校、品牌使用、办学标准、经费支持、编制支持、招生入学、数据统计等内容。在落实中小学校党组织领导的校长负责制试点工作中，与区域内学校相比，跨区域办学学校由于其在上述诸多内容方面的复杂性和多样性，如何创造性地形成沟通机制，发挥和运用好两区的优势，保障组织体系、制度体系和工作机制的高效运行是首要和关键问题。跨区域办学有多重模式，比如名校集团化办学、名校领办与委托管理等模式。不同的跨区域办学模式直接影响合作方式。

（2）跨区域办学的价值与问题

研究表明，跨区域办学有助于促进先进管理理念的输出，加强教师队伍建设，提升教学质量，得到社会认可，稳定农村学校生源。同时，也存在问题：缺乏长效发展机制，文化冲突亟须化解，办学自主权不足。

3. 已有研究述评

通过相关文献研究，我们发现，已有党组织领导的校长负责制研究的研究对象以高校居多，中小学校较少，这与中小学校推进党组织领导的校长负责制工作晚于高校有关。在已有对于中小学学校推进党组织领导的校长负责制研究来看，对于不同办学模式的中小学校，如何推进党组织领导的校长负责制工作涉及较少。尤其是缺乏对于跨区域办学学校推进党组织领导的校长负责制工作的实践研究。从研究方法来看，有的以理论探究为主，有的以实践探索为主；从研究内容来看，涵盖了内涵、价值、内容、现状、问题、实施策略等，缺乏对于具体的某一种办学模式下的实施策略研究。因此，聚焦跨区域办学模式，探究党组织领导的校长负责制工作的策略非常有必要。

（三）核心概念界定

1. 校长负责制

校长负责制是指在上级党组织和教育行政部门的领导下，学校教育教学和行政工作由校长统一领导和全面负责、党支部（或总支）发挥在学校的政治核心作用和监督保证作用，以及教代会民主参与管理的学校内部的根本组织制度。

2. 中小学校党组织领导的校长负责制

中小学校党组织领导的校长负责制是指党组织全面领导学校工作，发挥把方向、管大局、作决策、抓班子、带队伍、保落实的领导职责，支持校长依法依规行使职权。校长是学校法定代表人和行政负责人，全面负责教育教学和行政管理工作。

3.跨区域办学

跨区域办学是指优质资源输出区在农村、城乡接合部和城市发展新区举办一批优质中小学校的办学模式。本研究涉及的跨区域办学学校有四所，包括：北京二中通州校区、北京市第五中学通州校区、北京理工大学附属中学通州校区、中国人民大学附属中学通州校区。其目的是深入实施“京津冀协同发展”国家战略，打造与北京城市副中心相适应的教育体系，北京市加大统筹力度，发挥优质教育资源优势，利用通州现有办学资源，举办优质学校，实现北京城市副中心优质教育资源快速增长。

二、研究方法与过程

本课题的研究目标：明确中小学校党组织领导的校长负责制试点运行中的目标与内容，了解跨区域办学学校试点运行中的问题、成因与实施策略。为了达成上述目标，以行动研究范式为主，综合运用了文献研究法、调查研究法、案例分析法等具体研究方法开展研究。

（一）研究方法

1.行动研究法

本课题中，中小学校既是研究对象也是研究主体。因此，本研究主要运用行动研究范式，依据市区级《试点工作方案》，市区校协同，各司其职，共同探索跨区域办学学校建立党组织发挥领导作用的组织体系、制度体系、工作机制，为推动构建职责明确、协调顺畅、运转高效、作用到位的新时代副中心中小学校治理体系而共同探索和研究。

2.文献研究法

搜集、整理相关文件和文献，通过学习国家和市区级相关党建文件，明确政策要求和方向；通过文献研究明确党组织领导的校长负责制、跨区域办学模式的内涵，了解党组织领导的校长负责制发展历程、意义与价值，了解跨区域办学模式的特点，形成跨区域办学学校党组织领导的校长负责制的相关理论基础；通过文献研究，了解其他地区开展党组织领导的校长负责制试点的做法、经验与策略。该方法贯穿研究全过程。

3.调查研究法

一是问卷调查法。调查对象为通州区、昌平区、门头沟区、密云区、平谷区跨区域办学的中小学幼儿园中层以上干部（党组织书记、校长、园长，党组织副书记、副校长、副园长，中层干部），调查内容：基本情况（性别、学校类型、年龄、学历、职称、职务、教育工作年限）、对党组织领导的校长负责制的认识、跨区域办学学校落实党组织领导的校长负责制试点工作的策略、设想或建议等内容进行了问卷调研，目的是了解五区干部队伍建设现状及问题，以及对党组织领导的校长负责制的认知与实施建议。

二是访谈法。通过发放访谈提纲的方法，对昌平区、门头沟区、密云区、平谷区四个协作区党建相关负责人和部分学校进行访谈，了解协作区对于跨区域办学的困惑、对应策略与方法。通过集中座谈和个别访谈的方法，对跨区域办学学校在推进党组织领导的校长负责制中的现状与问题、做法与策略、成效与建议等方面进行交流，及时推进课题研究进展，凝练做法、形成案例和策略。

4.案例分析法

结合四所跨区域办学学校的特点，以及在开展党组织领导的校长负责制课题研究工作中的做法，通过经验交流、案例梳理、研讨分析，梳理出一校一案，为形成通州区跨区域办学学校党组织领导的校长负责制试点策略提供具体案例。

（二）研究过程

1.学习文件、顶层设计、文献研究（2020年9—10月）

按照市里统一部署，全区深入学习文件，做到人人皆知；与门头沟、平谷、昌平、密云四区联系协同研究，建立课题研究团队和组织机构，确定4所课题校；依据《北京市中小学校党组织领导的校长负责制试点工作方案》，做好课题研究顶层设计；开展前期文献研究，了解党组织领导的校长负责制的内涵、价值与历程，以及跨区域办学学校的特点；依据《试点工作方案》，结合通州区教育系统开展党组织领导的校长负责制试点工作实际，制订《北京市通州区中小学校党组织领导的校长负责制试点工作实施方案》，明确主要任务、措施，并形成了贯彻落实《北京市中小学校党组织领导的校长负责制试点工作方案》重点任务责任清单，为课题研究提供政策、理论和行政支持。

2.专家指导、调查研究、细化任务、落实前期任务和要求（2020年11月—2021年3月）

邀请专家走进学校，有针对性地解决实际推进中的困惑和问题，及时获取专家指导；开展五区问卷调研，了解五区开展党组织领导的校长负责制的现实基础，走进燕山地区，了解燕山地区试点工作的做法与经验，试点区协同攻关；科室协同，研制为探索在中小学校建立党组织发挥领导作用的组织体系、制度体系、工作机制，提供制度保障、实践基础、具体内容、推进方式与实践经验；通过中期报告梳理总结前期工作的阶段成果、疑难困惑、下一步工作建议与安排。

3.经验交流、案例分析、凝练成果、完成结题（2021年3—6月）

在经验交流、案例分析、策略梳理、制度汇编中，推动学校深入探究和实践跨区域办学学校构建职责明确、协调顺畅、运转高效、作用到位的沟通协商机制和学校治理体系，形成“一校一案”“一校一策”。

三、研究结果与分析

由于跨区域办学学校受到学校领导班子成员人事关系或党组织关系隶属的限制，课题研究主要以理论研究为主，实践探究为辅。在研究过程中，形成了成效。

（一）强化了党对教育工作全面领导的思想，凝聚了共识

通过区级部署和传达文件精神，自主学习、专题培训、实践落实等多种途径，强化了国家对于“为谁培养人、培养什么人、怎么培养人”的认识，坚定了为党育人、为国育才的初心使命。强化了坚持党的全面领导，坚持社会主义办学方向，落实立德树人根本任务，“培养德智体美劳全面发展的社会主义建设者和接班人”的目标。达成了“建立党组织领导的校长负责制，是新时代中小学校内部治理的重大改革”的共识，并逐步从完善职责、章程、党组织议事决策规则、健全沟通监督机制等方面探索运行机制，并从健全组织体系、加强党的建设等方面探索保障机制。

（二）形成了“协商+授权”的沟通协商机制

资源输出区与属地共同管理是跨区域办学学校的共同特点。从党组织管理模式来看，每所学校的具体情况又各不相同。比如：有的学校是党政分设，校长和书记来自不同区域，人事和组织关系也属于不同区域；有的学校是党政“一肩挑”，由集团党组织和属地党组织双重管理。理顺跨区域办学涉及的资源输出区与资源输入区、属地校与本部、集团党组织与属地党组织、校长和书记等几类关系，建立沟通协商机制，是跨区域办学学校推进党组织领导的校长负责制的前提和基础保障。

1.党政“一肩挑”跨区域学校形成了集团党委和属地党组织的沟通协商模式

学校党总支书记、校长参与集团的行政办公会；与总校党委的集团化工作部署保持一致，积极参与集团内重要活动；列席集团党委会，在集团党委会和行政办公会议事规则中明确跨区域集团校议事内容。

2.党政分设的跨区域学校形成了“协商+授权”沟通协商模式

（1）校长与书记分设的“协商+授权”沟通协商模式。这种情况是校长由通州区教委任命，但其人事关系和党组织关系都在输入区教委；党组织书记（同时兼任副校长）由通州区教委任命，其人事关系和党组织关系都在通州区

教委。

为了保障保证校长办公会等工作机制的运行，形成了以下策略：提高站位，做好与上级部门的请示汇报，整合资源优势。充分协商，书记与校长间建立良好沟通协商机制，即一般工作随时沟通并勤于沟通，重要工作必须沟通且提前沟通，在达成共识后再上校长办公会研究审议，并由党支部按照民主集中制原则集体讨论决策。广泛授权，校长授权书记代为行使校长部分职权，在不违背组织原则和相关规章制度的前提下，为确保学校行政工作正常运行，在校长不能亲自主持学校工作期间，校长可以授权书记代为行使校长部分职权。互信互依，书记和校长共同担当作为。

（2）校长与书记分设的全过程沟通运行模式。这种情况是校区隶属于通州区委教育工委和通州区教委，由属地与本部共同管理。书记、校长分设，由本部校长担任校长。因实际工作需要，校长将处理日常行政事务的权力和责任授权于书记，书记同时担任常务副校长。在此基础上，形成了涵盖多元沟通主体、多项沟通内容、多种沟通途径的全过程沟通运行模式。

通过对党政分设的跨区域办学学校的沟通协商模式分析，我们发现，在跨区域办学学校的实际工作中，都涉及不同程度的授权，但是目前对于授权并没有相应的制度或机制。因此，建议在市委教育工委的主导下，区委教育工委与跨区域办学的集团校或者所在区委教工委沟通协商，以确定授权的主体、范围和形式，以及相应的工作机制。

（三）建立了共融共生、共享共建机制

1.在共融共生中生成属地校的文化，形成内循环

在思想高度统一的基础上，党政融合，通过深层次的融入自下而上生成学校文化，基于需求建立、修订制度；形成共建共融共生共享的内循环。例如，北京五中通州校区“精彩党建”和“精致教育”实现内部党政融合；中国人民大学附属中学通州校区基于属地校在长期的共融中生成独特的“爱与尊重”文化理念，努力寻求学校和师生共同发展空间，探索学校特色发

展道路，使学校教育教学稳步发展。这为学校的发展提供了强大的内在动力。

2.在共享共建中基于属地校的需求用好集团校的优势，做好外循环

在文化理念、培养目标、办学标准、管理模式、教育教学等方面基于属地校需求，共享共建，而不是简单粗暴的生搬硬套，避免水土不服。具体策略有：共同创建党建品牌，党政融合共同商议学校发展，共同组织学校活动和党员活动，共同培养干部教师，建立学生留学机制，共享优质教育资源等。

四、研究结论与建议

（一）研究结论

1.立足办学目标，思想高度统一，是推进党组织领导的校长负责制的先决条件

加强党的教育方针的学习与教育，提高跨区域办学相关主体的政治站位和思想高度，党政凝聚共识是推进党组织领导的校长负责制的认知之基。跨区域办学学校从贯彻党的教育方针的高度达成思想统一，共同坚持和贯彻社会主义办学方向和高位目标，跨区域办学学校的各相关主体同心同德，同向而行是保障跨区域办学学校推进党组织领导的校长负责制的先决条件。

2.全过程沟通协商机制，是理顺多重关系，提高双重管理效能的基础策略

沟通主体包括书记与校长的沟通、党政正职与副职的沟通、支委之间的沟通、领导班子成员中党内与党外同志的沟通等。沟通内容有：本部管理经验借鉴沟通、日常工作开展与重要信息经常沟通、重要问题与重要事项决策前充分沟通、重大活动与紧急事项及时沟通、重点工作及重要决策事项执行要协同推进。沟通形式有：重要议题党政正职会前沟通、党政领导班子联席务虚会、党总支委员会议和校长办公会议前的沟通、党政主要领导定期谈心、

开展党政联席日常工作汇报机制、紧急事项及时沟通。

3. 建立共融共生、共享共建机制，是促进双循环、发挥优势的关键策略

基于共识，明确跨区域办学学校相关主体的角色，在共融共生、共享共建中形成共同的文化，内生文化是奠定党组织领导的校长负责制落地的文化之基。双循环不是由外而内、自上而下的循环，而应该是由内自外、自下而上的循环，是基于属地校内生文化的生成、发展的内循环基础上，充分发挥集团校或输出校的优势，形成助力属地校发展的外循环支持系统。充分激发和调动属地校的内生动力。这是双循环的关键。

（二）研究建议

1. 建议市区政府部门制定并出台新时代背景下跨区域合作办学的指导意见，保障跨区域办学学校推进党组织领导的校长负责制中具体工作的落地。比如，2012年市教委、市政府教育督导室、市发展改革委、市财政局、市人力社保局、市编办、市规划委、市国土局、市住房城乡建设委、市审计局、市监察局、市安全监管局、市委宣传部等单位共同制定了《北京市城乡新区一体化学校建设管理办法》（京教基二〔2012〕16号），其中提到“一个法人、一体化管理”的框架。在推进党组织领导的校长负责制工作中，会出现来自不同区域的党政分设校长书记的任命、党组织体系的架构，本部与属地校的党组织的关系等情况；党政“一肩挑”校长书记党组织关系或者人事关系不在属地校，对于其主持党组织全面工作，尤其是参加党组织决策会议的制约等问题。因此，建议市区政府部门基于新时代贯彻党的教育方针，切实加强党对中小学校全面领导的新形势，研究出现的新问题，制定并出台跨区域办学的指导意见。

2. 建议区域之间继续完善协同育人机制，助力党建工作与教育教学深度融合，为属地校提供多元的教研平台，引领和支持属地校教育教学质量提升。

参考文献：

［1］李家俊.党委领导下的校长负责制的实践与思考［J］.中国高等教育.2019（24）.

［2］陈设立.上海市建立中小学校党组织领导下的校长负责制研究[J].现代教学.2020（10B）.

［3］中共杭州市拱墅区教育局委员会.“党组织领导下的校长负责制”新探索[J]. 人民教育.2020(13–14).

［4］北京市编办、市委宣传部、市教委等部门关于印发北京市城乡新区一体化学校建设管理办法的通知（京教基二〔2012〕16号）.

http://www.beijing.gov.cn/zhengce/zhengcefagui/201905/t20190522_57401.html.2021–6–1.

［5］北京市东城区人民政府关于印发东城区跨区域合作办学管理办法的通知（东政发〔2017〕20号).http://www.beijing.gov.cn/zhengce/gfxwj/201905/t20190 522_60298.html.2021–6–1.

［6］刘晓.跨区域办学模式：名校领办与委托管理——成都市城乡教育一体化经验探析[J].教育与教学研究.2014（4）:25–28.

［7］吴庆琳. 完善中小学校长“党政一肩挑”管理模式的实践与思考[D].华东师范大学.2011.4.

［8］中共北京市委组织部、中共北京市委教育工作委员会、北京市教育委员会关于印发《北京市中小学校党组织领导的校长负责制试点工作方案》的通知（京教工〔2020〕67号）.

［9］韩泽春.规范执行高校党委领导下的校长负责制［J］.理论视野，2017（12）：48–54.

［10］刘承功.坚持和完善党委领导下的校长负责制［J］.思想理论教育，2017（06）：72–74.

［11］李春祖.党委领导下的校长负责制运行机制研究［J］.高教学刊，2017（08）：144–147.

［12］刘晓哲.关于贯彻执行党委领导下的校长负责制若干问题的思考［J］.学校党建与思想教育，2017（01）：43–47.

［13］夏道玉，左雪松.高校党委领导下校长负责制的理性审视［J］.中共山西省委党校学报，2016（02）：99–102.

［14］涂麟俊，丁康.关于完善高校党委领导下的校长负责制路径的思考［J］.湖北科技学院学报，2015（12）：4–6.

［15］杨小磊，邓学成，朱立人.贯彻党委领导下的校长负责制的思考［J］.山西高等学校社会科学学报，2015（02）：62–64.

［16］王道红.高校党委领导下的校长负责制：内涵、关系及完善［J］.思想理论教育，2015（01）：78–81.

［17］周彬."名校集团化"办学模式初探.教育教学研究.2005（8B）：78–80.

［18］王晓燕.建立中小学校党组织领导下的校长负责制的区域探索［J］.现代教学.2020（10B）.62.

党政分设学校试点策略研究

大兴区委教育工委课题组*

【内容提要】

“党政分设学校试点策略研究”课题研究过程中，围绕党政分设学校坚持和加强党的领导的组织体系、制度体系和工作机制建设，通过完善课题研究的各项机制，形成了课题研究与工作推进的基本思路，取得了一系列的制度成果、实践经验，梳理出党组织新的决策程序等，为工作的进一步开展提供了参考。

【关键词】

党组织领导的校长负责制　党政分设　试点策略

一、问题的提出

为切实加强党对中小学校的全面领导，探索在中小学校建立党组织发挥领导作用的体制机制，推动构建新时代学校治理体系，北京市委组织部、市委教育工委、市教委于2020年9月联合印发《北京市中小学校党组织领导的校长负责制试点工作方案》，在全市中小学开展党组织领导的校长负责制试点工作并以课题研究推进的方式开展试点工作，大兴区承担子课题《党政分设学校试点策略研究》工作。课题由大兴区委教育工委书记周爱彬同志主持，负责课题的顶层设计、方向把握、过程指导。在研究过程中教委组宣科和区

---

* 课题组组长：周爱彬，大兴区委教育工委书记。

课题组核心成员：王书明，副校长；崔连娜，科长；马莹，科员；何玉松，书记；李蕊，书记；甘立军，书记；陈静，书记；勾洪彩，校长；吕斌，校长；赵东玲，校长；赵旭莹，园长；郭金梅，主任；毕文亭，副主任。

教育党校组织协调、合作引领；首师大大兴附中、兴海学校、黄村一中心小学、大兴七幼四所试点学校主体参与；海淀交大附中、朝阳日坛中学、石景山区京源学校积极参与的创新性合作研究课题。

课题研究紧紧围绕落实立德树人根本任务，结合区域学校工作实际，探索建立健全党政分设学校坚持和加强党的领导的组织体系、制度体系和工作机制。探索和总结推进策略，辐射和带动区域内外同类学校改革发展，助推全市中小学校党组织领导的校长负责制试点工作平稳运行和有效落地。

二、研究过程与方法

（一）完善课题研究的各项机制有力推进试点工作

一是构建理论学习机制。组织系统的理论学习，贯彻北京市文件，出台大兴区试点方案，先后召开工委专题会、部署培训会、专家指导会，全域动员，试点先行；观摩学习，先后到燕山、房山观摩研讨，开阔思路；调研学习，专家每周下校指导，解惑答疑。构建了培训研学、专家讲学、领导导学、学校促学、党员践学、活动比学的“六位一体”学习机制。

二是构建研究的组织机制。成立试点工作领导小组，每周调查、每月督查；教育党校牵头建设课题研究队伍，将科研能力强的党组织书记、硕博副校长纳入课题研究队伍，组建专家团队，形成科研支撑；各校规范组织设置，成立研究和工作推进团队，党政协同，形成“工委引领——党校带队——学校落实”的三级联动机制。为加强干部队伍建设，大兴区委教育工委制订出台中层干部选拔任用工作方案，将中层干部的选拔任用权力下放学校，教育工委全盘统筹，简政放权。设立学校党办，加强党务干部配备，开展专项培训，探索把党务岗位作为培养复合型干部的重要平台。

三是构建研究的管理机制。教育工委协同课题组及试点校，建立4项工作机制，即试点校分工合作机制、每周汇报机制、课题引领机制、工作简报机制。建立5项会议制度，即四区联动推进会、试点工作碰头会、区级试点推进会、专家指导联席会、试点学校调研会。以《工作简报》的形式，引领、指导工作的开展。各试点校形成党组织发挥领导作用的组织体系、制度体系、工作体系，推进各项研究工作。

（二）细化分工，明确各校研究的具体目标与任务

组织课题组的六位区内专家（3位硕博副校长和进校干训的3位领导），结合对文件和开题报告的学习，分工合作细化研究内容要求、提出研究建议，将希望各校研究中要研制出的制度、规则、职责等任务清单，细化出条目并简要说明，明确研究的目标和任务。

整体全面推进工作：建构学校组织体系、修订校章、党建工作质量提升机制、育人机制、师德师风、思政教学、业务融合、创新工作推进策略（一校一策）、形成工作案例（一校一案）。工作推进中强化党建工作，逐步形成学校党建特色与品牌（一校一品）。

重点突破分工推进的工作：会议机制研究——首师大大兴附中的“党政分设学校依托会议制度研制议事规则的策略研究”；监督机制研究——黄村镇第一中心小学的“党政分设学校完善监督机制的策略研究”；沟通机制研究——兴海学校的“党政分设学校建立健全校内外沟通机制的策略研究”；责任清单研究——大兴七幼的“党政分设学校落实主体职责，完善责任清单制度的研究”。区外三校任选一个研究专题开展研究。几所学校以书记、校长为负责人组建研究团队，依据课题组统一安排结合学校实际开展了系列研究工作，取得了一定成效。

（三）专家引领、专题研讨与专题调研相结合指导试点工作推进

在课题研究的过程中，先后开展了6次专题研讨，6次邀请专家指导，2次燕山学习考察、2轮次深入4所学校专题调研指导等。北京教育学院党委书记肖韵竹，北京市基础教育党建研究中心常务副主任王鸿杰、副主任尚九宾，党建专家马成奎老师多次来我区指导课题研究工作。王鸿杰主任2次指导课题研

究，对每个学校的研究内容思路进行了指导，并提出区域研究的策略建议。第一个方面是“三个理清”，即理清方向、理清方法、理清方式。第二个方面是“三个凝聚”，即凝聚共识、凝聚力量、凝聚智慧。第三个方面是“三个强化”，即强化规范要求、强化问题指向、强化成果导向。第四个方面是实现“三个升级”，即思想升级、行动升级、效果升级。专家和领导的指导、帮助，为课题研究的深入开展指明了方向。每一次专题研讨，大家在交流中分享工作经验，探讨工作中问题的解决，思考工作的持续开展。走进学校的专题调研，聚焦所到学校的试点工作，关注细节、关注特色、关注问题的解决。

各项研究工作沿着“学习—研究—规划—实践—改进—反思”的路径不断推进。随着研究的深入，大家对党组织领导的校长负责制的理解越来越深刻，学校各项制度越来越明晰，试点工作的开展越来越得心应手，大家对党政分设试点工作的推进越来越自信。

（四）形成一系列试点工作推进的学校方法论

首师大大兴附中按照区委教育工委和区课题组规定的时间表和路线图，完成了阶段任务，探索总结了“六步”工作法，即围绕一个中心（加强党的领导）、突破两个难点（厘清模糊认识，走出思想误区；梳理文本清单，解决实操矛盾）、构建三个机制（决策、沟通、监督）、理顺四个关系（党组织领导和校长负责的关系；集体领导和分工负责的关系；书记、校长的关系；学校党组织、校长和教代会的关系）、落实五项任务（抓牢意识形态主动权，把好办学治校“方向盘”；思政贯穿全过程，抓紧学校“生命线”；构建育人新机制，画好德育“同心圆”；带好队伍管干部，持续深化“双培养”；提质增效创品牌，附中校园“党旗扬”）、发挥六大作用（把方向、管大局、作决策、抓班子、带队伍、保落实），确保试点工作落实落地。兴海学校形成了“一个中心四个基本点”的试点工作方法。一个中心，即以发挥党组织的领导作用为中心；四个基本点，即一是党政同心同德成为基础点，二是创立一套制度机制成为保障点，三是带好三支队伍成为支撑点，四是树立一个党建品牌成为特色点。

海淀区交通大学附属中学形成了“融合”党建工作新路径。一是加强了校区融合，统筹集团党建。建立“六有”党支部校内星级制度，所谓“六有”即有队伍、有活动、有阵地、有制度、有保障、有特色。 二是增强了党政融合，围绕中心工作。三是促进了身份融合，凸显先锋模范。

三、研究结果与分析

（一）形成了课题研究与工作推进的基本思路

在研究过程中，我们逐步形成课题研究工作的总体推进思路，即以党组织体系建设为统领，以讲政治作为工作推进的第一原则，以议事决策的会议制度建设为前提，以高效沟通机制的建设为关键，以有效监督机制的建立为保障，以明确的岗位职责界定为基础。课题研究坚持整体推进，重点突破，问题导向，任务驱动，合作研究的思路。研究中推进工作，工作中开展研究。在试点工作的推进中逐步形成“四个结合”的工作推进思路，即坚持统筹谋划与分类指导相结合，整体推进与分步实施相结合，自上而下与自下而上相结合，问题导向与目标导向相结合。课题研究与试点工作融为一体的工作思路，从内容到形式共同推进了试点工作深入和落实。

（二）取得了一系列的制度成果和实践经验

在课题组统一指导下，各试点学校首先建立学习制度。通过全体教师会、全体党员会、校内板报等形式宣传、学习党组织领导的校长负责制改革文件。同时，全区通过问卷调查的方式，了解情况并普及相关知识。2020年12月的问卷调查中，大兴区四所试点校全体教师550人参与调研，其他区的三所学校193人为党员教师参与调研。干部107人，占14.4%；党员教师293人，占39.43%；非党员教师343人，占46.16%。其中，超过98%的教师通过教工会、党员会了解此项工作。教师能够充分理解这项工作在教育工作中的意义和价值，并对这一学校管理制度的变革充满期待。

各项研究的初步制度成果已经形成，修改的校章、负责制定的制度文本、融合各项制度的实施细则、党建品牌雏形等已初步成稿。各校均结合学校实际制定了校章、党组织的领导职责、书记和校长的两个工作职责、党组织会议和校长办公会的两个议事规则等制度文件。试点校制定实施细则，成为课题研究与试点推进的一大亮点。细则涵盖了工作实施的原则、学校组织架构、党政职责及分工、议事规则、沟通机制、监督机制、工作机制等，使试点工作的推进更具操作性。

各校已开始开展相关实践工作。开展了各层次有效的沟通、组织各种党政会议、开展重大决策、启动各种监督机制、总结梳理出多篇案例等，并逐步展开实验工作。努力实现“一校一策”“一校一品”“一校一案”。例如，黄村镇第一中心小学，重新架构学校的组织机构，制定实施细则，细化学校的议事、协调、监督机制，初步形成“1+X”党委工作特色，党建融入学校中心工作、以课题形式探索党组织在提升育人质量中发挥作用途径和方法的研究，党政团结一心，将党建工作与学校中心工作有机结合。再如，大兴七幼构建“七彩筑梦、文化育人”的党建品牌，并以“七彩、和谐、共行、合力”作为文化构建的核心，从“管理文化——七星竞彩、行为文化——七品竞彩、家园文化——七日聚彩、物质文化——七色聚彩、课程文化——七域彰彩”等文化体系的构建，来诠释“七彩党建”文化的内涵。兴海学校开展党建“一二三”工程，即一个承诺，两个示范，三个联系。学年初，党支部和每个党员签订党员承诺书，充分发挥党员示范岗的作用，做到带社团示范，教育教学示范，每名党员干部联系一个年级组，每个党员联系一名群众，每名党员帮扶一名学生，做到党旗引领，融合发展，努力打造学校的党建品牌，确保“兴海学校党旗红”。首师大大兴附中开展党建“五四三二一”活动，即争创五好支部、争当四个引路人、争创三标兵（师德榜样、教学能手、服务标兵）、两联系（一个班级一名群众）、一帮扶（一名困难生）活动，努力打造“党徽耀附中”的党建品牌。日坛中学党总支坚持“加强思想政治建设　推动高质量发展”的理念，形成了党建引领书香校园“习声回响”，家校社一体化大思政育人的党建特色，创建“‘宣讲习声回响’课程思政”党建品牌。京源学校党委坚持以习近平新时代中国特色社会主义思想为指导，以党风带师风促学风创校风，以“五气”凝聚正能量，做思想引领的旗帜，形成“五气”党建品牌。

（三）梳理出党组织新的决策程序

各试点学校的议事决策由党组织会议完成，决策程序主要有五步，即“动议”——提出议题、“酝酿”——达成共识、“上会”——集体讨论、“表决”——形成决议、“实施”——校长负责。党组织会议进行议事决策时，严格执行“十六字”原则，即“集体领导、民主集中、个别酝酿、会议决定”。实现书记“末位表态”，不先定调，不作引导性发言，待与会成员逐一发表意见并表明态度后再陈述意见。

（四）工作推进的策略与方法在全市范围内产生一定影响

2021年5月，在北京市课题阶段总结会上，首师大大兴附中何玉松书记代表大兴区做试点工作交流汇报，受到同行及专家领导的肯定。5月28日的《现代教育报》也报道了大兴区试点推进中小学校党组织领导的校长负责制的相关工作，对试点校黄村一小、首师大大兴附中的工作做了介绍。课题负责人周爱彬书记多次在北京市会议上介绍大兴区该项工作的开展。

四、研究结论与建议

（一）优化学校党组织建设完善组织体系是试点工作推进的基础

研究中我们认识到在原有的校长负责制管理体制下，党政分设学校行政强党务弱是普遍存在的问题。党组织对学校教育教学工作的全面领导作用发挥不够。学校党组织核心成员除书记以外多为兼职，大多无专门的党务办公室和专职党务干部，开展工作力量不足。学校党组织的各项党务工作与教学工作相结合，将党建工作融入教学管理中、教学活动中有一定难度，更多情况是流于形式。从而难于构建党建工作和教育教学工作互相促进、互相补充的格局。建议从优化学校党组织做起，配强学校党组织书记，增设专门党务办公室，增加党务干部，完善组织体系更好地发挥党组织的力量。

（二）不断健全各级制度体系是试点工作推进的有力保证

各项改革必须制度先行，随着形势的变化制度还要不断调整、健全。试点工作具体落实环节的党组织决策制度与现行学校管理制度存在冲突。例如学校涉及财务的重大决策，按现有“三重一大”的程序、制度要求，如果采取党组织决策学校重大事项缺乏相关政策、制度的支撑和保证。学校新的领导体制的建立是系统工程，学校全方位建立新体制的过程中还要面对各方面的阻力，整体上缺乏适应改革的大环境。建议市级、区级层面完善各项制度，形成推进工作的制度体系，构建起工作的大环境，从而让学校开展工作，完善制度做到有章可循。

（三）细化学校各项工作机制是试点工作具体落实的重中之重

厘清党组织和校长的职责范围，完善议事决策制度，是试点工作的重点和难点。研究中发现不少学校对党组织领导的校长负责制，是集党组织集体领导和校长行政负责两个优势为一体领导体制的认识和实践不足，还存在纠结书记、校长的权责大小、责任划分等问题。

党政分设实现分事不分家、分事不分心、分事不分化、分出责任、分出质量、分出担当的目标还有一定差距。制度落实过程中的具体工作机制需要细化。围绕如何健全沟通机制、完善监督机制、充实责任清单、落实会议决策机制等具体工作机制要细化。学校要加强对预设实施策略的应用并及时调整充实，压实思政责任提高党建质量，培育学校有特色的党建品牌。多角度、全方位开展实践，构建学校党组织领导的校长负责制工作的策略和特色。

参考文献：

［1］李斌、杨竹芸.中国共产党支部工作制度建设的百年历程和经验［J］.理论与改革.2020（06）.

［2］刘永亮.高职院校贯彻落实党委领导下的校长负责制运行机制的路径选择［J］.陕西教育·高教版.2019（03）.

［3］刘保国.对中小学基层党组织领导下的校长负责制的研究与探讨［J］.黑龙江教育·中学.2020（08）.

［4］李奕.中小学校党组织领导的校长负责制的理论思考与实践探索［J］.中国教育学刊，2021（06）.

［5］王晓燕.建立中小学校党组织领导下的校长负责制的区域探索［J］.现代教学，2020（20）.

［6］杜成喜.党建引领方向品牌创价值［M］.中国商务出版社.2019.

党组织领导德育和思想政治工作实践研究

大兴区委教育工委课题组*

【内容提要】

本文主要探索了在中小学校建立党组织领导的校长负责制改革中，党组织领导德育与思想政治工作的组织体系、制度体系和工作机制。通过组织体系、制度体系、工作机制的建设，为构建职责明确、协调顺畅、运转高效、作用到位的新时代首都中小学校治理体系，为持续深化基础教育综合改革、办好人民满意教育、培养德智体美劳全面发展的社会主义建设者和接班人提供坚强政治保证和组织保证。

【关键词】

党组织领导　德育工作　思想政治工作　组织体系　制度体系　工作机制

一、研究背景和意义

教育是“国之大计，党之大计”，基础教育在社会主义现代化建设中具有基础性、先导性、全局性的作用。党的十八大以来，习近平总书记发表了一系列关于教育的重要论述，阐述了党在新的历史时期对教育事业全面领导的重要性。2017年，中共中央办公厅、国务院办公厅颁布的《关于深化教育体制机制改革的意见》指出，要全面加强党对教育工作的领导，坚持党管办学

---

* 课题组组长：周爱彬，大兴区委教育工委书记。

课题组核心成员：王永庆，副校长；崔连娜，科长；程术民，书记；荣俊利，书记；贾海军，书记兼校长；张文凤，书记兼校长；马静，校长；甄艳玲，书记。

方向、党管改革，充分发挥党委总揽全局、协调各方的战斗堡垒作用，提出要健全党委统一领导、党政齐抓共管、部门各负其责的教育领导体制。2019年《中国教育现代化2035》又进一步强调，加强党对教育工作的全面领导，健全党委统一领导、党政齐抓共管、部门各负其责的教育领导体制。

2020年8月，大兴区委教育工委参加了北京市委组织部、市委教育工委关于中小学校党组织领导的校长负责制试点项目“中小学校党组织领导德育和思想政治工作实践研究”。在党组织领导的校长负责制的试点背景下，该项子课题研究具有新时代的特色，按试点项目总体规划，主要任务是建立健全党组织领导德育与思想政治工作的组织体系、制度体系和工作机制，推动构建职责明确、协调顺畅、运转高效、作用到位的新时代首都中小学校治理体系，为持续深化基础教育综合改革、办好人民满意教育、培养德智体美劳全面发展的社会主义建设者和接班人提供坚强政治保证和组织保证。

二、核心概念界定

（一）中小学校党组织领导的校长负责制

中小学校党组织领导的校长负责制是中国共产党在领导教育事业过程中逐步形成的以党的领导、集体领导、民主集中等为特征的中小学校领导体制。其内涵可以概括为：中小学校党组织领导的校长负责制集党组织集体领导和校长行政负责两个优势为一体、在党组织的集体领导下充分发挥校长积极性，教职工参与民主管理和监督的一种分工明确、边界清晰的领导体制。党组织领导的校长负责制既确立中小学校党组织在学校的领导地位，又充分发挥校长在行政工作中的关键作用。

（二）德育工作

德育工作是指对中小学生进行思想、政治、道德、法律和心理健康的教育工作。德育工作是学校教育工作的重要组成部分，与智育、体育、美育、劳动教育等相互联系，彼此渗透，密切协调，对学生健康成长成才和学校工作具有重要的导向、动力和保证作用，德育工作是学校的首要工作。

（三）思想政治工作

思想政治工作是指对教职工进行思想、政治、道德、法律、师德师风、意识形态等方面的教育工作。教职工的思想政治工作是教师队伍建设的重要内容。

（四）党组织领导德育工作和思想政治工作

党组织领导德育工作和思想政治工作强调党组织的领导，这里的“领导”一词不是包揽一切；而是充分发挥党组织在德育和思想政治工作中“把方向、管大局、作决策、抓班子、带队伍、保落实”的领导职责。在开展课题研究过程中，党组织领导德育工作和思想政治工作，应该区分开来。

党组织领导德育工作应该重点指向中小学校的德育工作。党组织领导思想政治工作要把重点指向教职工的思想道德、政治理论素养、师德师风、意识形态等方面。

（五）党组织领导的校长负责制与校长负责制的区别

“党组织领导的校长负责制”与“校长负责制”相比，有着明显的区别与联系，具体表现在如下几个方面：

1. 从学校领导的主体看，前者是党组织，后者是校长。在校长负责制下，“校长既是学校的最高决策者，也是学校的最高行政负责人”（引自《中华人民共和国义务教育法释义》）。

2. 从决策内容看，前者决策的是学校重要问题和重大事项，后者“要求校长既要负责学校一切重大事务的决策，又要全面负责教学及其他行政管理”（引自《中华人民共和国义务教育法释义》）。

3. 从决策机构看，前者是党组织会议，后者是校务会。

4.从决策制度看，前者必须执行民主集中制，因为民主集中制是中国共产党的根本组织制度，所有党组织必须遵守民主集中制的原则，这是《党章》明确规定了的；后者的校务会成员不一定都是党员，不是党组织，它采取行政首长负责制，当无法达成一致意见时，校长具有最终决定权，责任由校长承担，“校长是学校的最高决策者”。

从以上四个方面可以清晰地看出，“党组织领导的校长负责制”与“校长负责制”的区别。

三、研究目标

本课题的研究目标，锁定三个方面。紧紧围绕落实立德树人根本任务，健全党组织领导的校长负责制改革中德育和思想政治工作的组织体系、制度体系、工作机制。深入推进大兴区中小学校党组织领导的校长负责制试点工作，并取得实践经验。

四、研究内容

根据以上研究目标，确定如下研究内容。所有的研究内容均以党组织领导的校长负责制改革为大前提，为表述方便，分列六项研究内容。

（一）关于党组织领导的校长负责制改革中的党组织领导德育工作的组织体系研究。

（二）关于党组织领导思想政治工作的组织体系研究。

（三）关于党组织领导德育工作的制度体系研究。

（四）关于党组织领导思想政治工作的制度体系研究。

（五）关于党组织领导德育工作机制研究。

（六）关于党组织领导思想政治工作机制研究。

五、研究方法与进程安排

（一）研究方法

1.文献研究法：通过文献研究法，查阅现有党组织领导的校长负责制学校德育和思想政治工作的已有成果，尤其了解高等院校在这方面的做法和成功经验，迁移到中小学学校管理中来。

2.行动研究法：通过行动研究法，在试点校开展行动改进研究，探索党组织领导的校长负责制改革中德育工作机制和思想政治工作机制。

3.经验总结法：收集一些典型案例或经验总结，对已有党组织领导的德育工作和思政工作经验进行梳理和归纳，形成有效的成果。

（二）进程安排

1.准备和启动阶段：2020年9—10月

确定课题组成员学校，划分研究任务，并进行合理分工。

（1）大兴一中：该校为直属完全中学。研究重点为党组织领导的校长负责制改革中德育和思想政治工作研究。

（2）兴华中学：该校为直属12年一贯制。研究重点为党组织领导的校长负责制改革中德育和思想政治工作研究。

（3）北京小学翡翠城分校：该校为直属小学。研究重点为党组织领导的校长负责制改革中思想政治工作研究。

（4）安定镇中心小学：该校为镇级农村小学。研究重点为党组织领导的校长负责制改革中德育工作研究。

2.初步实施阶段：2020年11—12月

（1）开展实地调研（调查、座谈、访谈、问卷等），摸清现状，找出不足。

（2）结合文献资料、示范文本（试行）和燕山试点学校经验，根据自身实际，按照规定程序，探索党组织领导德育和思想政治工作的组织体系、制度体系和工作机制。

3. 深入推进阶段：2021 年 1—4 月

深入学校进行调研指导，梳理、总结、提炼研究过程中形成的共性经验，进行经验交流和成果分享。

4. 收尾结题阶段：2021 年 5—6 月

全面梳理研究工作、完善研究成果、总结育人成效，同时，查找出问题差距、分析原因、提出对策建议，撰写工作总结和研究报告。

六、研究成果

党组织领导的校长负责制改革中，党组织领导德育工作和思想政治工作在组织体系、制度体系、工作机制方面取得了一些成果，现围绕既定的研究内容阐释如下。

（一）建立了党组织领导德育工作组织体系

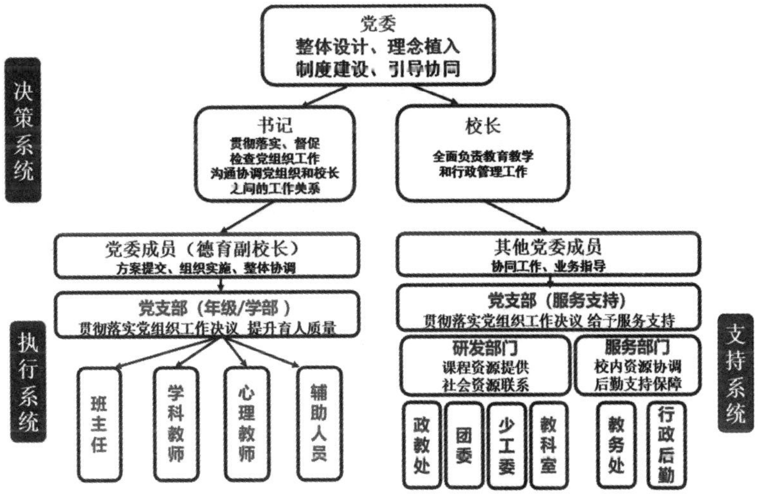

图 1 大兴区兴华中学党组织领导校长负责制改革中党组织领导德育工作组织体系图

兴华中学在开展党组织领导的校长负责制改革中党组织领导德育工作，建立了符合学校实际情况的组织体系。具体情况如下：

兴华中学在党组织领导的校长负责制试点工作中，构建职责明确、协调顺畅、运转高效、作用到位的学校治理体系，提升育人实效，落实立德树人根本任务。学校进一步优化党组织领导德育工作的组织体系，整体架构包括三个系统，分别是决策系统、执行系统和支持系统。

1.德育工作决策系统及其运行

德育工作决策系统：党委领导，书记和校长牵头，党委委员共同参与。

在此决策过程中，党组织从顶层设计、文化植入、制度建设、引导协同等多方面进行整体方向把控、大局统筹，最终形成具体决议方案。书记贯彻落实、督促检查党组织领导的德育工作具体工作方案的落实情况，沟通协调党组织和校长之间的工作关系。校长组织实施党组织工作决议，负责德育具体工作的全面开展。党委成员、德育副校长负责组织实施，整体协调。

2.德育工作执行系统及其运行

执行系统包含五个党支部，党支部建在年级和学部，支部书记均为党委成员，直接落实党组织决策系统通过的德育工作方案。

年级组长具体统筹协调、审核、落实相关指导课程和活动等德育工作，根据方案针对性地组织实施。班主任负责组织班级全方位德育工作的开展，将德育工作落地、落小、落实。学科教师负责学科渗透、协助课程活动开展。心理教师负责业务支持指导。其他相关人员辅助，发挥党员先锋模范作用，提升育人质量，同时对党组织领导的德育工作进行评价反馈。

3.德育工作支持系统及其运行

支持系统包含一个党支部，内含两个大的服务部门，即德育研发部门和德育服务部门，两个部门又包括多个具体职能部门。这些部门协同贯彻落实党组织德育具体工作方案的决议。

（1）研发部门：包括政教处、团委、少工委、教科室各职能处室，分别负责支持理想、学习、生活、心理、生涯指导五大要素的方案落实和具体活动安排。对执行系统的课程开发、社会资源联系等事项给予支持，对决策系统给予评价反馈。

（2）服务部门：包括教务处和后勤部门，对执行系统给予服务支持，对决策系统给予评价反馈。

兴华中学党委成员均担任学校六个党支部的支部书记，在执行系统和支持系统中分别管理相关部门的具体工作落实，让党组织领导下的管理体系可以直接贯彻落实到具体部门，扁平化的组织体系有利于提高工作决议的执行效率、落实效果，同时确保决议执行过程中能够得到服务保障系统的强有力支持。

（二）建立了党组织领导思想政治工作组织体系

大兴一中是一所完全中学，学生和教职工的思想政治工作成为党组织的重要工作内容，建立一个结构清晰、分工明确的组织体系极为重要。经过反复研究与实践，形成了符合大兴一中党组织领导德育和思想政治工作的组织体系。

党组织总揽全局，协调各方，承担“把方向、管大局、作决策、抓班子、带队伍、保落实”的领导职责。党政深度融合，党委书记全面负责党组织工作，校长全面负责教育教学和行政管理工作，两者之间职责明确、沟通顺畅、无缝对接。为党组织领导德育和思想政治工作建构了坚实的组织体系。具体如下图：

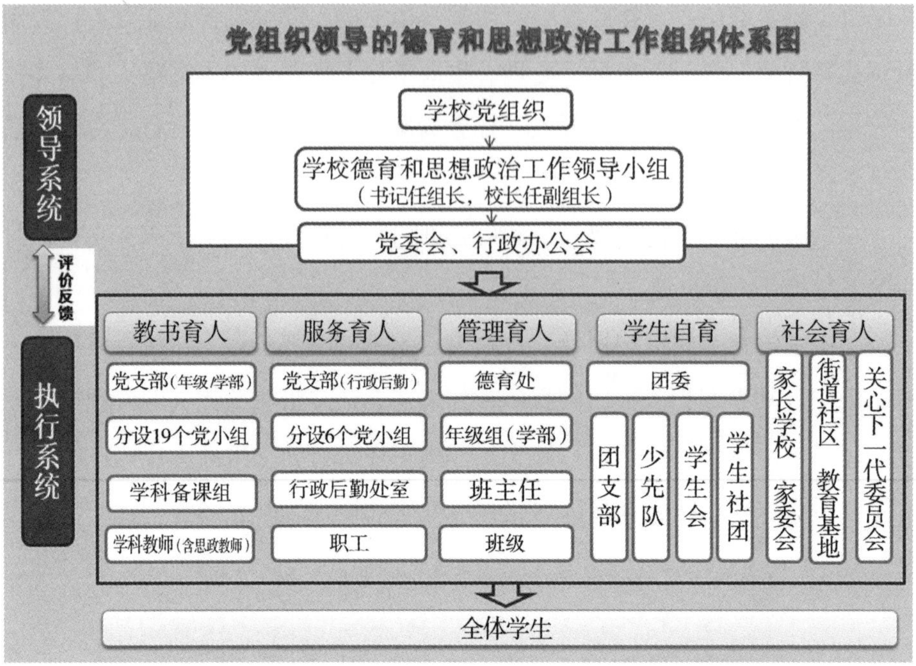

图 2　大兴一中党组织领导校长负责制改革中党组织领导德育和思想政治工作组织体系图

从图2可见，大兴一中成立学校德育和思想政治工作领导小组，书记任组长，校长任副组长。书记主持党委会，进行民主决议；校长主持行政办公会，进行事项实施工作的研究。涉及学校的“三重一大”事项（重大事项决策、重要干部任免、重要项目安排、大额资金的使用）均由党委会、校委会共同参与、共同协商，集体讨论作出决定。

同时，大兴一中党委会及党委成员，校行政办公会的主要成员均由一套人员构成。大兴一中坚持实施党政一体化管理，将支部建在年级、处室，由中层干部兼任支部书记，年级和处室主任兼任支部委员，党小组建在学科组、处室；每位党委成员联系一个基层党支部，发挥基层支部的战斗堡垒作用。

在执行系统，建立五大德育和思想政治工作功能板块。分别为教书育人、服务育人、管理育人、学生自育、社会育人。教书育人板块以年级学部建立党支部，共设19个党小组；服务育人板块以行政后勤建立党支部，分设6个党小组；管理育人板块以德育处为主体建立年级或学部组；学生自育板块以团委为主体，下设团支部、少先队、学生会、学生社团等；社会育人板块包括家长学校、家委会、街道社区、教育基地、关心下一代委员会等。以上组织机构最终是落实到学生身上。

经过研究与实践，学校的德育和思想政治工作组织体系，为党组织领导德育和思想政治工作提供了组织保障。

（三）形成了党组织领导德育工作制度体系

坚持党对德育工作的全面领导总的原则，各试点校建立党组织领导德育工作制度体系。大兴一中建立了党组织领导德育工作的四项原则：一是民主集中、集体领导、个人分工原则；二是党管干部、从严治党、常态长效原则；三是依法行政、依法治校、依法治教原则；四是发扬民主、群众参与、组织监督原则。

在四原则指导下：明确了学校党委书记、校长领导德育工作方面的具体职责与任务。如党委书记的职责：学习宣传贯彻习近平新时代中国特色社会主义思想，学习宣传贯彻党的理论和路线方针政策及上级的指示决议。主持制订和组织实施学校党的建设以及思想政治工作、德育工作的长远规划和年度计划。校长的职责与任务明确指出，全面负责教育教学、德育、科研、基建、行政管理工作，全面落实立德树人根本任务，坚持五育并举，开齐开足各类课程，促进学生德智体美劳全面发展。

同时，建立了党组织领导的校长负责制改革中德育工作相关制度，例如：《党组织定期研究学校德育工作制度》《学校全员育人工作制度》《学校德育课程实施方案》《家长成长学院培训制度》《学生社团管理制度》《学生意识形态监督检查制度》《外聘教师管理制度》等。学校各级干部抓德育工作的职责、任务清单和工作要求。各处室如政教处、教学处、总务处、安保处、办公室、工会、团委等抓德育工作的工作职责、任务清单和工作要求。

（四）形成了党组织领导思想政治工作的制度体系

党组织要把教职工的思想政治工作牢牢抓在手中，课题组在课题研究过程中，建立了党组织领导的校长负责制的思想政治工作制度体系。本课题以试点校大兴一中为例，如形成了《大兴一中加强教师思想政治工作实施方案》《党组织抓教师思想政治工作职责》《大兴一中领导干部调研及谈心谈话制度》《大兴一中党员联系群众制度》《学校教师信仰提升工程实施方案》《大兴一中党委成员联系思政教师制度》《领导干部"一岗双责"制度》《师德师风考核评价制度》《"四有好老师""师德标兵""党员先锋岗""优秀青年教师"评选方案》《新教师入职培训及宣誓制度》《大兴一中教师十项准则》《大兴一中师德承诺制度》《大兴一中师德评议制度》《大兴一中师德师风负面清单》等。这些制度既突出了党组织领导教职工思想政治工作的内容，也突出了党组织领导教职工思想政治工作的方法，体现了党组织领导的特点。

北京小学翡翠城分校在党组织领导教职工思想政治工作制度方面，建立了《北京小学翡翠城教师公约》，公约对师德师风、意识形态等方面进行了明确规定。

（五）建立了党组织领导德育工作机制

工作机制是实现高效管理或自主管理的结构化的工作方法，或者一些能够带来长期管理或绩效效果的系统化工作方法。在党组织领导的校长负责制改革中，党组织领导德育的工作机制建设是非常重要的，机制是学校德育工作重要的推动力。在课题研究过程中，试点校不断探索，形成了党组织领导德育工作的一些机制。

一是共性化机制的建立。党组织领导德育工作的共性机制，可以解决普遍性的问题。

共性机制一："党组织领导、校长负责、群团参与、家校社联动德育工作机制"，这个工作机制在德育工作中具有总揽全局的特点。在德育实践中，这个工作机制，可以根据德育工作内容和要求，进行自由选取。试点校大兴一中在推进"三全育人"工作中，德育干部讲到这样一个案例，他们发现个别后勤人员对"三全育人"不理解，也没有真正落实，见到学生的不良表现，或是视而不见，或是不能及时教育提示，说这是德育的事，不是后勤的事。这引起了党组织的重视，通知后勤支部对这种情况进行了剖析，强化三全育人是全体教职员工共同的责任和义务，通过支部对相关同志进行思想工作，取得了非常好的效果。

共性机制二：“党组织把方向、管大局、作决策、抓班子、带队伍、保落实德育工作机制。”这个机制在德育工作中同样具有总揽全局的特点。党组织在德育实践中，不能抢行政的工作，要在党组织这六个重要职能方面着力。这个机制在具体问题上要具体分析。大兴区安定中心小学围绕建党100周年，计划建设一处校内红色主题教育基地，拟定在三层楼道建设开放型党史教育馆，经过党组织委员会反复研究，决定施工。随后行政全力以赴，在很短的时间内，开放型党史教育馆就建成了。应该说，在这次教育基地建设中，党组织把方向、作决策、保落实的机制发挥了重要作用。

共性机制三：“党组织与行政同谋划、同部署、同推进、同监督、同考核的德育工作机制。”在一些大型德育活动中，工作难度较大，活动比较复杂、需要调动人员也比较多，这就需要党组织和学校行政合作推进。大兴区试点校兴华中学是一所12年一贯制学校，为了全面规划学校德育课程，经过审慎考虑，建构12年一贯制德育课程体系。这是一个相对复杂的建设，需要党组织和行政共同谋划，共同部署、共同推进。

以上这些共性的工作机制，在党组织领导德育工作中，发挥了极其重要的作用。

二是个性化机制的建立。在党组织领导德育工作中，学校往往会根据具体问题，进行具体分析。在德育实践中，试验校经过近一年的思考与实践，形成了丰富多彩又非常有特点、有实效的工作机制。这些机制体现三个特点：一是党组织领导，二是校长负责，三是系统化方法。

1.建立了纵向贯通、横向联动的德育课程推进机制

大兴区兴华中学是一所小初高12年一贯制学校，在党组织领导下，由学校行政与德育部门多年建构实践，以课程建设为载体，构建了纵向贯通、横

向联动的德育课程推进机制，全方位实现学生自主发展的育人目标，为学生的终生发展服务，如图3。

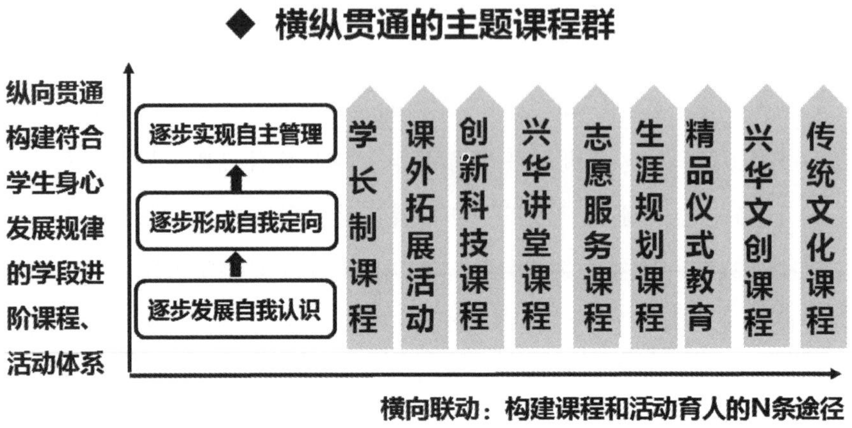

图3　兴华中学横纵贯通、横向联动主题课程推进机制图

纵向贯通，即指构建符合学生身心发展规律的学段进阶课程和活动体系，其中小学阶段发展自我认识，初中阶段逐步形成自我定向，高中阶段实现自主管理。横向联动，是指构建课程和活动育人的N条途径。横向联动的课程体系包括9个方面的课程：学长制课程、课外拓展课程、创新科技课程、兴华讲堂课程、志愿服务课程、生涯规划课程、精品仪式课程、兴华文创课程、传统文化课程等。

2. 建立了德育品牌工作机制

安定中心小学是一所农村小学，在党组织领导的校长负责制改革中，学校建立了德育品牌工作机制，梳理了九大德育品牌项目，推进了德育工作系统化发展。学校建立的九大德育品牌是“美丽先锋品牌”“法治课程品牌”“阳光心育品牌”“安全护航品牌”“以美育德品牌”“民族教育品牌”“生态文明品牌”“书香校园品牌”“文化育人品牌”。依据学校德育品牌，形成了九大德育活动项目，学校德育工作开展得有声有色，德育工作取得了很好的实效性。

3. 建立了德育管理双导师工作机制

大兴一中在党组织领导下，针对学生德育工作中个性问题越来越突出的问题，建立了德育管理双导师工作机制。双导师机制是指班主任和任课教师双重管理，对学生进行学业、职业、心理、生涯规划等方面给予指导。校团委、学生会、社团等学生组织，采取自治形式，提高学生自主、自立、自育能力，取得了良好的德育效果。

4.建立了德育工作“三进三联”工作机制

大兴一中、北京小学翡翠城分校等学校，在党组织领导下，建立了“三进三联”德育工作机制。“三进”即领导干部走进教室、走进办公室、走进学生家庭；“三联”即领导干部联系一个支部、联系一名思政教师、联系一名特殊学生。“三进三联”工作机制，使干部更好地了解教师、学生、家长的需求，及时发现德育工作中存在的问题，了解群众呼声，汲取群众智慧，推进德育工作的开展。

5.建立了红色教育“五个百”系列活动工作机制

安定中心小学党支部在建党百年之际，开展了“五个百”红色系列教育活动。“五个百”即百节好课上起来、百场宣讲讲起来、百幅作品绘起来、百首红歌唱起来、百首诗歌诵起来。这一系列德育活动早在党组织的领导校长负责制试点之前，就有了教育活动雏形，在建党百年之际，学校党支部和行政又进行了系统规划，整体设计。百节好课渗透红色教育、百场宣讲体现榜样引领、百幅作品落实传承经典、百首红歌赞颂伟大祖国、百首诗歌讴歌新时代，“五个百”系列活动在实施过程中得到了广大干部教师、学生、家长的共识。这个系列活动并非一年内全部完成，需要长期坚持，建立长效机制，于是“五个百”红色教育活动成为德育工作机制被确立下来。

（六）建立了党组织领导思想政治工作机制

习近平总书记指出：思想政治工作是学校各项工作的生命线，各级党委、各级教育主管部门、学校党组织都必须紧紧抓在手上。要精心培养和组织一支会做思想政治工作的政工队伍，把思想政治工作做在日常、做到个人。

在中小学校党组织领导的校长负责制改革中，试点校在抓教职工的思想政治工作机制方面也进行了一些探索。

1.建立“五走进”的思想政治工作机制

兴华中学的党组织落实群众路线，创新德育工作方式，建立了党员干部“五走进”思想政治工作机制。“五走进”：一是走进年级教师例会，二是走进年级学生活动，三是走进年级教研活动，四是走进年级主题班会，五是走进年级家长会。“五走进”思想政治工作机制，能够使领导干部全面真实地了解教职工及学生的思想政治动态，发现典型及时表扬和宣传，发现问题能够及时分析与引导。

2.建立“六个结合”思政工作机制

大兴一中党委非常重视在基层支部中开展思想政治工作，在试点工作中，摸索并完善了年级支部“六个结合”的思政工作机制。一是党支部政治保障作用与学部年级管理工作的结合，二是党员先锋模范作用与学科教学工作的结合，三是思想政治建设与学生德育工作的结合，四是党员队伍建设与学部年级教师队伍建设的结合，五是党风廉政建设与师德师风建设的结合，六是党建文化与年级班级文化建设的结合。“六个结合”思政工作机制为学生及教职工的思想政治工作提供了思路。

3.建立“六大思想政治工作阵地”机制

北京小学翡翠城分校党总支在思政工作中，建立了六大思想政治工作阵地，抓牢教职工思想政治教育工作。“六大思想政治工作阵地”即建立党建品牌宣传廊、开办党员学习活动室、推出党员交流工作群、设立党员先锋工作岗、亮出党员形象标志牌、公示党员奉献承诺书。“六大阵地”的建设，一方面深化党建文化内涵，发挥了党员先锋模范作用；另一方面也教育影响广大教职工自觉向党看齐，加强师德师风、意识形态建设，提升学校教职工思想政治工作水平。

4.形成“一三三四”思想政治工作法

大兴一中在党组织领导思政工作试点中，经过思考与实践，逐步探索出了“一三三四”思想政治工作法，这一工作法成为学校思想政治工作的重要机制。

“一”即“一条主线”，坚决维护党中央权威，在思想上、政治上、行动上始终同党中央保持高度一致。

第一个“三”为“三突出”。“一突出”问题导向，针对思想政治工作中的问题，自查自纠，进行整改提升。“二突出”干部教育，坚持以习近平新时代中国特色社会主义思想武装党员干部头脑，通过读、写、谈、听、评等中心组学习方式，强化理想信念、使命担当。“三突出”政治安全，聚焦重点阵地、重点人员，加大思政工作，牢牢掌握意识形态领导权、主动权、话语权。

第二个“三”即“三强化”。一是强化人员保障，实行意识形态网格化管理，从学校到部门，从部门到负责人，从主管到分管，做到专人负责，定期对信息宣传员进行专门培训。二是强化制度保障，严格落实舆情监控、情况通报、会商研判等相关制度，做到年计划、季总结、月汇报、常检查。三是强化机制保障，建立定期培训、阵地管控、监督考核等工作机制，确保各项工作落到实处。

“四”即“四压实”。一是压实党委主体责任，将意识形态工作作为重要任务，全面加强党的统一领导。二是压实党委班子成员“一岗双责”责任。党委书记作为“一把手”，认真落实“三带头三亲自”职责，班子成员根据分工抓实职责范围内意识形态工作。三是压实分管宣传领导责任，持续抓好具体业务指导、及时掌握工作动态、协调解决具体问题。四是压实部门责任，建立健全党委总负责、部门分工负责机制，将任务落实到岗位和个人，推进到一线。

七、研究成效

大兴区中小学校党组织领导的校长负责制改革中，党组织领导德育工作和思政工作的实践研究，虽然只有一年时间，但是也取得了很好的效果。

（一）党组织领导的德育工作和思想政治工作的组织体系提高了工作实效

干部和教师普遍反映，2021年的德育工作，党组织在关键环节上加强指导，积极参与，大胆作为，提升了德育工作方向性、计划性和实效性。尤其是在2021年建党百年德育系列活动中，党组织发挥了重要作用，德育活动质量有较大提升。党组织在教职工的思想政治工作方面，突出政治引领，聚焦为党育人、为国育才，学校教职工随时可以听到党的声音。

（二）学校的德育工作和思想政治工作制度建设增强了管理实效

教师们反映学校党组织多次征求意见，完善校内德育工作及教职工思想政治方面的制度，制度更加健全，而且德育工作和教职工思想政治工作有章可循、有规可依。教师们反映，原来在管理上很多认识模糊、边界不清的问题，现在有了标准和要求，管理起来更高效、更规范。

（三）党组织领导德育和思想政治工作机制促进了师生发展

教师们反映，原来校内落实三全育人工作效果不明显，自从党组织领导的德育工作和思想政治工作试点以来，党组织在思想政治工作中发挥了非常重要的作用，全员育人、全过程育人、全方位育人得到了有效落实。教师们反映，学校建立的德育和思政工作机制，在推进学校治理方面起到很大作用，促进了师生的成长，使我们对学校的发展更有信心。

（四）党组织领导的校长负责制改革得到广大教职工的高度认同

广大教职工对党组织领导的校长负责制改革知晓率高。2021年3月调研本区四所试点学校的教职工780名，党组织领导的校长负责制试点工作的知晓率超过95%，93.21%的干部教师认为学校很重视试点工作，并且在积极组织学习文件精神和推进工作落实。

八、存在的问题

（一）党组织领导德育和思想政治工作的组织体系、制度体系、工作机制还需要不断地完善。目前，由于研究时间较短，验证不够充分，有的成果还不够成熟。

（二）党组织领导德育工作和思想政治工作方面的典型案例还比较欠缺，实践验证方面还有很多不足。

（三）参加党组织领导德育和思想政治工作的试点校样本较小，取得的有些成果还有一定局限性。需要进一步扩大试点数量，提升成果的说服力。

在试点工作和课题研究过程中，由于研究者的理论水平和实践能力有限，研究中还有很多不够深入和全面的地方，需要以后不断完善，提高研究水平。

参考文献：

［1］顾秀林，张新平.党组织领导的中小学校长负责制：历史沿革、时代价值与实践路径［J］.中国教育学刊，2021（05）：16–19.

［2］“党组织领导下的校长负责制”新探索［J］.人民教育，2020（Z2）：95–98.

［3］刘保国.对中小学基层党组织领导下的校长负责制的研究与探讨［J］.黑龙江教育（教育与教学），2020（08）：8–9.

［4］王道红.高校党委领导下的校长负责制：内涵、关系及完善［J］.思想理论教育，2015（01）：78–81.

［5］王晓燕.建立中小学校党组织领导下的校长负责制的区域探索［J］.现代教学，2020（20）：62–64.

［6］庄凤高.全区中小学校党组织领导下的校长负责制试点工作实践与思考［J］.宁夏教育，2021（04）：14–16.

干部选拔任用管理策略研究

燕山教委党委课题组*

【内容提要】

本课题研究，侧重实践层面的经验总结，对照选优配强干部队伍这一综合目标，跟踪分析选拔任用、轮岗交流、重点培养等方式在操作层面的运行情况，动态考量干部选拔任用管理的“四导向”策略对于提升领导班子和党员干部这个关键少数在试点工作中引领作用的具体呈现与效果。

【关键词】

燕山　党组织领导的校长负责制　干部选拔任用

一、问题的提出

一是干部选拔任用管理“四导向”策略对于提升领导班子和党员干部在试点工作中引领作用的评估研究需要进一步做实，特别是在实现党政同责与一岗双责、决策议事与协调执行、齐抓共管与责任追究的闭环管理中，如何有效破解用力不均、压力传导层层递减等问题需要持续研究。

二是党组织领导和校长负责的权责界限问题需进一步探讨。党政分设，优势在于强强联合，便于监督和推进，但难点在于党政是否相融、权责是否清晰、沟通是否畅通、目标是否相同。既要防止集体决策中的问题，递交支

---

* 课题组组长：王迪，燕山教委党委书记。

课题组核心成员：张秋艳，燕山教委党委副书记、纪委书记、教委副主任；李晶晶，燕山教委党委办公室主任；程健，燕山教委职成科科长。

委会后，开成了“一揽子会”，大事小情都端到支委会上研究，包揽了行政工作，又要避免行政工作脱离党组织领导，部分“三重一大”事项不提交支委会，使得支委会变成了签字会和通报会。

三是党组织书记个人能力需进一步提升。就目前燕山的情况来看，书记梯队建设配速不平衡也在一定程度上影响了试点工作的推广。表现在用党建理论解决实际问题的能力不足；破解试点难题的方法不多；课题研究队伍还不够壮大；形成规范性研究文本有一定难度。

二、研究过程与方法

（一）研究过程

重点围绕以下四个层面分类推进研究：

在观念层面坚持学思践悟，不断解决认识深化问题。针对试点工作中干部选拔任用研究工作的重难点问题，不断研究新情况、解决新问题、总结新经验。一方面借用外脑，听取上级领导、党建专家、教育同行等多方意见，进一步凝聚共识，引领试点单位逐步树立起党政同心、工作同向、责任同担，相互合作又相互支撑的共同体意识，把党政融合体现在引领性、系统性与一致性上，实现干部调整使用的最终目的。另一方面善用本脑，通过集体研讨和集中诊断，鼓励试点学校书记、校长、党组织委员会委员，增强研究与创新实践意识，为下一步干部调整提供可行有效的经验做法和工作案例。

在实践层面坚持常态推进，妥善解决职责细化问题。把干部选拔任用实效体现在引领学校中心工作、探索新时期党组织引领下的德育工作、聚焦燕山初高中教育联盟、“五四学制”的进一步优化、优质教育资源在地区集聚辐射等方面上来，进行融合研究。

在制度层面坚持守正创新，科学解决措施优化问题。不断强化机制衔接，跟进检查指导，将全年党建考核评价和干部考核作为重要研究内容。一方面研究制度执行情况，将党政主要负责同志职责体现在学校议事决策机制上，明确为干部选拔任用的标准；另一方面，在党政协调沟通、“三重一大”、联席会定位、党员大会、教代会民主管理监督、区域化党建联盟联建共管为主要内容的一体化制度体系中考查干部履职情况。

在研究层面坚持规范引导，循序解决规范建设问题。动态完善试点工作实施方案及各试点学校实施细则（附则）、评价指标体系，及时总结全域推进阶段工作经验，建立动态调整、实时完善的试点工作制度措施，编制研究全域推进阶段工作方案，力求把成功做法经验化、零散探索系统化、有效措施制度化，让各单位开展试点工作有路径、有抓手、有依据。科学探索、耐心沉淀、悉心整理，初步完成试点工作经验的结集成册工作，形成了一本地区试点工作文集。

（二）研究方法

一是把牢已经做的成果，在切入试点新题中及时拓展研究视角。持续开展试点课题研究，除围绕干部选拔任用管理策略研究子课题以外，积极拓展研究视角，组织地区试点单位学校分类开展内设党支部管理、党政分设学校试点策略研究、党组织领导德育工作实践、党政“一肩挑”学校等试点课题研究，为破解试点中不断涌现的新题提供科学决策依据。

二是把准正在做的重点，在考量运行实效上加大调查研究力度。合理配置两项子课题研究周期与地区试点工作全域推进阶段相重叠的进度安排，围绕对策建议实效性，设置调研主题，提前深入思考，结合试点情况，综合运用集体研讨、走访查看、询问印证等方式，探成效、问举措、找困难、寻建议。

三是把稳将要做的节奏，在跟进评价指导中不断积累研究素材。健全教育党建评价机制，完善评价指标体系。对地区两所试点学校党组织进行首轮评估验收，重点梳理试点过程中所形成的组织架构、制度体系和工作机制等方面的制度体系，将评估结果作为开展研究的素材基础。

三、研究结果与分析

燕山地区试点工作中干部选拔任用管理策略研究，由燕山教委党委课题组承担，侧重实践层面的经验总结，对照选优配强干部队伍这一综合目标，跟踪分析选拔任用、轮岗交流、重点培养等方式在操作层面的运行情况，动态考量干部选拔任用管理的“四导向”策略对于提升领导班子和党员干部这个关键少数在试点工作中引领作用的具体呈现与效果，进行归纳分析，总结研究成果。主要集中在干部选拔任用管理策略方面：

一是坚持目标导向聚力，抓好领导班子政治“硬指标”。配强领导班子，选强党组织委员会，严把试点工作的政治方向。推进试点过程中，通过选拔考察、交流轮岗等方式，对9名副校级以上领导干部进行了跨校间的调整配置，形成了一批党性强、作风正、威信高、表率作用好的“领头雁”。教委党委联合燕山工委组织部下发了试点工作实施意见和评价指标体系，统一思想，明确目标，抓好领导班子政治建设。多次召开教委党委会、各校书记校长会、寒暑假科级干部研讨班，通过理论引领、政策宣讲、文件解读、专题研讨、主题培训等形式，在思想上讲明白，在重点上讲清楚，在工作上讲落实。指导试点单位发挥好党组织会、班子会、职代会、联席会的集体领导决策优势，提升政治站位，把为党育人和为国育才的任务汇聚到新时代教育事业发展中去，统一到干事创业的自觉行动上来。

二是强化实践导向赋能，把好干部选拔任用“风向标”。以研究干部轮岗锻炼实施意见和管理办法落实机制。教委党委积极推进中小学教师“区管校聘”管理改革，以增强选派干部挂职交流的计划性和系统性为重点，加强干部统筹管理，优化师资配置。地区试点期间，共交流轮岗60余名科级干部和48名教师，20余名优秀党员干部选拔到各校党办主任岗位，纳入学校中层干部管理。多措并举，不仅确保了试点单位领导班子年龄结构合理、履职经历较为丰富、梯队层次衔接有序，也进一步优化了燕山教育系统干部培养选拔工作程序，形成了从中层干部多岗位锻炼，到副校级领导跨校履职，再到书记校长交叉任职的培养模式。

三是紧扣问题导向提质，用好干部日常考核“指挥棒”。突出精准评价导向，进一步完善试点工作方案及各校实施细则（附则）、评价指标体系和工作机制，研究制定领导班子、党组织委员会工作目标管理责任制，对学校党组织把方向、管大局、作决策、抓班子、带队伍、保落实的领导职责和抓宣传、统德育、正师德、夯基础、聚群团等工作进行量化考核，强化结果运用。对年度考核靠后单位的领导干部进行提醒或诫勉谈话，对不适宜担任现职领导或支委的干部进行适时调整，努力营造干部“能上能下”、支委“能进能出”的良好氛围，实现鼓励、保护和约束的有机统一。

四是突出需求导向挖潜，办好干部培养锻炼“加油站”。总结燕山教委“十三五”时期干部培养情况，研究制订“十四五”时期干部培养发展规划，持续优化“内外兼备”“内培、外培、备培”有机结合的干部培训模式。以密切试点单位间联系、改进跟踪考核方式、贯通培养渠道为路径，加强干部培养锻炼。对照试点履职的重点、难点问题，按照“缺什么，补什么”的原则，切实增强干部教育培训的针对性、实用性。以构建星城教育党建联盟、初高中教育联盟为契机，有计划地选派年轻后备干部进行区校际的挂职锻炼，拓展格局视野，提升综合素质，丰富工作经验。

四、研究结论与建议

一是建议出台市级层面教育系统干部选拔任用管理方面文件，给予燕山地区干部选拔任用管理“四导向”策略方向性指导，进一步丰富领导班子和党员干部在试点工作中引领作用的评估研究内容。

二是借助多层次专家资源，围绕具体案例，共同深入研讨党组织领导和校长负责的权责界限问题。

三是适时举办试点学校书记专题培训，进一步提升党组织书记在新领导体制下的履职能力。

参考文献：

［1］习近平在全国组织工作会议上的讲话［EB/OL］.（2018-07-03）2021-04-23］.http：//www.12371.cn /2018/09/17/ARTI1537150840597467.shtml.

［2］党政领导干部选拔任用工作条例［EB/OL］. http：//www.12371.cn/2019/03/17/ARTI1552825567208273.shtml.

［3］中央组织部、教育部党组.关于加强中小学校党的建设工作的意见［DB/OL］.http：//www.moe.gov.cn/jyb_xwfb/gzdt_gzdt/s5987/201609/t20160930_282770.html.

［4］李奕.中小学校党组织领导的校长负责制的理论思考与实践探索［J］.中国教育学刊，2021（06）：20-25.

［5］顾秀林，张新平.党组织领导的中小学校长负责制：历史沿革、时代价值与实践路径［J］.中国教育学刊，2021（05）：16-19.

实践探索篇

党建工作“三条线”机制引领内设党支部在育人中发挥作用

北京市东城区史家教育集团

【背景与目的】

在《北京市中小学校党组织领导的校长负责制试点工作方案》中，对于试点工作的总体要求有“探索在中小学校建立党组织发挥领导作用的组织体系、制度体系、工作机制，推动构建职责明确、协调顺畅、运转高效、作用到位的新时代首都中小学校治理体系”的表述。在集团党委组织体系建设中，如何发挥党组织建在教书育人一线的优势，确保党中央决策部署贯彻落实“如身使臂、如臂使指”？我们设计三条党建主线，确保党组织的领导直抵教书育人第一线。

【做法与成效】

按照“支部建在连上”的原则，史家教育集团党委内设支部建在学科组，学科主管领导或组长担任党支部书记。作为身兼党建和业务工作双重职责的责任人，党支部书记要统筹党建和业务工作要点，摸索贯通两项工作的路径，实现党建和业务两手抓、两促进的目的。在试点工作中，我们探索有效策略，设计“三条线”使党建与业务工作更好地融合，发挥党组织对学科组的领导作用。

“引导线”，每一次的教研活动要安排一次落实党的教育方针、践行立德树人根本任务的“微学习”，教研组全员轮流做 5 分钟主讲，结合教研内容谈学习党的各项理论、政策感受等，落实理论联系实际的学习要求。这条线解决的是方向问题。作为肩负为党育人、为国育才重大使命的实施者，不论是否为党员身份，都应该了解党对教育的方针政策、最新要求，并将其落实到本职工作中。我们的引导线，就是要引导老师们在教育育人实践和专业研究发展中找准方向走对路。

“推进线”，是在教研备课、听评课的过程中，增加对落实思政教育、意识形态、五育并举的观察与评价，让业务活动与落实党建要求切实合一。这条推进线是解决路径问题。党组织在学科育人中发挥政治功能，如何落实呢？这里要充分发挥党支部书记的作用，按照文件规定，党支部书记由学科、部门主管或教研组长担任，其肩负双重责任，在制订工作计划时，可以通盘考虑，将思政教育、意识形态工作等融入日常教研活动中，老师们在备课、评课时，除了关注教学内容，也要把思政教育和意识形态等考虑在内，将这些专项工作转化为常想、常说、常挂在嘴边的常态化工作，让党组织的政治功能持续发力。

“驱动线”，是通过在支部建立党员先锋岗，进一步激励党员努力成长为业务骨干，发挥党员先锋模范作用，落实“让优秀成为习惯、让党员成为旗帜”的价值导向。这条驱动线是解决动力问题。党员发挥先锋模范作用是党员队伍建设的重要要求，但是，如何激励党员在专业发展中提升自我要求，持续发挥先锋模范作用？我们设计以支部党员先锋岗的形式，在党支部日常工作中，强调党员不仅在思想认识上要保持先进性，在业务发展中特别是提升教育质量的重点工作中，必须要具备先进性。目前，在集团市级教学骨干中，党员占比75%，64个教师专业发展共同体中，党员牵头人占比70%以上，近60%的党员带头参与集团内优质人员、资源、项目流动，党员带头响应集团内教育资源均衡发展，推动了集团教育改革不断走向深入。

【启示与反思】

一是组织体系建设是党组织领导的校长负责制有效运行的基础。

只有建立结构规范、能够充分发挥党组织领导作用的组织体系，才能切实保障党组织领导的校长负责制有效运行。我们不仅按照上级要求，明确党委领导地位、各级党组织应建必建、选择“双强型”干部担任党支部书记。同时，还积极探索创新，将支部建在学科组，学科主管领导或组长担任党支部书记，通过设计“三条线”，尽可能将党建与学科育人深度融合，使党对学校全面管理延伸到每一次学科教研、每一个课程研发、每一节课堂育人的转型，从而确保党的教育方针落地和立德树人根本任务的完成。

二是面线结合、覆盖所有个体点的思政工作成效显著。

党组织领导的校长负责制组织体系建设促进集团形成了面线结合、覆盖所有个体点的思政工作新局面，有效地提升了思政工作成效。

今年，在党委全面领导和统筹决策下，学校制定了党建工作清单，列出包括“学党史主题教育活动”“教育改革推进项目”“教育高质量发展系列研讨会”等在内的八项主要任务。其中，特别开展了百节献礼课、大中小思政一体化建设、《习近平新时代中国特色社会主义思想学生读本》进校园等活动，以建党百年为契机，加强思想政治教育，全体师生的思政意识和思政素质显著提升。现在，教师能够主动地、有意识地在教学中融入爱党爱国教育。例如，数学教师主动把中国传统数字符号“商码”和“中国速度”融入课堂教学，学生通过感受中国传统文化和中国制造的魅力，增强民族自豪感和认同感，涵养家国情怀。

今后，我们将继续推进“三条线”工作策略，促进其在全学科贯彻落实，形成党建与业务深度融合、互促发展的工作机制，以高质量党建引领高质量队伍建设，促进高质量教育发展。

创新机制打通育人壁垒

北京市第十一中学　崔楚民

【背景与目的】

深化基础教育改革，实行党组织领导的校长负责制，是现在和未来一段时间内基础教育领域学校治理改革的一项重要工作。实行党组织领导的校长负责制，是将由行政领导的学校发展转变为党组织领导的学校发展，从根本上加强党对学校一切工作的全面领导，落实立德树人根本任务，促进教育高质量发展。

2020年9月，北京市第十一中学被列为“中小学校党组织领导的校长负责制”市级改革试点校。学校以此次改革为治理结构品质的重大发展机遇，完善体制机制建设，重点开展内设党支部的建设实践研究，切实加强党对学校教育教学各项工作的全面领导，推进学校教育综合质量和队伍建设质量双提升。

【做法与成效】

推进新时代党的建设，最根本的是把基层党组织建设好，确保基层党组织发挥好战斗堡垒作用。对此，学校党委着重针对内设党支部的管理策略进行探索，通过改革促进党支部规范化建设，切实在学校办学质量提升方面发挥战斗堡垒作用，有效落实立德树人根本任务。

一、主要做法

（一）优化治理结构，提供组织制度保障

将支部建在“教书育人的第一线”。以年级为单位建立内设党支部，形成党政工共推年级工作的新格局。升级班级组导师制。原来是由班主任和不同任课教师共同组成班级管理的“班级组”，共同负责班级管理、学科教学、学生发展指导、社会实践、家校联系等方面的工作，将“教书”和“育人”从组织制度上融为一体。以此为基础，以班级组为单位设立党小组，由党员导师担任班级组组长，创新引入家长委员会党员代表，形成新的内设支部架构模式，围绕教育教学工作加强政治理论学习和教书育人实践研究，实践探索家校共育新路径，做实家校一体化育人实践，打通立德树人“最后一公里”。

（二）增强人员配置，促进组织有力传导

选拔“双强型”党员干部。原则上由党员级部主任或党员备课组长担任支部委员，由党员导师担任党小组组长，紧密结合一线实际工作，发挥职务优势，团结动员组内教师，切实履行推动改革发展的政治功能，做到支部工作与业务工作“同研究、同部署、同检查、同考核”。成立党委领导下的学校大思政课研究室，发挥思政课教师的主导功能，“大中小”长链条设计课程体系，直接指导学科备课，促进大思政课有效融入教育教学全过程。

（三）加强职责转变，发挥党员先锋引领

明确内设党支部工作职责。重点突出教育、引领党员教师带头承担班主任、导师工作，带头做好备课、上课、教研、科研工作，带头学习新课改理念，探索、优化教学模式，在质量提升上勇于攻坚克难。持续深化“双培养”工作，增强后备人才储备，突出对校内青年干部、教师的培养力度，重点做好思政课等业务骨干教师的发展工作，提升党组织对学校教育教学的业务领导力，让责任压实更有力度，开展工作更加实在，研究问题更加深入。

（四）强化机制落实，团结群众推动发展

党群携手共筑和谐校园。建立一名党员联系一名群众工作机制，关注学生和群众教师的思想动态，关心师生切身利益，了解实际需求，解决实际问题。内设党支部深入研究在教育质量提升中面临的突出问题、关键问题、核心问题。强化备课组规范化建设，提升课堂教学实效性；建立班主任工作室，提升班级建设水平；实施班级组导师制，促进学生健康发展；指导家长开展家庭会议，重建家庭良好秩序。

二、初步成效

（一）创新构建“1+3+N”大思政课程实践体系

围绕东城区教育高质量发展中心任务，结合学校“十四五”规划目标，学校党委创新构建“1+3+N”大思政课程实践体系。“1”就是一课，即大思政课。成立大思政研究室，采用合纵连横的实施模式，长链条设计课程体系，思政课教师直接指导学科备课，促进大思政课有效地融入教育教学全过程。“3”就是三会，即新型班会、家庭会议、班级组导师例会。以此建立党小组沟通机制，研究学生思想动向，研讨教育对策。党员导师群策群力，将新班会打造成学生成长的大思政课堂。党小组党员家长发挥作用，和导师共同指导家庭会议，实践家校共育新路径。“N”是指“一轴两线”的实践性思政课程。“一轴”即以社会主义核心价值观为统领的，按照时间节点开展的思政活动课程。“两线”即以培养学生行为规范为目标的习惯养成课程，以及提升学生综合素养为目标的社团类实践课程。

（二）党支部组织战斗力增强，推动学校高质量发展

在党组织领导的校长负责制试点下，内设党支部的人员配备、工作职责、运行机制、议事规则都做出了调整和完善，增强了组织政治功能，打通了组织工作路径，支部战斗堡垒作用和党员先锋模范作用更加明显。

比如，初三年级党支部坚持“围绕教学抓党建，抓好党建促教学”，组织支部党员认真学习新课改理念，积极探索大单元整体教学模式，主动承担市区级课堂展示活动。在教育研究方面，4个备课组在党员教师带动下主动参与课题申报，充分地发挥了党员示范作用，引领年级教师不断地提升业务水平和教学能力。

在今年的新型冠状病毒疫苗（简称：新冠疫苗）接种工作中，高三年级教师一次性全部接种。在接种工作开展之前，年级党支部采用各种方式推送新冠疫苗接种知识，强调党员的党性原则和组织纪律。新冠疫苗接种工作开始后，所有的党员教师热情参与，并且积极向身边的群众积极宣讲，有效保证支部和年级的新冠疫苗接种工作顺利开展。

【启示与反思】

一是要了解内设支部的工作痛点和难点，切实解决问题。

深入开展基层调研，切实解决改革推进中的实际问题，保障支部和党员在学校改革发展、教育教学质量提升、学生思想政治工作等方面的作用发挥。

二是要在支部职责和运行机制上体现试点改革的实效性。

加强对支部书记和委员的理论与实践培训，健全党组织发挥领导作用的组织体系、制度体系、工作运行机制，把党建优势转化为教育改革和创新发展优势，持续推进课堂教学改革、德育实践体系改革，实现高质量发展的优质教育。

三是要在支部人员配备上强化复合型干部、“双强型”人才培养。

党管干部是党的干部工作的基本原则。学校要强化内设支部的人员配置，吸纳优秀人才，提升干部教师队伍质量：构建后备人才梯队，加强师训干训，强化“双强型”“双培养”，保证改革和发展的干部人才供给，实现基层党组织与教育教学深度融合的美好愿景。

四是要强化内设支部及党员的科学评价。

以《党章》《中国共产党支部工作条例》为遵循，结合新时代党组织功能定位和党员标准，从加强党性教育、强化师德师风建设入手，严格把好党员干部、教师的入口关和考评关，完善师德评价机制，实现党员干部、教师的自我教育和自我激励，促进党建工作和教育教学工作的全面融合。

党建引领提升保教质量

北京市东城区光明幼儿园　周列军

【背景与目的】

2021年9月，北京市东城区光明幼儿园被列为“中小学校党组织领导的校长负责制”市级改革试点园，实行党组织领导的校长负责制，是从根本上加强党对幼儿园一切工作的全面领导，是以落实立德树人、为党育人、为国育才的总要求，进一步夯实党建工作，促进学前教育高质量提升。落实永远拥护党的领导，坚持以党的教育思想为指导方针，坚定“发展教育抓党建，抓好党建促教育”的工作思路，积极开展全园教职工的党建工作，全面提升保教质量，助力保教工作创新融合。

【做法与成效】

光明幼儿园在坚持党的正确办园方向的同时，始终学习践行中国教育家陈鹤琴先生“活教育”思想，把从小学做人、培养幼儿“做人、做中国人、做现代中国人”为教育核心，注重幼儿身心健康和良好习惯养成教育。幼儿园一园两址横跨东城、朝阳两个行政区，目前总分两园教职工137人，在册幼儿700余人，总共24个建制班级，正式党员18人，预备党员2人，党员领导干部总体年龄偏年轻，一线教师党员岗比重较大，业务干部有2名非党员，朝阳分园党员干部相对较少，今年面临党庆、园庆、半日改制、扩班招生、保育培训等工作，任务较重。为进一步解决幼儿入园难的问题，稳妥推进半日班向整日班改制工作，有效地完成扩班招生任务，依照年度工作筹划需再招聘保育员，因此分园人员结构相对复杂，管理机制、人员管理、思想管控领域面临多元化，加强思想引领，科学统筹工作尤为重要，提升保教质量面临着巨大的历史性挑战。

自被列为“中小学校党组织领导的校长负责制”市级改革试点园以来，我园党支部高度重视党建基础性工作，多次参与相关党建政策学习研讨，结合当前教育教学面临保教人员紧缺，党建引领阵地相对薄弱，依法治园制度规范管理有待完善等实际困难，经多次调查摸排人员结构编制配备、党员岗位作用发挥、群众意愿急需解决等困难问题，结合当前教育教学高质量发展启智赋能新需求，党组织领导的校长负责制示范试点园工作，支委会、行政会等形成一致决议进行行政干部微调整初步意向，为增强充实分园干部队伍管理力量，从政治涵养、业务娴熟、群众基础等多方面进行综合评估，经过多次与个别干部谈心谈话、集体沟通，多角度征求部门以及涉及干部的意见，充分发扬民主与集中制。尤其是落实决定前既要做到问题调查研究，又要做到个别情况充分酝酿的关键环节，最终支部一致形成决议将总园分管保教工作的一位老同志调配到分园，委任协作分园保教主任分管保育员思想教育引领，技能培训，绩效考核，主管分园资料室工作，同时还授权参与教育教学领域积极发挥自身艺术特长，为落实分园教育教学赋能增量。

将一位觉悟高、作风实、原则性强、工作经验又丰富的党员干部增加到分园保教队伍，既充实保教力量，又弥补保教阵营党员作用不足的问题，从党建宏观角度来看达到了党支部渗透辐射，战斗力坚不可摧的作用。将党员干部调到分园后与非党员业务干部共同进行教学管理，把牢政治方向、明确岗位职责，把党的领导落实到基层管理第一线，达到了预期的目的。在抓保教，促管理，见成效中，全面渗透党对教育教学的全方位的领导，不断夯实党建工作。横向上拓展党员先锋作用的发挥，纵向上发挥党支部信息沟通通畅，使党支部总体把控教育教学管理大局，不偏离政治方向、不背离教学宗旨；同时密切联系一线教职员工，做到在编、外聘全覆盖，政令畅通，准确领悟政策，有效发挥党支部领导作用。

【启示与反思】

一是要健全党建引领机制，管理高效有序。

幼儿园工作的科学高效统筹，离不开党建引领管理机制。我园紧紧围绕上级党建的要求和教学工作的需求，将党建工作与教育教学管理有机融合，积极研讨和创新管理机制，尤其是在党建示范推行过程中，极力打造积极向上的工作氛围。这次我们将优秀干部增派协助非党员干部主管保教工作，既是保证教学领域方向不偏离党组织引领，也是确保思想沟通畅通，掌控思想准确快速；既是一种党员先锋模范作用的带动，也是代表党组织表达对一线保育员的关爱与关注。事实证明，这一做法落实技能培训、常规检查、总结讲评制度，促使保教工作高速提高成效非常明显，队伍思想建设更为牢靠，团队工作热情更为高涨。

二是要发挥党员示范作用，争做育人先锋。

在新时代高质量发展的大背景下，幼儿园党支部紧紧围绕“立德树人”的根本任务，充分发挥党员干部的先锋模范作用，通过各种途径，极力营造“爱岗敬业，争做模范优秀教师”的创优氛围，为幼儿园打造一支政治过硬、师德高尚、业务精湛、能力一流的教师队伍。为发挥党员先锋模范作用，我园设置了“党员教师岗”，旨在激励每一位党员在平凡岗位上争优创先发挥表率。本着把骨干教师、优秀青年教师培养成党员，把党员教师培养成幼儿园管理骨干的“双培养”工作思路。在“童心杯”“京教杯”“童康杯”参赛中，多以党员、积极分子参赛，当中涌现出一大批政治素质高、业务能力强、工作作风实的先锋典型，充分发挥了模范示范引领作用，受到群众的高度认可与赞许。

三是要夯实党员队伍建设，强化启智润心。

为提升幼儿园党员队伍的业务素质和思想水平，党支部一直把学习教育与保教工作进行紧密结合。一是抓日常教育，强思想引领。严格落实“三会一课”制度，坚持每月结合当前工作开展一次“支部主题党日”活动；每月至少召开一次支委会和党小组会，每季度至少召开一次支部党员大会，坚持重大事项报告制度和民主评议党员制度。二是抓阵地建设，强党建氛围。园党支部建立党员、教职工，培训与学习为一体多功能党建室。在此基础上，还拓宽党员教育新领域，开辟“四史教育”专题板块，以园史教育为基础，提升办园“真爱”理念，倡导“三实”园风，进一步打造“红色”底蕴，以色彩鲜艳、图文并茂、思想深邃、内涵丰富的党建文化走廊，展现优秀党员风采和党建工作亮点，引导全体党员人人学党史、知党情、永远跟党走，争做合格党员。

党建引领全覆盖　扩班改建保民生

北京市东城区光明幼儿园　申玉荣

【背景与目的】

光明幼儿园朝阳分园是光明幼儿园在北京市学前教育第一期三年行动计划期间建成的一所公办园，于2012年9月正式开园，对缓解周边幼儿入园难起到了积极的作用，目前已经发展为14个教学班。幼儿园所处的弘善地区地处三区交界，人口密集而复杂，招生压力逐年增大。为缓解入园难，自2017年9月朝阳分园的小班改为半日制，以满足更多家庭的入园需求。经过近4年的实践，我们发现，开办半日班确实增加了入园率，但也存在诸多问题：如半日班不利于培养幼儿生活常规、孩子来园随意性大，出勤率低；更重要的是家长接送频繁、影响家长正常工作、幼儿不能获得完整教育，半日班幼儿家长也很无奈。

2020年9月，北京市东城区光明幼儿园被列为“党组织领导的校长负责制”市级改革试点园，通过学习我们深刻地认识到这一改革的核心就是从根本上加强党对学校（幼儿园）一切工作的全面领导，通过加强党建引领，保障党的领导全覆盖幼儿园方方面面的工作，从而更好地落实立德树人根本任务，提升两支队伍水平，促进保教高质量发展。党的十九届五中全会提出高质量发展，幼儿园就是要以人民为中心，为百姓提供更加优质的学前教育、满足家长对入托及办学质量的急迫需求，这是我们作为党建试点园义不容辞的责任。对此，我园党支部带领党员干部深入研判园情、区情、域情，在时间紧、任务重、人员少的情况下充分讨论、反复酝酿、集体决策，即从2021

年9月开始分园恢复小班整日班办学，并继续扩班，尽最大努力满足周边百姓的入托需求。

【做法与成效】

在集体决策后，重要的是落实。面对空前的招生压力、幼儿园教师的短缺、硬件环境的调整改造等一系列困难，我园党支部充分发挥战斗堡垒作用，带领党员干部、广大教职工开展以下工作。

一、凝心聚力，建机制列清单

首先，党支部发挥战斗堡垒作用，积极协调各方力量，凝心聚力抓好保障机制的建立。成立了以党支部书记、园长为组长，支委及行政班子为成员的领导小组。党支部以问题为导向，发挥党员干部在实地调研、解决实际问题中把方向、管大局、作决策、抓班子、带队伍、保落实的作用，建立推进工作的保障机制。

其次，根据园区实际，认真梳理出调整半日班、西区扩班工作任务中的硬件改造、急险抢修、玩具配备等清单，明确任务、责任到人、限时督办，以工作真落实为重点、以为民办实事为核心，力促此项工作在推进中前后勤、各部门之间的联动配合、相互服务。

二、争分夺秒，促推进保落实

为确保分园扩班准备工作如期完成，保证新学年开学，必须争分夺秒、抓紧落实相关工作。针对两大施工项目，党支部带领大家进一步细化工作环节、明确任务节点，严格按照相关工作流程，组织预算、申报、立项、遴选，其间党员干部充分发挥“一岗双责”积极作为，确保每个环节依规、按章、有序。目前，分园两大项目均在推进中，即将开工。在新班玩具配备、班级设施准备、人员的储备等方面也需抓紧落实。面对这些困难，支部牵头、行政落实、部门沟通，党员干部主动协调有关部门，立足安全、勤俭、实效、超前。目前，所有工作都在有序推进中。

三、因地制宜，除隐患创环境

光明分园已经运行9年，因环境复杂、楼体过长、使用多年存在一些安全隐患。目前，教学楼分为东西两个区域，西区周转园离开后暂无使用，因年久失修设备老化、楼顶漏雨，对此，党支部牵头带领相关党员干部深入现场调研，结合园区实际制定扩班所需改造班级。

本着节俭、安全、实用原则，因地制宜创设教育环境，丰富教育内容，尽最大努力满足新班幼儿的生活和学习。党员干部带领教师精心创设温馨、富有教育意义的环境，使园区室内及楼道环境大改观，更加安全、舒适、便于幼儿活动。

四、党群携手，共筑幼儿家园

在本次分园调整半日班、扩班的各项准备中，党员干部率先作为，同时积极调动广大教职工参与其中，形成党群携手共同为光明幼儿园倾心尽力的良好氛围。幼儿园形成积极向上、团结进取的工作氛围，大家心系光明，助力光明，共同为光明幼儿创设美好家园、乐园、花园、学园。

【启示与反思】

作为“党组织领导的校长负责制”市级试点园，在光明分园改制扩班、调整环境的过程中，我们再次深刻地感受到，加强并保证党对幼儿园工作的全面领导，厘清权责、明确职责、扎实落实试点工作“一岗双责”“交叉任职”，是不断推进各项工作有序开展，做到凝心聚力、携手共进的关键。以下几点为我们的感悟。

一是党建学习明确方向。进行党建试点工作过程中，面对复杂的幼儿园各项管理、具体工作的推进，要不断加强党建理论学习，按照试点工作的要求规范管理制度和运行规则，以保障各项工作的推进落实，这个过程也是明方向、作决策的关键。

二是先锋模范作用彰显力量。有了明确方向，关键还在落实。在各项工作中不能低估党员干部作用的发挥，党员不仅是群众身边的榜样，更是力量、是引领。领导干部、党员教师必须要冲在前、做在先，身先士卒主动作为，发挥党员先锋模范作用，方能彰显力量，方能带领大家保障工作的落地落实。

三是强化党的领导，为民排除万难。在推进试点工作的过程中，会遇到很多困难和挑战，党支部要有足够的心理准备，不仅要理论联系实际、加大调研、科学研判、精准决策，还要有攻坚克难的决心和信心，有科学的方法和策略，把党的领导贯穿办园实践的各方面、全过程，确保幼儿园高质量发展，办人民满意的学前教育。

今年是中国共产党建党百年，也是光明幼儿园建园60周年，党支部充分利用难得的历史节点，广泛动员加强引领，带领全体教职工积极做好园庆、建党百年各项工作，以优异成绩向建党百年献礼。相信经过我们的共同努力，光明幼儿园朝阳分园会更加温馨、美好，也会惠及更多的周边百姓的孩子、使他们享受到更好的优质学前教育。

党建引领思政建设　德育浸润生命底色

北京市东城区培智中心学校　肖晓萌　张倩

【背景与目的】

坚持以习近平新时代中国特色社会主义思想和习近平总书记关于教育的重要论述为指导，贯彻党的教育方针，落实立德树人根本任务。依托党组织（北京市东城区特殊教育学校培智中心学校党总支）领导的校长负责制试点工作，建立学校德育和思想政治工作领导小组，健全党组织领导、校长负责、群团组织参与、家庭社会联动的德育工作机制。以“融合育人”为办学特色，强化“培根铸魂启智润心”育人观，从目标实施、队伍建设、制度保障、评价导向几方面着手改革，为残障儿童未来融入社会打下思想政治、品德品行的坚实基础，坚持德育工作在改进中加强，在创新中提高，促进学生的全面成长和个性化发展，打造培智“融合”教育精品校，实现特殊教育教学高质量发展。

【做法与成效】

一、顶层设计：“1+1+2+3”的德育体系

学校加强顶层设计，构建“一个中心+一个德育目标+两条德育主线+三个德育途径”的德育体系，即“立德树人”为中心；“做‘三好’学生”即做家庭的好孩子、做学校的好学生、做社会的好公民为德育目标；培养良好行

为习惯，深入践行社会主义核心价值观为两条主线；三个途径分别是：营造一种浓郁的育人氛围，形成一个全员德育网络，建立一套德育激励评价体系。“1+1+2+3”的德育体系注重学校、家庭、社会三方联动，积极推行“人人皆是德育工作者”的教育理念；突显政治启蒙、习惯养成和价值观塑造的重要意义，贯穿学生成长过程；着重对学生劳动精神和实践能力培养，从课程内容、学段目标、特色活动、课程评价等方面不断完善，从而促进学生智慧、情感、健全人格的生成。

二、全面囊括：思政课程建设的“五注重”

一是注重全学科渗透。将德育内容细化落实到各学科课程的教学目标之中，通过思政课对学生进行公德教育、行为规范教育、法制教育等；生活语文学科通过挖掘教材中的思政内容，对学生进行思想政治教育；其他各科教师用好思政素材，让学生从不同的渠道受到良好的思想品德教育。

二是注重全过程渗透。学校管理要渗透思政教育，计划的制定要突出思政首位，计划的实施要体现思政的能动性。

三是注重全员渗透。学校的每位教职工树立育人意识，学校集体活动全员参与，发挥各职能部门及其育人的作用，让每个学生受到潜移默化的教育。

四是注重全面渗透。加强校园文化建设，创建无障碍信息办公系统；设立适合学生特点和知识基础的班内及校园内宣传栏；发挥广播宣传阵地作用，使思想品德教育延伸到学校的每个角落。

五是注重全活动渗透。采取“走出去、请进来”的方式，聘请校外辅导员到校举办革命传统讲座、法制讲座等。

三、分类施策：多措并举全方位育人

虽然培智学校的教育对象是在智力、行为和心理上有缺陷的孩子，但是他们依然享有和普通孩子同样的生命权、受教育权和成长权。抓好学生们的政治启蒙和价值观塑造是学校全员育人的重要使命，这就需要着眼不同程度学生的思想认知特点，分类施策。

（一）让星星火炬更灿烂：完善学校的团队建制

2020年12月3日，学校启动了“童心向党　争做新时代好少年”中国少年先锋队第一次代表大会暨校少工委成立仪式，成立了首届由教师、少先队员、家长代表组成的学校少工委机构，选举产生了学校的第一批少先队大队委员会干部。学校少工委对学生干部进行了“干中学、学中练”学习培训，在老师的辅助下，小干部们出旗、主持、提案等一系列工作完成得有模有样。学校团队建制的健全完善，让孩子们从此享有在少先队这所大学校里立志向、修品行、练本领的权利。在党组织带领下，学校下一步将筹备学生团支部的建设工作，使更多的残障学生在共青团的指引下快速成长。

（二）在知行合一中提升：思政教育渠道多元化

疫情防控期间，学校开展适合残障儿童的思政微课程，共11节，围绕《疫情告诉我们……》《心理战“疫”》主题，采用儿歌、图片、视频、故事等学生易于接受的素材贯穿始终，注重引导家长与学生进行亲子交流讨论，鼓励学生多种形式分享观课感想，在增进亲子感情的同时增强残障儿童思想政治教育的实效性，带动家校共同育人。

校园中的每一刻都是育人时间。春季开学后，学校用常规课、晨读、午间广播、升旗仪式等不同的时间段，面向学生进行17节“生命·担当·责任”思政课，通过开展情绪调节的心理小活动，讲述抗疫故事、认识国旗、学习防疫卫生等知识，帮助同学们调整心理状态，激发爱国情怀和行为，从而更快更好地投入校园生活。

校园中的每一处都是育人阵地。校园电视台、红领巾广播站、楼道橱窗、班级展板……在不同的阵地上学校进行新闻发布、红旗下讲话、带学生读故事、赏古诗、关注时事新闻、了解节日、少先队知识、法制、爱国等内容，帮学生了解相关知识，展示个人风采。

下一步德育思政工作小组将把道德法制课纳入培智学校“十四五”期间的课程构建中，强化德育熏陶，一方面为学生形成良好的道德品行奠定坚实基础，一方面基于德育与课程思政有着共同的理论基础和实践特性，这类课程的教师也将是思政课教师队伍的主力军。

（三）开启思政课堂互动新模式

教工团支部以“东城区红色文化地图”为抓手，采取线上、线下、校内、校外的互动学习模式，调动教师、家长、社会各方力量同时参与思政课堂，学生坐在教室里，就能与视频里身在北大红楼、五四纪念碑等地的老师共同探访五四运动路线，学党史、知党情、跟党走、践行动，厚植爱国情怀。

【启示与反思】

为每个智力障碍、精神残疾儿童提供最适合的教育是全体特教人的共同使命，学校党组织从加强和改进学生德育工作为切入点，坚持将立德树人融入思想道德教育、文化知识讲授、社会实践各个环节，推进学校德育的内涵式发展，做到思想政治工作一体化，在高质量育人平台上主动构建思政育人大格局。

第一，科学设计不同学段德育目标。各学段应通过分工协作，抓住残障学生思想特点，以“做‘三好’学生”（好孩子、好学生、好公民）为育生目标，形成层次贯通学段、目标合理的体系，发挥各自优势，实现学段目标与教育工作目标、学生培养目标的衔接性与贯通性，从而实现思政教育的有序、平稳衔接，产生教育合力，实现德育工作目标。确保每个学段既能“守好一段渠”，又能相互衔接，跑好接力赛。

第二，合理设计思政一体化教育内容。从党政领导、职能部门、课程教材体系、教师队伍体系、评价反馈体系、管理体系等构建一体化教育内容，通过科学运行保障机制，统筹好各种力量和资源实现育人目标。在班级各学科教学内容、学校德育活动等方面根据学生特点，将知识点、德育点融会贯通，分层施教，发挥每一个活动多种效应的作用，全方位落实思政一体化。

第三，德育的关键在“课堂”。在课程建设、课程教学组织实施、质量评价体系建立中，应注重有意识地将“知识传授、能力提升和价值引领”功能进行增强和发挥，因此，课堂教学的一个核心要义是“思政”。落实全员育人工作管理办法，强调所有教师都有育人职责，所有课程都有育人功能，进行课程资源的整理与收集，做到资源共享最大化，运用“网络＋技术”，便捷化听课方式，教研相通，鼓励不同学段的教师在科研团队中纵向交流，优化课程思政实践研究。

第四，组建德育教研团队，凝聚育人方向。建设一支具有多学科背景互相支撑、“育德意识”和“育德能力”较强的教师队伍，搭建“课程思政工作室”等平台，加强教师的多种培训培养，让教师对不同学段的教学理念、目标、内容、方式方法有比较透彻的了解，为确保所有课程“同向同行、协同育人”提供人才资源保障。

“遇见你真好”思政教育系列活动的探索

北京市第五中学教育集团

【背景与目的】

党史、国史是中国共产党领导中国人民实现中国梦的探索史、奋斗史、创业史和发展史。习近平总书记对青少年提出：“希望你们多了解中国革命、建设、改革的历史知识，多向英雄模范人物学习。”2021年是中国共产党建党100周年，这正是传承红色基因，强化学生和共青团员对党的认知和热爱，厚植五中学生家国情怀的重要教育契机。北京五中教育集团党委自成立以来，就将党史学习作为集团思政教育的“教材”，寻找“立德树人”的方向，找到“知行合一”的策略，培养德智体美劳全面发展的社会主义建设者和接班人。

【做法与成效】

北京五中教育集团党委首先组织了“北京五中思想政治教育现状”的问卷调查。调查发现，“上课”是开展学校思政教育的主要形式，师生对课程形式和方式表示关注，然而当前形式十分单一的思政课程似乎并没有达到师生的预期。经过研讨，集团党委将党史学习作为内容、将“创新思政教育思路和方法，要从关注情绪出发，从接纳兴趣开始”作为开展思政教育的策略，重新设计了思政课程和课程思政的研究方法。随之，“遇见你真好——庆祝建党百年，寻访伟大精神的系列活动”就在集团党委轻松的调研环境中诞生了。

为了深化教师对党史的认识，更好地发挥对学生的引领作用，集团党委组织思政教师和历史教师进行了党史专题学习，进行了集体备课，确定了系列活动的指导思想和实施方案，选择了沉浸式体验教育的活动方式，制作了系列学案。在这个过程中，形成了《永远跟党走——百年百事》教学资料集。

“遇见”的第一个红色主题确定为北大红楼和李大钊先生故居。在思政教师的带领下，学生党课学员、团员代表来到北大红楼和李大钊先生故居，同学们首先介绍了红色地标背后的历史故事，接下来同学们在中国第一代共产党员战斗过的地方感怀革命精神。学生党课学员表示，参观活动坚定了自己的信仰和追求，自己一定严格要求自己，积极向党组织靠拢。

之后，党员教师又先后带领学生参观了中国人民革命军事博物馆等红色地标建筑。在寒假中，学生还自发参观了焦庄户地道战遗址和香山革命纪念馆等革命建筑。这些真实的学习场景，让学生从不同角度感受到历史的细节，更深刻地感悟到革命精神和共产主义信仰的力量。现场访谈活动结束后，教师指导学生撰写文章、整理照片，将作品发表在《中国中学生报》上，和全国的中学生朋友分享了活动收获。

“遇见”的第一个红色英模是抗美援朝老战士、共产党员、北京五中91岁的离休教师祁友迪老先生。五中师生将一枚由中共中央、国务院、中央军委颁发的“中国人民志愿军抗美援朝出国作战70周年”纪念章，恭恭敬敬地交到祁友迪老先生手上。见到五中的师生代表，回忆起五中的岁月，祁老师感慨不已，他说：“五中的传统深远，教师之间团结互助，传承五中文化，学生优秀、勤奋，个个都是栋梁。”师生们深受感动，纷纷表示：爱国主义精神和不畏艰险的革命英雄主义精神一定能继续在五中气质中传承和弘扬，我们会共同铸就五中未来的辉煌！

通过“遇见你真好”庆祝建党百年主题班会，各班对系列活动进行了梳理和总结。在班会上，师生们“遇见”百年党史，“遇见”时代楷模共产党员，“遇见”在抗击新冠疫情中战斗在一线的党员父母。在2020—2021学年第二学期的开学典礼上，思政教师结合理论学习和实践体验，面向全校师生开讲党课，激励学生传承伟大精神，在实现中华民族伟大复兴的征程中绽放青春光彩。

【启示与反思】

“遇见你真好”迎接建党百年系列活动，是集团党委成立之后开展的第一个系统的学习活动，这个活动集合了党组织引领、思政和历史教师的专业融合、沉浸式体验学习等优势，在充分调研的基础上，抓住师生的兴趣点，提升了师生对党史的认识和理解，促进全员育人和课程思政的发展，凝聚了人心，更凝聚了“永远跟党走”的信念和力量。

一、以党组织为引领，促进思政课程与课程思政融合

以党史学习为内容的思政教育活动是在集团党委的直接领导下开展的，充分发挥了党组织的政治引领和组织保障作用，实现了从“寻觅”到“遇见”的学习过程，体现了从“浸润”到“凝聚”的教育效果。以党史教育为主线，思政和历史、语文等不同学科融合，多学科教师集体备课，PBL式的多元学习方式，提升了全体师生的政治觉悟和思政素养，为全员育人打下基础，也促进了各类课程在集团党委的领导下与思想政治理论课同向同行，形成协同效应，促进思政课程走向课程思政，共同完成立德树人、铸魂育人根本任务。

二、以建党百年为契机，抓住思政教育的重要历史节点

中国共产党历来重视对自身历史的总结和学习，并以此为动力不断地将党的事业推向前进。习近平总书记强调，要把学习贯彻党的创新理论作为思想武装的重中之重，其中就有“同学习党史、新中国史、改革开放史、社会主义发展史结合起来”的要求。北京五中教育集团在集团党委的引领下，以建党百年为契机，面向全校师生开展不同形式的党史学习教育，为师生提供更加坚定的信仰力量、丰富的理论滋养和前进的勇气信念。

三、以沉浸式体验学习为方式，让思政教育入脑入心

育人之本，在于立德铸魂。让理想信念价值观教育为新时代的学生所接受，达到内化于心、外化于行是思政教育的关键。“遇见你真好”系列活动，以“遇见”的方式创设了沉浸式体验学习的场景，通过可观、可感、可触摸的实物和细节，走进红色地标，走近英模人物，浸润和感染学生的心灵，提升了思想政治教育亲和力和针对性，满足学生成长发展需求和期待，收到了教育的实效。

“遇见你真好——庆祝建党百年，寻访伟大精神的系列活动”是在集团党委新成立的背景之下，认真落实习近平总书记对思政教育“因事而化、因时而进、因势而新”的要求，切实抓住师生的学习特点和学习需求而制订的“五中方案”。

学史崇德传承红色基因
文化建设推动党建创新

北京市育才学校　齐建军

【背景与目的】

习近平总书记在党的十九大报告中指出：“不断增强党的政治领导力、思想引领力、群众组织力、社会号召力，确保我们党永葆旺盛生命力和强大战斗力。”这“六个力”中，政治领导力居于首位，这是中国特色社会主义最本质的特征所决定的，是确保中国共产党始终成为中国特色社会主义事业坚强领导核心所必须具备的，这既是对坚持全面从严治党、建设伟大社会主义工程、加强党的领导的成功经验的科学总结，也是对各级党组织在新时代中担当新使命、提高党组织的政治领导力的新要求。

加强学校党组织的政治领导力是积极推进中小学校党组织领导的校长负责制的有效方法和途径。北京市育才学校通过积极传承自身红色基因，利用文化建设全面提升党建工作质量，以此达到提升党组织政治领导力的作用，收到了良好的工作效果。

【做法与成效】

北京市育才学校积极推进中小学校党组织领导的校长负责制试点工作，切实把党的政治领导能力建设落到实处，将传承红色基因作为学校党委发挥政治领导力的使命担当与重要责任。学校将育才红色基因的具体表现总结凝练为四个方面，即“爱党爱国、忧国忧民的教育情怀；传承延安精神，践行社会主义核心价值观的价值追求；贯彻党的教育方针，推进素质教育的办学方向；全心全意为人民服务的宗旨意识”。

习近平总书记在党的十九大报告中强调，“全党要更加自觉地增强道路自信、理论自信、制度自信、文化自信”。其中，文化自信是更基础、更广泛、更深厚的自信。红色文化是北京市育才学校的特色文化，学校把红色文化建设作为党建工作的出发点，潜移默化地将红色基因的种子厚植于每一个人的心中，增强育才人对于学校红色基因的文化自信，从而让红色基因代代相传并发扬光大。而这种文化的熏陶则以润物无声的方式将党组织的领导和影响渗透到学校方方面面的工作中，从而实现党对学校工作的全面领导。

一、学习延安精神，继承红色传统

北京市育才学校1937年创办于延安，是党中央亲手创办的第一所基础教育学校。全心全意为人民服务，自力更生、艰苦奋斗，默默无闻、勇挑重担的“骆驼精神”，这一系列延安精神的内涵也从学校建立之初一直延续到现在，深刻影响了一代代育才人。

学校建校80多年来，始终在党和国家领导人的关怀下成长。毛泽东、邓小平、江泽民三代领导人在不同历史时期分别为学校亲笔题词，激励了一代代育才人奋发图强，也一次次地将育才学校的红色基因——延安精神，厚植于育才人的心中。了解育才学校校史、学习延安精神、思考延安精神的现实启示，不断丰富发展育才学校的红色基因库，对我们坚定理想信念、保持优良作风、厚植与传承红色基因，有着重要的现实意义。继承红色传统，并将其与现代化教育理念相结合，逐步探索育才教育的发展之路，是今天育才学校最重要的工作目标之一。

二、梳理学校历史，厚植红色基因

整理红色校史，也是打造校园红色文化的一个重要举措。学校党委以校庆为契机，重新修建了校史馆，到校史馆参观学习是新生入学教育和新教师入职教育中的一个固定环节。同时，学校建成了数字化校史馆。学校党委还组织教师集体创作了反映育才学校发展历史和育人精神的《育才赋》，成为历届学生经常朗诵的篇目。此后，学校党委又组织书法老师将《育才赋》写成字帖作为写字课的教材，真正地做到了红色校史与学生学习相融合。

此外，育才学校党委还充分重视在活动中对师生强化红色基因。如学校党委抓住75周年、80周年校庆等大型活动的契机，以育才学校的红色传统为精神线索，归纳出育才人独有的红色气质，并以文艺演出的方式，体现了一代代育才人对党忠诚、矢志报国、奉献社会的追求和担当，全面展示育才学校“忧天下、启心智、扬优长”目标下的学生培养成果。在日常的班级墙报宣传、班校会、国旗下的讲话等活动中，设置不同的主题，提高学生的爱国意识，加强学生对红色文化的理解，增强学生对学校的红色文化自信。

三、打造红色课程，传承红色血脉

习近平总书记指出“培养什么样的人，为谁培养人，怎样培养人”是教育的根本问题。育才学校时刻不忘立德树人的根本任务，积极落实党组织抓德育的责任，成立了以党委书记为组长的德育工作领导小组，结合学校历史背景提出了“忧天下、启心智、扬优长”的学生培养目标。教育学生离不开课堂这个主阵地。育才学校以课程建设为落脚点，全力打造十二年学制下的红色课程体系，尝试将教育活动课程化，小学、初中、高中根据各学段学生的年龄特点，分别设定了不同层次梯度的课程目标、课程内容与课程实施计划、课程评价以及学习方式，教育引导学生不断传承育才的红色血脉。

小学红色课程通过连环画进校园、红色志愿者服务、国旗下系列讲话、少先队活动课、红色嘉年华、红色体验营等多种活动和实践，让学生们在亲身体验、实践、学习的过程中了解、感知红色精神。初中部通过相约星期三主题演讲、红色主题艺术展演、红色体验营、延安寻根课程，让学生在实践中对红色精神有了更立体化的理解。高中的红色课程经过多年的研究实践形成了两大系列：革命文化系列和传统文化系列，包括西柏坡、孙庄、延安寻根课程、文化系列课程（洛阳、山东）、红色诵读故事会、红色主题艺术节等多种形式。这些课程不仅是德育课程，更是结合语文、历史、艺术等多学科角度对学生进行全方位的培养与教育。

【启示与反思】

北京市育才学校从延安精神文化、学校历史文化、学生课程文化三个维度，全面推进学校红色文化建设，以文化建设为党建工作注入新的活力，并以此为契机积极推动中小学校党组织领导的校长负责制试点工作的深入推进。

反思和总结学校党委多年来的工作，我们深深感到一切工作的精神引领必须来源于学校自身厚重的历史和文化，来源于多年教育实践的总结和提炼，来源于所有育才师生共同的成长和经历。只有从深深根植于学校传统的土壤中提取思想文化的精华，才能产生凝聚人心的动力。育才学校建校80多年来，始终不忘初心，一直在继承和发扬着自身的红色传统，并将这种革命精神融入自身的教育教学实践，不断摸索着学校自身文化建设的新模式。

在学校长期的发展中，我们充分地认识到，不能再简单地依靠规章制度管理人，而是要靠学校文化引领人，以精神气质感染人。北京市育才学校通过对于自身红色文化的继承和发扬，在广大师生心中深深植入了一种红色意识和延安精神。这种意识和精神在师生当中形成一种强大的向心力和凝聚力，让大家能够紧密地团结在一起，将育才的红色基因一代一代不断地传承。特别是在今年中国共产党成立100周年的历史大背景下，北京市育才学校将党史教育和校史教育有机结合，又为学校的红色文化建设开展了新的积极有益的探索。学校党组织的领导力也在这种红色文化的影响下得到了充分提升，为中小学校党组织领导的校长负责制试点工作的进一步深入推进打下了良好的基础。

把干部工作当作重要的政治工作

北京小学　李明新

【背景与目的】

北京小学，与新中国一起诞生，与伟大首都同名。目前，北京小学包括本部与广外校区，学生近3000人，在编教工230名。其中，党员110名。2019年学校成立了中共北京小学委员会，下设7个党支部，落实“支部建在连上”，将支部建在年级上。率先成为党组织领导的校长负责制试点校，重点承担学校干部选拔任用管理策略的研究。

首先，中小学校党组织领导的校长负责制就是要体现党对学校工作的全面领导，因此，学校干部的选拔任用工作自然而然地要体现党对此项工作的领导，而且是领导中的重要内容。目前，学校从具体措施办法的角度对干部工作总结比较多，从策略的层面研究得少。

其次，我们发现学校干部在选拔任用上容易存在三方面问题：一是选人不严不准；二是程序不够规范；三是机制不够健全。这些问题并非全部是我校存在的问题，而是在研究中收集的问题。究其根源，在于党的建设被弱化，党组织的领导作用发挥不够，民主集中制的优势发挥不到位，在组织领导、政治把关、思想引领、全面考察、机制完善等方面需要进一步加强，以充分体现选拔干部的组织原则和工作原则。

本研究立足现实问题，提出经学校实践检验的有效干部工作策略。

【做法与成效】

目前由于副校级及以上的干部由区委教育工委选拔任用，我们的研究范围是学校中层干部。从存在的问题可见，干部选拔任用工作的组织性、原则性、制度性、纪律性都非常强。因此，我们强调政治统领，突出党的领导，坚持问题导向，运用系统思维改进干部选拔任用工作。实践中，要把党组织的领导落实到干部选拔任用工作的全过程、全方位。具体包括：

一、工作高标化

选拔任用干部不能随意化、行政化。比如在酝酿人选阶段，要发挥民主集中制的作用，把政治关，把人品关。把好选拔第一关——公开程序，民主推荐，充分沟通，反复酝酿；把好标准第一关——政治第一，重在觉悟，德才兼备，以德为先。考察不成熟的不上会，意见不集中的不定论。又比如，任用干部后，应该及时对干部进行组织谈话、工作培训，要及时立规矩，提要求，多提示，绝不能放到岗位，不闻不问，自生自灭。再比如，在使用干部过程中，发现问题，要发挥党组织的教育功能，通过专题培训、干部谈心、组织生活会、组织谈话等方式批评、教育、团结同志，让中层干部认识到批评教育实际是党组织对自己的关心与爱护。

我们明确地认识到，干部工作不是行政工作，而是重要的政治工作，是党组织工作的重要内容，是学校事业发展的重要组成。因此，学校选拔干部一是不能随意，党组织作为领导集体，要长远规划，顶层设计；二是防止简单行政化，不能以行政程序替代组织程序，必须讲党性、守规矩、从大局，按程序，用党的标准遴选干部，用党的要求使用干部，用党的纪律监督干部，用党的组织教育干部。党组织领导整个干部选拔工作，贯彻党管干部的工作原则，而不能以行政思维用校长办公会的决议替代党组织的工作。在这个过程中，每个重要环节都要充分发挥党组织的作用。

二、运行规范化

规范化要求选拔任用工作要制度化和程序化，否则无法变成可以操作的规范过程。党组织选拔任用干部工作的重要保障就是各项相关制度的建立，使得工作程序体现公开、公平、民主、严谨的特点。包括党组织会议制度、干部选拔任用制度、回避制度、议事制度、“三重一大”制度、干部考察制度、公示制度等。在这方面，我们各级党组织有比较成型的统一规定。关键在运行中，制度是否转化为所有相关同志的自觉行为。制度落实的到位与合义依赖于严格的程序化工作。在落实上，必须特别注意以下几点：一是党组织书记的示范作用，坚持按制度的要求主持会议、发表意见，末位发言规定是否坚持执行；二是党组织成员公心为上，充分、坦诚地发表意见，甚至思想交锋；三是民主集中，在少数服从多数上，以票决的方式决定干部选拔工作。因此，在干部选拔工作上，不是问党组织书记每一步怎么办，而是问制度要求怎么办。

三、监督全程化

干部选拔任用工作要自觉接受组织的监督与群众的监督。监督机制是党组织工作的重要机制。要以监督工作促选拔任用干部工作规范化。因此，一是主动接受监督；二是及时接受监督；三是全程接受监督。十部工作要按进程公开信息，通报推进的情况，征求各方意见，让广大教工共同监督，建立信任。在监督中，发现问题，要深入调查、核实，对同志负责，对组织负责。党组织要对监督反映的情况进行综合研判。

四、标准科学化

选拔标准的科学化就是指干部的素质标准要符合管理工作的需要，符合人民群众的期待，符合干部成长的规律。一是重视政治和品德标准。群众可以谅解一个干部能力不足，但是不会谅解这个干部政治觉悟与品德欠缺。因此，在为人处世上教工意见比较大的同志，不能列入选拔对象。其实，政治素质为首不只是组织的选人要求，也是广大人民群众的要求。因此，学校在制定中层干部选拔任用办法时，把是否为党员作为重要的政治条件，不是党员，不能选拔为中层副主任、不能做少先队大队辅导员。二是复合型人才标准。教育教学工作具有极强专业性，同时，教育教学管理工作又涉及人际交往、政策水平、法规意识等，所以用人标准要满足未来教育教学管理岗位的需要。要从重学历到重能力，要从单一素质型到复合素质型。三是身心素质标准。在学校管理工作中，教育教学管理工作是人——人系统，具有交往性、复杂性、协调性的特点，因此，身心健康、胸怀宽阔、具有挫折承受力是干部的重要标准。特别是干部要经受得住管理工作中的挫折与艰难，心理素质不好，心胸狭隘，没有克服困难的勇气，就难以完成复杂的管理工作。

五、机制创新化

干部在培养、选拔、使用中要不断创造新机制，以促使中层干部不断学习，不断锻炼，不断进取，不断完善。比如，在选拔任用干部上，我们坚持给干部一个成长的过程，思想的成长、政治的成长、能力的成长，都不可能一蹴而就，需要有一个逐步培养的过程。因此，我们在培养机制上有“三级跳”的机制。一是基层岗锻炼。把年级、班级、学科组的管理岗作为基层管理锻炼岗，以积累一定的管理经验。所以，在选拔中层条件中要求必须有三年以上的班主任工作或年级负责人、学科负责人管理工作经验。二是部门岗培养。在适度使用中锻炼，逐步入门。我们会把一些后备干部放在德育干事、教学干事、科研干事、外事干事、保卫干事、教育教学指导委员会等岗位上使用锻炼，让他们列席行政会、办公会，协助部门负责人实施管理，有利于建立政治意识、全局意识、管理意识，熟悉规则，开阔视野，为胜任中层干部岗位打下基础。三是主管岗完善。当一位同志选拔到中层干部岗位后，要有明确的主管范围，大胆使用，加强指导，但是，不要求全责备，要在使用中提升，作为领导，要有意识地指导他在完成岗位工作中完善自己，这种完善包括政治的、思想的、专业的、管理的各个方面。

六、筹谋战略化

干部的选拔任用要有战略眼光与战略思维，保持较高的学校管理水平，积蓄充足的中层后备力量，这是学校党组织的重要任务。党组织怎样做战略性筹划呢？一是每年都要以专门会议分析现状，全面把握干部培养面临的问题与自身优势。二是在校章与学校规划制定中明确干部队伍培养的目标与要求。三是适时向全体教工宣讲学校干部培养的方略与期待，进行干部发展引领：德才兼备，以德为先，公心为上，廉洁奉献。四是发现好苗子，精心培植，步步扎实。

【启示与反思】

干部工作是重要的政治工作，培养好学校发展的中坚力量责任重于泰山。试点实践带给我们的启示是：

理念导行。在探索党组织领导的校长负责制的背景下，我们必须进一步认识学校干部工作的重要意义。学校选拔的干部多为中层干部，中层干部在办学中不应该是中间人，而应该是中坚力量。在新时代中国基础教育办学实践中、在党的教育事业的具体推进中，这种中坚力量体现在三个方面：第一，干部应该成为学校贯彻党的教育方针，落实立德树人根本任务的首要力量。第二，干部应该成为办人民满意教育的排头兵。第三，干部应该成为党的政治工作的领头雁。因此，我们党组织给党员干部提出：日常工作看得出，关键时刻站得出，危急时刻豁得出。这就是鲜明的党员干部形象。

战略思维。党组织在选拔和任用干部工作中要突出强调战略思维。一方面，强调运筹帷幄，为干部队伍蓄力，创造干部队伍可持续发展的态势。另一方面，在具体工作中，既要大处着眼，给予高位引领，强调以德为先。又要小处着手，给予细微指导，注重管理能力。帮助一个干部始终沿着正确的方向，扎扎实实获得实质发展。

严把质量。坚持以科学的标准开展干部选拔任用工作，就要从实际出发，从规律出发来制定符合学校发展所导向的干部标准。这是学校党组织领导干部工作的时代要求。

使命担当。作为试点学校，开展干部选拔任用工作的研究，不仅仅是关乎自己学校发展的问题，也肩负着为更多学校管理体制建设提供经验的使命。我们从学校工作价值观的创建、“三有”党建文化的创建（有力、有为、有爱）和“政治第一，公心为上，正风正气，廉洁奉献”的干部文化三方面，抓住文化建设，为形成干部选拔任用的良性机制创设健康的学校文化氛围。

总之，干部工作是重要的政治工作。北京小学在这项工作的探索中既体现党的领导具有战略思维，也有战术思维，是一种基于新的学校领导体制下的选拔任用干部的系统思考，目的就是：把党和人民需要的干部选拔出来。

全面统筹　系统架构　精准施策

北京市第一五九中学　刘纳新

【背景与目的】

在习近平新时代中国特色社会主义思想的指导下，中共中央陆续对干部选拔任用提出了一系列新思想、新要求。2014年，中共中央组织部印发了《关于加强干部选拔任用工作监督的意见》，要求各地区各部门贯彻落实党要管党、从严治党方针，从而为干部选拔任用创造清正廉洁的环境。2019年，中共中央颁布了《党政领导干部选拔任用工作条例》，规定党管干部，突出政治规范、从严要求，为培养高素质的党政领导干部队伍提供了重要的制度保障。

学校经过探究与积累，加强宏观发展规划与指导，建立常态化机制，进一步规范干部选拔任用、教育培养和监督管理。在党组织领导下，干部选拔任用管理体制不断理顺、制度体系不断完善、工作机制不断优化。

【做法与成效】

一、建立机制、形成体系

在干部选拔任用管理中，学校坚持干部自我完善和组织培养的辩证统一，增强干部选拔任用管理体系的针对性和系统性，进一步优化拓宽干部成长路径。

工作中逐步形成了学校在干部人才队伍建设方面的工作机制与体系。其主要内容为：工作目标、工作路线、工作要素和工作保障。具体如下：

工作目标：促进学校干部人才队伍的发展壮大和学校的整体发展，形成两者双向促进共同发展的局面。

工作路线：储备、选拔、任用、管理。储备是基础。青年后备干部是干部选拔任用的源头，直接关系到干部资源的数量和质量。拓宽青年骨干遴选储备渠道，是促进干部成长的前提。在这个阶段，自下而上的发展需求与自上而下的顶层设计有机结合，加快后备干部的发展脚步。初步研究制定学校《后备干部选拔与管理的实施办法（草案）》，为青年后备干部的储备提供公开公平的制度办法。精准选拔是关键。初步制定实施学校《中层干部选拔任用与管理工作实施办法（草案）》，强调标准和流程，建立群众参与、集体民主决策、民主监督的民主机制。任用的合适与否决定影响力。任职条件要坚持习近平总书记提出的“信念坚定、为民服务、勤政务实、敢于担当、清正廉洁”的好干部标准。注重人岗相适，任用准确。有效实施轮岗交流制度。管理是干部履职的保障。建立严格的考评工作机制，科学设置评价指标、注重多维评价、合理运用考评结果。完善监督管理机制，强化干部监督制度建设，加强群众监督。

工作要素：标准、流程、制度、策略。首先，明确标准，突出政治素养，强调师德修养，看重实践经验和能力水平。其次，要严格流程，注重民主推荐。再次，要完善各层级制度体系，关注过程管理的考核，设置定性、定量分析指标，形成可对照、可检查的内容。最后，要创新策略，以解决实际问题为导向，创新具体举措。

工作保障：面向未来岗位培养和面向现任岗位培养的“双保障”。既包括个人自我培养，也包括组织的培养。在储备和选拔阶段，要精心培育，加强政治理论学习，强化能力培训提高，注重实践历练。在任用和管理的阶段，有效地提升干部的影响力和发展力，不仅要按照新时代好干部的具体标准，提出严格的自身要求，而且要有上传下达、左右协调、统筹兼顾的管理能力，还要深入细致地做好课堂教学、德育、科研等业务工作。

二、基于问题、创新策略

在储备阶段：我们发现青年后备资源不足，年轻人普遍存在缺乏基层管理工作磨炼、政治意识不强等问题。策略一：开设青年教师多元发展班，开展包括政治理论、师德师风、德育教学管理知识、业务特长展示、校园志愿者活动等培训。策略二：开展“骨干—党员双培养”项目，一是各支部加强对非党员骨干的政治思想引导，争取把骨干培养成党员，二是安排党员骨干教师到年级组长、教研组长岗位工作锻炼。策略三：针对相对成熟的入库青年后备干部，安排到管理岗位挂职，在干部岗位上历练。

在任用阶段：我们发现首聘干部虽然业务较强，但是管理经验不足。策略：实行工作项目负责制。党总支委会成员作为项目顾问，整体把关。复聘干部和提职干部作为项目负责人，整体协调安排某项工作。首聘干部作为项目中一个具体工作组负责人，负责一方面的组织管理。

在管理阶段：我们发现受干部职数、“出口”等影响，复聘干部持久工作动力不够。策略一：对干部提出制订三年发展规划和记录个人成长档案的要求，帮助干部主动规划目标。策略二：对干部提出每个聘期完成“三个一”的要求，即担任一次大型工作项目负责人、组织一次校内相关工作培训或展示活动、在校外同行间进行一次业务交流展示。策略三：学校搭建平台，引导干部从组织认可、群众认可、同行认可中提升价值、增强动力。

三、初具成效、影响深远

首先，学校党组织通过加强干部人才队伍建设的顶层设计以及参与推进干部人才队伍建设实施过程的全覆盖，确保党组织领导作用发挥。

其次，通过对干部人才队伍培养运行机制的研究探索，学校树立了明确的选人用人导向，基本形成了储备充足、政治性强、本领过硬、运行顺畅的干部人才队伍，为学校持续深化改革、高质量发展提供了人才支撑。

最后，通过以落实党组织领导为目标的制度的修订完善，强化制度观念，落实制度管人，让干部在组织制度下接受教育管理和监督。学校进一步树立组织威信，维护和增强集体权威，突出了学校党组织在干部人才工作中的集体领导作用。

【启示与反思】

“人才资源是第一资源”，学校党组织抓住人才第一资源，就掌握了学校发展的第一资源。习近平总书记针对干部成长的路径，提出了一靠自身努力，二靠组织培养。因此，学校党组织必须把干部培养的责任担起来，以组织培养为依托，坚持三个“相统一”，确保学校党组织对干部人才工作全面领导横到边，纵到底。

一是坚持“管干部”和“管人才”相统一，创新“骨干—党员双培养”机制。学校党组织不仅要坚持“党管干部”，还要扩大组织工作的领域，着力于“党管人才”，把优秀的教育人才聚集到学校党组织周围，聚焦到“为党育人，为国育才”使命和“立德树人”根本任务上来。需要进一步通过完善规划，优化环境、搭建平台、强化实践等，把“将党员培养成骨干，将骨干发展成党员”作为学校人才队伍建设的核心工作，并把此项工作做新、做实、做细。

二是坚持干部人才队伍宏观监控和微观管理相统一，科学合理调配干部。从人力资源科学的角度出发，提高站位，系统性、前瞻性考虑人才配置、队伍管理。学校党组织需要从年龄梯队、性别搭配、知识结构、经验经历等方面不断优化干部队伍配置，还要从班子、部门、个人分层级加强统筹管理。

三是坚持党员干部行政工作能力和党务工作水平相统一，推进党政交叉使用。党组织全面领导学校工作的定位和要求，明确了“教育家”和“政治家”的复合型干部培养目标。因此，学校党组织需要进一步突出选人、用人政治标准，加强干部党政工作的轮岗、交叉任职力度，加快促进党员干部党务工作经验和专业技能水平双提升。

党组织领导的立德树人落实机制

北京市西城区黄城根小学　麦峰　王莹　胡洁

【背景与目的】

黄城根小学是书记校长“一肩挑”学校，设有副书记1人，现有党员143人，学校党委落实把“支部建在连上”的精神，按年级划分成立了六个党支部，分布在四个校区，配有支部书记和支部委员以及党小组组长，大家团结务实，富有朝气。各支部间既有竞争，又有合作，创造性地开展工作，团结带领全体教师把立德树人放在首位，不断学习提高，实现为党育人，为国育才。

【做法与成效】

黄城根小学被西城区列为党组织领导的校长负责制试点学校以来，积极开展中小学校党组织领导的校长负责制的试点工作，坚持和加强党对学校的全面领导，健全体制机制，完善思路举措，将党的领导、党的建设贯穿办学治校、立德树人的全过程，挖掘学校历史和地域特点，建立党组织领导的校长负责制的立德树人落实机制，为推进新时代小学教育改革发展提供坚强的政治保障和组织保障。

一、深入学习，统一思想，增强党的领导作用

所谓机制，是指各要素的结构关系和运行方式。立德树人落实机制，是

引导和促进立德树人的内在机能及其运行方式。习近平总书记提出健全立德树人落实机制有其内在逻辑，我们通过党委会的集体学习，逐渐统一了思想认识，在思想意识层面实现了飞跃。

首先，立德树人是我们的初心。习近平总书记强调："培养社会发展所需要的人，说具体了，就是培养社会发展、知识积累、文化传承、国家存续、制度运行所要求的人。所以，古今中外，每个国家都是按照自己的政治要求来培养人的。我国社会主义教育就是要培养社会主义建设者和接班人。"党的十八大以来，习近平总书记高度重视立德树人，在各种场合多次论述立德树人。习近平总书记反复强调，"培养什么人，是教育的首要问题"，"坚持把立德树人作为根本任务"。不管什么时候，都要不忘立德树人的初心，牢记为党育人、为国育才使命。其次，立德树人要体现新时代党的教育方针。新时代贯彻党的教育方针，要坚持马克思主义指导地位，贯彻习近平新时代中国特色社会主义思想，坚持社会主义办学方向，落实立德树人根本任务，坚持教育为人民服务、为中国共产党治国理政服务、为巩固和发展中国特色社会主义制度服务、为改革开放和社会主义现代化建设服务。最后，立德树人要反映新时代人民群众的美好期盼。教育承载着万众家庭对美好生活的向往。人民群众期盼通过更好的教育，让孩子们成长得更好、工作得更好、生活得更好。因此，我们要紧扣"更好的教育"背后的本质，帮助孩子们坚定理想信念、厚植爱国主义情怀、加强品德修养、增长知识见识、培养奋斗精神、增强综合素质，让每个人获得发展自身、奉献社会、造福人民的能力，为创造美好生活提供重要保障。

基于上述的认识，党委挖掘学校百年历史和"皇城下，红墙旁"的地域特点，将培养学生的理想信念、家国情怀、品德修养，视为育人工作的逻辑起点，健全全员育人、全过程育人、全方位育人的机制，遵循思想政治工作规律和学生成长规律，不断增强党组织领导德育工作的价值引导力、思想感染力、文化凝聚力和精神推动力。

二、调研挖掘，构建体系，突出党的政治性和教育的系统性

（一）四条教育主线彰显文化传承——各年级党支部书记负责家国情怀的接力

学校历史主线：学校有荫泽学子的百年老槐树，有讲述着历史沧桑的汉白玉龙碑，有绘制于戊戌年的“今天是红领巾，明天当红旗手”的标语，有传唱不息的四代校歌……循着百年老校的历史足迹，我们带低年级学生唱校歌、带中年级学生学校史，带高年级学生在古老而又年轻的校园里感悟变迁。学习的过程是亲近传统文化的过程，是感受家国情怀的过程，是激发自豪感责任感的过程。

国学经典主线：学校党委带领教师编写了“国学教材”，低年级从“三字经”“弟子规”这些蒙学教材开始让学生了解中华传统文化；带中年级学生诵读经典诗词，召开诗词大会；带高年级学生读“论语”、读“古文观止”走入古人的精神世界，感受天人合一，感受对自然的向往和对祖国的热爱。

北京文化主线：这条主线里，学校党委带低年级学生从北京小吃入手感受北京的无比亲近；带中年级学生走进大北京，看国家飞速地发展；带高年级学生走进我们的“老邻居”在故宫、鲁迅博物馆、梅兰芳故居等，感悟名胜古迹里的传统经典，感悟仁人志士的爱国人生。

传统节日主线：节日是最具仪式感也是最好切入的教育时刻，我们带低年级学生包粽子、做月饼过那些“好吃的好玩的”传统节日，让学生在体验中喜爱自己的节日文化；带中年级的学生感悟清明节、重阳节里对祖先和长辈的尊重，逐步加深学生对传统节日里中华民族精神的体会；高年级学生会更加全方位地了解传统的节日，他们学习二十四节气的知识，在冬至、春节……中成为传统文化的体会者和传播者。

从以上四条主线入手，各年级的党支部书记带领学生熟悉、亲近身边的传统文化，让家国情怀、让文化自信在幼小的心灵里生成、扎根，期待着今后的开枝散叶。

（二）三个教育切角扎实理想信念——各支部党员身体力行完成社会主义核心价值观的培育

学校党委紧抓学生的理想信念教育，以支部为阵地，以爱国英雄、大事要闻、学生日常行为规范为切入点，突出的是暖暖的家国色彩和肩上沉甸甸的责任。

爱国英雄切角：我们所说的爱国英雄指为国家的兴亡、人民的利益而英勇奋斗、令人敬佩的人。低年级支部的党员带领学生看英雄的动画片，讲英雄的故事；中年级带学生了解英雄的事迹；高年级带学生循英雄足迹、访英雄故居。通过这些传承下来的小故事和真实发生在身边的事情，使学生感悟“家是最小国，国是千万家”。感悟社会主义的核心价值观，感受英雄的优秀品格，了解时代背景、了解党和国家的发展历程，不断增强学生以英雄为榜样，今天是红领巾，明天当红旗手的决心。

大事要事切角：学校党委紧扣时代脉搏，精选大事要事，一事一议，讲述历史背景，分析事件背后的原因，用“类比”的办法，找到与该事件可能相似的学生今后也许会遇到的挑战……并通过这样的分析进行爱国主义教育、民族团结教育、国家安全教育、法治教育、诚信教育。带领学生养成关心国家大事的习惯，懂得个人的命运和祖国的命运息息相关的道理，树立“国是我的国”的主人翁责任感。

行为规范切角：通过日常行为规范的落实，从低年级的单项评比到中年级的综合评比，再到高年级《黄城根小学学生手册》的全面执行，带领学生学规则、守规则，加深理解核心价值观的内涵，并将其逐步落实在行动当中。从低年级到高年级都有完整具体的行为规范准则和实施办法。

（三）两条教育途径同时发力锻造——党组织对教育教学的全面领导

1.党组织对立德树人课程体系的领导

课程是落实立德树人根本任务的重要载体。在人类知识共享时代到来的背景下，以人的德行成长统率培育学生核心素养才能提高人才水平，未来社会的人才是生产力、国家综合国力和竞争力的重要体现。

一体化课程体系的建立，将促进人的德行成长作为教育的首要任务，把培育学生核心素养作为实施路径和评价标准，高度明确了育人理念和目标，高效培育符合国家未来需求的人才，对提高国民整体道德文明和素养水平，提升国家综合实力，为实现中华民族的伟大复兴奠定基础。

一体化课程充分地考虑到立德树人这一根本任务，学生发展核心素养，并且将其贯通在课程体系的设计之中。具体而言，德育主要对应的是道德与公民性课程，呼应道德与公民素养；智育主要对应脑智发育课程，呼应脑智发育素养，尤其强调现代学习和教育要以脑科学、认知神经科学的研究为基础，让脑智素养的培育更符合大脑和智力发展的规律。体育主要对应健康与安全课程，呼应健康和安全素养。美育主要对应艺术和审美课程，呼应艺术素养和审美素养。劳动教育贯穿于所有的课程之中，强调通过综合实践活动的方式开展。

2.党组织对立德树人课外活动的领导

以学生的真实生活为脉络展开，实现全员、全方位、全过程育人。

全员育人：表现在以课程的形式展开，依据的是课程的逻辑、学生发展逻辑与立德树人、核心素养理念的统一，涉及课程各个要素之间的纵向衔接、横向沟通与整体优化。全体教师既是课程的实施者，也是实践育人的践行者。他们在不同的学科不同的岗位开展课程的同时，提高着学生的能力，培养着学生的道德品质。

全方位育人：表现在活动与实践内容紧密相连，各项活动都不限于校内的一时一事，而是与学生的真实生活紧密联系。在校内开展活动后，学校会将实践内容延伸到学生的家庭生活、社区生活中，让学生将提高的认知与家人分享，将习得的本领在家庭和社会中运用。

全过程育人：学校提出“在感动中收获，在责任中成长”的育人策略。任何一次活动，都注重学生的所感所获，注重和学生的情感呼应，注重责任感的培养和能力的提升，注重挖掘活动背后的教育意义，活动后带着学生反思总结。活动与实践的过程不是一次次热闹的好玩好看，而是一次次走心的旅程，让学生通过活动与实践感悟到家庭、学校、社会、国家对自己的关爱，感悟到自己身上的责任，并将之化为行动的力量。

【启示与反思】

通过党组织领导的校长负责制的研讨和实践，我们深刻地体会到它会使学校的决策更科学，运行更高效，监督保障更有力。通过党委的集体决策，能够使各书记各委员更快、更好地统一思想认识，在立德树人落实过程中做到管理目标统一，决策思想统一，工作部署统一，工作步调统一，使立德树人真正地落地而不只是一句空话，党委委员之间空前团结，工作目标空前一致，管理体制的集体领导优势凸显。今后我们还要进一步研究立德树人的支持保障体系，切实把党的思想政治组织优势转化为教育发展优势。

混合式教学模式创新

北京教育科学研究院通州区第一实验小学　张海兰

【背景与目的】

在市委教育工委、市教委、区委教育工委、区教委的坚强领导下，北京教科院通州区第一实验小学扎实开展党组织领导的校长负责制试点工作，学校在宏观规划、中观构建、微观落实的过程中，将党的领导、党的建设贯穿办学治校、立德树人全过程。在这个过程中，学校将党的领导和思想建设贯穿于教学体系之中，全面实现学校管理系统的未来化建构，从而打造出发现教育“群+”学科体系。

随着新课程改革的推行，对于教学的要求有了明显的提高。为了能够满足学生多元化的发展需求，必须要基于信息技术来构建线上线下的混合式教学模式的创新。小学语文课程教学采用线上、线下混合式教学，体现了信息技术与教育教学的深度融合，线上网络教学和线下课堂教学的深度融合、优势互补，达到了以学生为主体，以教师为主导，深入浅出地启发学生，提升学生的学习兴趣，以及课程的学习效率，以期获得更好的教学效果。

【做法与成效】

传统的教学课堂，大多采用黑板+多媒体的线下教学模式，多由教师主导完成全部的教学过程。课程内容通过课堂传递给学生。学生作为观众跟随教师完成整个教学活动，缺乏学习主动性。小学语文课程采用这种模式，在实施过程中暴露出很多问题。为满足疫情期间学生学习的需要，小学语文课程建立了线上学习课程。知识点的讲解视频、章节测试作业、课后的练习和课程的考试都迁移到网上。如果完全依靠网上学习，将难以掌握学生对知识点特别是重点知识点的掌握情况。因此，需要开展网络在线和传统课堂教学相融合的教学形态，把一部分教学内容转移至教学平台。这样就可以通过在线平台的学习来提高学生对课程的兴趣，还可以通过传统课堂了解学生的学习情况。这种混合式教学要求教师发挥更多的引导作用，要求学生提高学习的兴趣。这种教学方式的改变要在原有的学生学习和教师教学的基础上最大限度地让老师动起来，让学生活起来。

首先，在线上、线下相结合的教学中坚持启发性原则。在启发性原则的教学中，学生学习的积极性会得到激发。在线上、线下相结合的混合式语文教学过程中，运用启发性原则首先就需要教师更新传统的教学观念，转变传统的师生关系，将学生作为教学过程中的主体，将更多的学习权利交给学生，在调动学生学习自主性的同时提高学生学习的积极性和独立性，促进学生在教师的指导下获得启发。在线上、线下相结合的教学过程中，教师可以加强对多媒体技术的应用，在提高学生学习兴趣的同时保持学生学习动力。虽然语文教学中，学生可能会对教师所讲解的内容无法有效理解。但是在线上技术的帮助下，教师能够将课堂教学中的内容在教学技术的帮助下保留下来。这样也就实现了学生能够在课下随时随地自主学习这些内容，复习课堂上所学的知识。学生在这种主动学习和积极思维的方法下，能够实现对学习内容的深刻理解，掌握更多的语文知识。

其次，线上、线下考核方案的成绩分配。控制线上作业在整个线上线下考核成绩中的占比，这个比例尽量设计得合理一些，既不要增加学生学习专业课程的课外负担，又能够吸引学生积极参与线上作业的完成。所以线上作业最好按一定的周期进行发布，并让学生按规定的时间期限完成。要把握着教学的重点内容与线上考试的重点内容相一致，学生的作业内容与考试的内容大部分相一致。我们的目的不是考试，而是以考试为手段来促使学生掌握知识和提高能力。线上作业是线上线下混合式课程教育模式的重要表现形式，教师根据课堂内容将线上、线下作业相结合，丰富多彩的网络资源借助信息技术的应用，让学生变被动学习为主动学习，教师每周为学生设计各种不同形式的作业，在无拘无束的网络环境中，使每位学生都积极地参与到学习中来，体现自主开放的学习过程。

再次，加强线上线下的课堂管理。教师需要做好对学生学习的监管工作，随时查看学生学习情况，对学习进度明显落后的学生要及时督促提醒其按时完成学习任务，以免影响后一环节的线下学习。教师要及时回复学生提交的问题，鼓励学生大胆提问加强相互之间的交流，活跃线上教学氛围。

最后，及时批阅学生提交的作业，并根据线上学习情况确定线下课堂讨论主题和需重点讲授和指导的内容。学生根据教师提供的网络教学平台登录信息，登录并完善个人学习空间的资料。查看教师发布的学习通知和学习任务，自主学习相应课程，包括教师已推送的微视频、与此相对应的PPT、文本资料等，并在学习过程中随时记录学习问题和困惑，提交到学生群供教师和其他同学讨论和解答，为教师了解学生学习困惑，准备线下课堂活动提供素材。学生根据要求，完成相关的闯关练习和作业，自我检测学习情况。在这一阶段里，教师也可采用分小组学习的方式，布置一些专题任务，要求学生在课前进行小型调查或资料查阅，由小组成员合作完成。

在党组织领导的校长负责制试点工作开展以来，我们学校以学生为主体进行改革，在学生的生活世界中关注教育意义的建构，关注师生之间的对话与理解，开展“线上+线下”的混合教学模式的实践，分析特殊时期学生成长的关键点，并在发现教育已有学科体系的基础上，在线下教学中总结线上教学经验与获得，从而打造更加多维的系统化、特色化的学科体系。

【启示与反思】

在党组织领导的校长负责制试点工作开展以来，我们学校一直在实践创新的路上。在实践探索的过程中，我们学科教师开展了线上、线下混合式教学模式，收到了一定的成效，也存在一些不足。在教师们不断的反思中，得出以下几点启示：

首先，学生角色转变的不适应。线上、线下混合教学模式首先要求以学习者为中心，所有的教学设计都围绕学生来展开，需要学生具备自主学习和独立解决问题的能力。由于网上学习是教师主导而不是学生自发的，所以在教学中，学生长期处于被动学习的状态，已经习惯由教师手把手地教，自己只需要记忆就可以了，现在需要学生转变自己的角色，变成主动学习者，学生有各种不适应的反应。比如自主学习动力不强，自我约束性较差，导致线上学习效果不佳，进而导致线下实践无法完成。

其次，对教师要求的提高。首先，教师是设计者。从学习环境的设计到学习计划的设计再到实践项目的设计，都需要教师能够从一个设计者的角度去思考问题。其次，教师是管理者。不论是线上学习情况的监控和督促还是线下实践项目的管理，教师都需要从管理者的角度去督促学生完成学习计划和实践项目。最后，教师是指导者。在学生实践过程中，教师是引导者，也是负责帮助学生解决问题的指导者。由此可见，混合教学模式对教师的要求变得很高，需要教师不断学习，努力提升自我专业水平和管理水平。

最后，在这个过程中，教师们应多利用线上慕课加线下课堂进行混合式教学，同时也要实现课前、课中、课后无缝连接。而真正有效的混合应该是多层次混合式，即线上、线下的高度融合。如何实现线上课程与传统教学相结合，进而实现混合式教学模式多层次混合，是教师接下来应该努力的方向。作为教师，要勇于进行混合式教学，然后在此过程中慢慢提升，最后达到线上线下的高度融合，但是任何类型的教学方式，都离不开一个核心，那就是：教师水平、能力的提升，若缺少教师教学能力的提升，一切皆为空谈。

加强党性修养提升　建设教师信仰工程

北京教育科学研究院通州区第一实验小学　郭宝影

【背景与目的】

习近平总书记指出："我们的教育是为人民服务、为中国特色社会主义服务、为改革开放和社会主义现代化建设服务的，党和人民需要培养的是德智体美劳全面发展的社会主义建设者和接班人。好老师的理想信念应该以这一要求为基准。""传道者自己首先要明道、信道。""必须大兴学习之风，坚持学习、学习、再学习，实践、实践、再实践。"

为铸牢新时代中国特色社会主义的教育信仰，学校将党领导的校长负责制管理特色落实在教书育人的一线，在"大工程"观的视角下，弘扬尊师风尚，建构教师信仰工程，专门邀请专家走进学校，进行教师信仰专项培训，从而在潜移默化中加强教师团队思想意识与师德师风建设的长效化、制度化。

【做法与成效】

一、在学校师德师风建设中以教育情怀守护教育信仰

习近平总书记对教师提出"三个传播者""三个塑造者""四个引路人""四有好老师"等一系列具体要求，其核心就是明确教师职业道德的基本标准，坚守教师的教育信仰。崔卫平教授有句著名的话："你怎么样，中国便怎么样；你是什么，中国便是什么。"对于新时代伟大征程而言，教师是什么样，

中国教育便是什么样，新时代中国便是什么样。由此可见，作为教师就需自觉用“四个意识”导航，用“四个自信”强基，用“两个维护”铸魂，树立教育信仰。师者本身即教育，教师的首要成长应为职业道德的成长。

2020年9月，苏金良老师受邀走进学校，为全体教师做《老师好——天地国亲师》校本培训，以加强教师师德师风建设，提升教师综合素养。一方面，苏金良老师从剖解题目——天地国亲师的关系入手，提出“德不近佛者不可为师”“技不近仙者不可为师”“情不近亲者不可为师”等重要观点，指出疫情形势下，老师的地位和作用越发凸显，老师们要明白“为学日益，为道日损；为学日益，为教日工”。另一方面，苏金良老师通过《师说》《马说》《劝学》三篇古文，引导教师们怎样做一名优秀的教师，学习古人的智慧，真正做到有教无类、因材施教、终身学习和人人成才。同时依托《论语》《孟子》《学记》等篇章中的论述，引领教师学习教学相长、温故知新、学思结合、启发诱导、学不躐等、循序渐进等重要的教育思想。

在培训中，教师们进一步巩固了弘扬中华优秀传统文化的思想和立德树人的根本标准，更加深入地理解了“五育”并举的内涵，拓宽了“全学科”育人的外延。同时，让教师们感受了祖国文化的源远流长，明确了作为教师立足教育岗位弘扬祖国传统文化的责任之重，从而牢固了教师的教育信仰。

是的，教育是需要信仰的事业，它需要有教育信仰的教师，有教育信仰的教师，才能从他所从事的职业中，体验到人之为人的意义和价值，才能体验到人生最大的幸福；有教育信仰的教师才能专一而执着，他们才会为孩子们的成长和自己的人生理想实现，勇于克服一切困难，百折不挠，鞠躬尽瘁。这就是真正的师风师德，这就是真正的教育情怀，这就是真正的教育事业，这就是教育信仰！自党组织领导的校长负责制试点工作开展以来，学校党支部就是这样给教师提供学习的平台，让每一位教师一次次的学习提升，来加强教师的师德师风，以教育情怀守护教师信仰。

二、在党员教师党性教育中以学思行牢守教育信仰

尊重教育规律，担负党员教师队伍政治品德建设重任。教育规律千万条，立德树人第一条，政治品德又是“头条中的头条”，而这些更需要有强大的学习力，在学中思，在思中行！

自“大学习”的新热潮掀起以来，为进一步学懂弄通做实习近平总书记有关学习重要论述的精神，明确在党的领导下，如何坚守自己的教育信仰，更好地服务于学生、服务于教育、服务于社会，学校党支部邀请北京市学习习近平总书记关于学习的重要论述宣讲团主席、原北京师范大学教授、博士生导师周之良教授，宣讲《大兴学习之风——学习习近平总书记有关学习的重要论述》。

周之良教授从学习的意义、目的、原则和方法四个方面诠释了习近平总书记有关重要学习论述中的重要精神。周之良教授强调，学习要勤奋有恒、专攻博览、勤学善思、知行合一、勇于创新；要坚持学习中华优秀传统文化，反对历史虚无主义；要通过学习中华优秀传统文化引导青少年树立正确的历史观、民族观、国家观、文化观，增强做中国人的骨气和底气，避免出现“年级倒置”现象。同时，周之良教授强调把书读活的关键是思考，尤其在教育中，要注重启发性教育，引导学生发现问题、思考问题、分析问题，在不断启发中让学生通过思考和实践得出结论。周之良教授提出的学习与发展、学习与生活、学习与文化、学习与思维、学习与体验、学习与创新等问题引发了党员教师们深深的思考，并让教师们深刻感受到“见贤思齐、海纳百川”的学习精神，帮助党员教师在内心构建起“崇尚学习、改造学习、深化学习”的学习格局，并在学习型党支部的建设中深刻体会“学后能思，思后即行”的厚重内涵。党员教师们纷纷表示，将努力拓宽知识领域、思维视野和工作思路，以追求卓越的精神促进学习成果转化，推动工作高效落实，为实现伟大复兴的中国梦贡献自己的力量。在潜移默化的党性教育中，引领每一位党员教师以学思行牢守教育信仰，发挥好党员的先锋模范作用。

【启示与反思】

教育信仰是教师在职业实践中自身信仰与职业信仰的统一体，是教师在不断增强教育理解、深化教育情感、提升教育境界的基础上产生的信念升华，更是对自身所承担使命的最高要求。正确的教育信仰是教师在多元文化交融、多种思潮涌动、多样价值并存的社会境域下，坚守职业道德、永葆职业操守的保障。

活动虽然已经结束，但是留在教师们思想深处的是教育理想、教育信仰、教育己任，这样的教育信仰必将指导教师们为党育人、为国育人的教育行为。在今后的工作中，学校党支部还会继续加大对教师的教育力度，加强教师实践锻炼和系统培训，提升教师教育能力与研究能力，在教师年龄结构与成长结构的划分中，设置系列化培养工程。同时，辩证思考教师培养的普遍性与特殊性，探索党组织引领“大工程观”下的教师培养机制，增强教师的使命感与责任感，科学实现教师教育力与研究力的立体生长，正如党的十九大报告中强调的，加强师德师风建设，培养高素质教师队伍，让学校中每一位教师有过硬的教育信仰，有过硬的育人理念，完成好党和人民交给的教育事业，为新时代的建设打好基础。

响应党的号召　践行教育“群+”

北京教育科学研究院通州区第一实验小学　支立丽

【背景与目的】

习近平总书记在主持召开教育文化卫生体育领域专家代表座谈会并发表重要讲话中提到，“十四五时期，我们要从党和国家事业发展全局的高度，全面贯彻党的教育方针，坚持优先发展教育事业，坚守为党育人、为国育才，努力办好人民满意的教育，在加快推进教育现代化的新征程中培养担当民族复兴大任的时代新人”。此前，在第三十六个教师节到来之际，习近平总书记提出希望，“广大教师不忘立德树人初心，牢记为党育人、为国育才使命，积极探索新时代教育教学方法，不断提升教书育人本领，为培养德智体美劳全面发展的社会主义建设者和接班人做出新的更大贡献”。

在上述背景下，在市区委教育工委、市教委、区教委教育工委、区教委的坚实领导下，在党组织领导的校长负责制的落实过程中，在党支部书记、校长陈金香同志的带领下，在完善机制，加速学校体系建构中，制定了发现教师团队建设机制、发现学生成长管理机制，将党的领导和思想建设贯穿于学科体系、教学体系、管理体系之中，全面实现学校管理系统的未来化建构。

在打造发现教育“群+”学科体系中，以学生为主体进行改革，打破学科壁垒，实现学科联动，以学科群的视角塑造任务群式学习。作为学校党组织领导下的一名党员教师，我在自己的学科中积极践行着。在“数学学科群”实现认知方略与问题解决能力中，关注学生的生活世界中教育意义的建构，为打造更加多维的系统化、特色化学科体系努力着。

【做法与成效】

在疫情期间，响应“停课不停学”的号召，响应学校教育部署，开展线上教育教学。我在班级信息群推送以“用数学的眼光，看新冠病毒”为主题，可供学生自主选择的思维训练内容。其内容丰富，形式多样，贴近学生生活且操作性强，深得家长的支持，学生的喜爱。学生在家的自主学习生活丰富，有趣而有益！家长在家辅导轻松，愉悦而有效！

一、思维训练顺序——遵循学生的认知规律，层层深入

如“用数学的眼光，看新型冠状病毒肺炎（以下简称：新冠肺炎）——新冠病毒与质量问题”。从新冠肺炎中的抗疫救灾物资统计中，学到了：一是认识质量单位“千克”和“吨”；二是认识测量质量的工具——秤，尝试测量；三是找生活中的“千克”，感受“1千克”的质量；四是找生活中的“克”，感受“1克”的质量，尝试比较质量单位的不同；五是推送与质量相关的数学故事“重量单位”和“秤的发展史”。从当前疫情形势到现实生活，再回顾历史，提升感悟，知识的层层深入。这样的呈现方式，是知识的发展规律，也符合学生的认知规律。

二、思维训练设计——关注学生的兴趣爱好，推波助澜

如“用数学的眼光看新冠肺炎——新冠肺炎与数的认识”，我设计了让学生数米粒、数豆子环节，积累学生“数数”的经验。这是个动手操作的活动，学生非常喜欢，参与的积极性非常高！一石激起千层浪！数瓜子、数玉米、数绿豆、数黄豆，还有不嫌“麻烦”的数起了“米粒”！数出了1000粒大米粒！这还没有结束！有的学生竟然和爸爸打起赌，比赛谁能吃下用1000粒米煮成的米饭！结果出乎意料，1000粒米数着多，但是熟了的米饭却很少，根本不够1

个人吃！看来光会数数还不够！数学还要联系生活实际！最终，这次数数成为这对父女一次有意义的亲子陪伴活动。关注学生兴趣的活动，才是好的活动，才会有奇迹发生！

三、思维训练方式——激发学生的挑战欲望，环环紧扣

如“用数学的眼光看新冠肺炎——新冠肺炎与数的认识”，为了让练习变得有趣味性和可操作性，我设计了有趣的纸牌游戏。从纸牌中抽出两张，说出可以组成哪些两位数，说说谁大！从纸牌中抽出三张，说说可以组成哪些三位数，说说谁最大，谁最小。学生们喜欢这样的“玩中学”，没有家长的陪伴，学生也能自得其乐。玩的过程也是锻炼孩子读数、写数、比数的过程，环环紧扣。陪伴学生的家长，可以对游戏环节进行创新，将抽纸牌活动改成了一对一PK的亲子挑战活动！几个回合下来，也要分出个胜负！挑战激发了学生的潜在欲望。

四、思维训练评价——肯定学生的积极表现，助推前进

每天推送的思维训练内容，大部分学生都会自觉进行打卡，于家长而言是鼓励学生能有坚持下来的动力，于学生而言起着监督和督促他们高质量地完成学习内容的无形力量。对于上传的学生作品，教师首先做到的就是认真审阅，一一过目，然后经过审阅给出及时有针对性的评价，有问题的委婉表达并提出改进方案。能够按时完成并上交作品的学生本就很有学习自觉性，就值得表扬。能够按点进行分类，有条理作答，书写认真，誊写完整，想法独特等都是学生的加分项！家长们的感谢回应，学生们的持续性自觉打卡，都是对教师及时评价的最大回馈与奖励。肯定的评价，及时的反馈，是学生继续坚持的动力。

五、思维训练成果——收集学生的点滴成果，见证成长

学生们的成长弥足珍贵，作为教师和家长，都是孩子们成长的见证者，陪伴者。这次的疫情来得突然，也来得及时！一场疫情，利于孩子们良好习惯的培养，增进了孩子与父母的感情。好的教育不是一蹴而就，而是慢慢积累的过程。将学生们平时的一点一滴记录下来，制成每日相册，便于观看和收藏。它既是对学生之前学习效果的肯定，也是对今后能够坚持下去的鼓励！打开美篇，将每日的照片编辑成册，转发到班级群，家长和学生们的反响热烈！

【启示与反思】

贯彻落实“为党育人、为国育才”的精神 ，紧扣立德树人的根本任务，扎实推进各项工作、开展主题教育，是我们的责任与使命所在。在党组织领导的校长负责制的落实过程中，我们的教育更加关注师生之间的对话与理解，全面确立任务群式学习模式并创新任务群式学习单，结合疫情时期“线上+线下”的教学研讨，分析特殊时期学生成长的关键点，并在发现教育已有学科体系的基础上，生成《“疫”起见爱》学科素养创新体系，在线下教学中总结线上教学经验与获得，从而打造更加多维的系统化、特色化学科体系。

党坚持把优先发展教育事业作为推动党和国家各项事业发展的重要先手棋，使教育同党和国家事业发展要求相适应、同人民群众期待相契合、同我国综合国力和国际地位相匹配。教师是人类灵魂的工程师，是教书育人活动的主要承担和实践者。只有在教书育人过程中，教师较好地履行职责，追求理想，施展才华，实现存在价值，从而完成社会的重托。

在教育研究的路上，我们的责任任重而道远。立志培养一代又一代拥护中国共产党领导和我国社会主义制度、立志为中国特色社会主义奋斗终生的有用人才，我将不懈努力！

完善制度建设
保障党组织领导作用的发挥

北京教育科学研究院通州区第一实验小学　王子岩

【背景与目的】

为贯彻党对学校的全面领导，做好党组织领导的校长负责制试点工作，进一步探索我校党组织发挥领导作用的组织体系、制度体系、工作机制建设，把党组织在我校各项工作中发挥把方向、管大局、作决策、抓班子、带队伍、保落实的领导职责具体化；明确学校党组织加强政治建设、思想建设、组织建设、作风建设、纪律建设和制度建设的任务要求，特别是制度建设的改革、完善与落实，结合学校实际，完善制度建设，确保党组织的领导作用得到真正有效发挥，成为试点研究工作亟须解决的重要问题。

【做法与成效】

一、提高认识，夯实思想基础

学校党支部多次召开支委会，认真组织学习《北京市中小学校党组织领导的校长负责制试点工作方案》。通过认真学习和讨论，领导班子成员深刻认识到，学校实行党组织领导的校长负责制，符合我国国情，有利于加强党对教育的全面领导，有利于党的路线方针政策在我校的贯彻落实，有利于改善学校的领导方式、提高领导水平，有利于学校的改革、发展和稳定。党组织领导是通过对学校重大问题的决策来体现，校长负责是使用行政的方式与党组织的领导相得益彰。学校党支部制定了《党支部委员会议事规则》和《校长办公会议事规则》等一系列规章制度，规范了议事决策程序，对领导班子坚持民主集中制原则等方面做出明确规定。学校党支部始终以提高决策能力和管理水平为重点，学习科学理论，探索教育规律，集中精力议大事，一心一意谋发展。这些共同的认识为坚持和完善党组织领导的校长负责制夯实了坚实的思想基础。

二、坚持民主集中制，提供制度保证

（一）逐步完善各项制度，提升制度建设的质量

把制度建设出发点放在“两个维护”上，着力点放在“上下贯通”上，落脚点放在“务实管用”上，细化党支部委员会和校长办公会议事规则及议事清单，明确领导班子工作职责和岗位职责，制定领导班子成员及内设机构抓意识形态、德育和思想政治工作具体任务清单，初步形成《北京教育科学研究院通州区第一实验小学制度汇编》。

（二）“党团工群”逐层渗透，形成制度意识

党组织领导的校长负责制试点工作以来，学校充分发挥党员干部、教代会、教研组长、工会组长、校本组长优势，采取多方渗透、逐层渗透的方式，加强制度学习，提高认识，确保全体教职工养成尊崇制度、遵守制度、捍卫制度的良好意识，真正使制度成为硬约束。

（三）发挥党政“一肩挑”管理优势，保障制度落实

发挥党政“一肩挑”管理优势，优化现代学校制度框架下的组织设置，构建管理系统，建立“6+1”处室联动机制和打造包括决策系统、执行系统、监督系统、反馈系统在内的四个动力子系统。在“科学定位、合理分工、规

范管理、各负其责”的基础上，形成处室之间的互联互通，全面提高工作效率。

三、加强班子团结，营造和谐氛围

坚持和完善党组织领导的校长负责制，需要正确处理多方面的关系，主要是集体领导与个人分工负责的关系。在工作中，我们注重围绕加强沟通、增进信任，用事业凝聚人心，靠勤政树立正气等方面开展工作，有效地增进了班子的团结，营造了宽松和谐的氛围。

用沟通机制增进感情。班子内部坦诚相见，既能畅所欲言，充分发表意见，又能坚决贯彻党组织的集体决策，全身心投入到具体工作中，狠抓落实。既保证了决策的科学、民主和高效，又给整个领导班子营造一种和谐融洽的工作关系，形成了真诚合作、团结奋进的良好氛围。

用共同的事业凝聚人心。人心的聚散，最终取决于利益的同异。支委的每一个成员同其他人一样，也有不同的个人利益。然而，这种个人利益是不可能单独实现的。每个党员领导干部的个人利益，都必须也只能在学校的不断发展中得以最终实现。以实际行动投入到学校的建设和发展中，把学校建设好、发展好，比任何空洞的口号更加凝聚人心。因此，支委用实实在在的工作统一思想，鼓足干劲，形成人人思发展、谋发展、讲发展、比发展、促发展的良好氛围，使领导班子成员看到了希望，树立了信心，增强了领导班子的凝聚力和战斗力。

用严明的纪律约束言行。坚持和完善党组织领导的校长负责制，建立健全严格的约束机制，作风建设至关重要。为此，学校支委认真地制定了《关于加强和改进党的作风建设的意见》《关于党风廉政建设责任制的规定》等制度，党支部书记、校长带头执行各项制度，使支委的每个成员都能树立坚强的纪律观念，用严明的纪律规范约束自己的言行，切实做到了严于律己、恪尽职守、兢兢业业，以卓有成效的工作赢得了群众的信任，树立了领导班子的良好形象。

【启示与反思】

一是，思想领航，确保试点工作全面开展。

宏观规划中，我校以思想建设作为领航舵，引领广大干部教师以思想建设为引领提高认识，确保党组织的集体领导能够真正地深入人心，为党组织领导能够切实发挥作用打下坚实的思想基础。我们确立了“诠释党组织领导是通过对学校重大问题的决策来体现，校长负责是使用行政的方式与党组织的领导相得益彰”的工作原则。从宏观思维上保证了党的全面领导。

二是，制度保障，规范试点工作运行机制。

中观建构中，我们建立“6+1”处室联动机制，包括：决策系统、执行系统、监督系统、反馈系统在内的四个动力子系统。在党政“一肩挑”的背景下，修订校章、完善制度建设、确定了新的议事决策流程与规范，制定了党支部委员会议事决策清单和校长办公会议事清单。既提高了办事、议事、决策的规范性，又确保各项工作高效地开展，避免了重复会议、无用会议与界定不清的会议。未来我们将坚决秉持党组织领导原则，继续规范学校各项工作流程。

三是，全面育人，活动促试点工作实效。

微观落实中，在党组织领导下，在“发现党建”示范品牌的带动下，以新的体制机制变革为依托，营造了良好的育人环境和和谐的师生相处模式，以中国共产党成立100周年为契机，学校“六处一室”联动、“党团工少群”联动，开展了“学党史、强信念、跟党走”系列党史教育，组织了党史微党课、党史知识竞赛、专家讲座、党员活动手册评比、采访身边优秀党员、观看红色电影、制作红船、宣讲党史、学习雷锋精神、致敬英雄等特色活动。系列活动的开展让学校师生的思想得到了升华，在感受党组织凝聚力、战斗力与向心力的同时，进而转化成精神的鼓舞与榜样的熏陶。

在以后的工作中，我们将继续发挥“发现党建”示范品牌的引领作用，深入推进党组织领导的校长负责制试点工作，深化党史教育开展，以优异成绩庆祝中国共产党成立100周年。

构建组织体系　优化运行机制

通州区运河中学　代维

【背景与目的】

2020年9月，通州区运河中学（以下简称：运河中学）被选定为北京市中小学校党组织领导的校长负责制试点校。在上级党组织的领导下，运河中学坚持党组织对学校工作的全面领导，注重发挥党组织把方向、管大局、作决策、抓班子、带队伍、保落实的领导职责，积极有序推进党组织领导的校长负责制试点工作。

在试点工作推进过程中，我们面临诸多的问题与困惑，包括：书记、校长“一肩挑”，职责、界限易混淆；学校实行“一校两址”，两个校区位置距离较远，全体干部每周一起开会并不现实；校长办公会（行政会）与原来干部会的界定；西校区德育、教学副校长空缺，校长办公会存在人员不足的问题；教代会的职能定位如何界定等。

我们深刻认识到，党组织领导的校长负责制，重点在于“两体系一机制”建设，即组织体系、制度体系、工作机制。而我们面临的现实问题正是试点工作中的重点内容，直接关系到议事决策规则运行和各类会议的有效衔接。我们深入研究，反复研读试点工作文件，领会精神内涵，边实践，边探索，制定了一套符合我校实际情况的会议运行机制体系。

【做法与成效】

一、深入学习，厘清职责

通过不断学习，逐步厘清党组织委员会、校长办公会（行政会）、教代会的职能定位。党组织委员会是学校最高决策机构，按照民主集中制原则研究和决定学校重大问题，是对事情“干与不干”作出决定，负责决策。校长办公会（行政会）是学校教学、科研和行政管理工作的议事机构和党组织会决议的执行机构，是解决怎么干的问题，负责落实。教代会是民主监督和前置研究，涉及教职工切身利益的重大问题要进行审议和前置研究。如学校新一轮绩效工资改革的平稳实施，教代会起到十分重要的作用。

二、完善制度，细化清单

在试点工作中，学校加强制度建设，研究制定了学校各项规章制度，明确了党组织职责、书记职责、校长职责；明确党总支委员会职能和校长办公会（行政会）职能；制定党组织议事决策的重大事项清单、党组织书记和校长权责清单；明确各种会议的议事范围和具体任务清单，严格落实“集体领导，民主集中，个别酝酿，会议决定”的要求。进一步坚持在工作职能上分，在工作目标上合的原则。如事务性工作、常规性工作上分开来做。在涉及学校发展、执行上级要求、思政工作、师德建设、队伍建设、学生德育等方面共同来做。党是在政策、方针上把握指导，政是在具体操作执行上指导，工作关系上相互配合，最终目的都是促进学校发展、师生成长。

三、结合实际，明确机制

坚持科学决策、民主决策、依法决策，严格执行班子议事规则与决策程序。党总支委员会原则上每月召开2次。由书记召集并主持，副书记和总支委员参加，必要时邀请东校区执行校长和西校区政教主任、教务主任列席。校长办公会议（行政会）原则上每周召开1次。由校长召集并主持，校长、东校区执行校长、副校长、党政办主任、西校区政教主任和教务主任参加，也可视议题情况请副书记及相关处室负责人列席会议。根据“重要问题和重大事项”所涉及范围，重要行政、业务工作由校长办公会（行政会）讨论通过后，提交党总支会议研究决定。

结合运河中学“一校两址”办学情况，我们保持每周一召开中层以上干部会的传统，由校长和东校区执行校长分别主持召开，布置落实教育教学具体工作。对于内容涉及学习传达上级有关精神、通知通报有关情况、沟通征询有关事项、务虚研讨有关问题等，召开党总支委员会和校长办公会（行政会）联席会议。鉴于学校“一校两址”的现实情况，学校举行视频联席会，两个校区的党、政干部全部参与，实现会议效果的最大化。

四、规范议事，注重成效

进一步规范会议流程。会前，由党政办将会议研究的事项清单，提前送达与会人员，便于会中充分发表意见。会中，按“一事一议”的要求逐项讨论有关议题，班子成员逐个发言，实行书记、校长末位表态制，经讨论后采取口头、举手、投票等方式进行表决。重大事项决策实行票决制，防止个人或少数人说了算。表决事项时，以超过应到会人数的半数同意为通过。如原事项被否决，不能临时提出新方案要求表决。会后，书记、校长牵头负责抓全面落实，其他班子成员按照分工抓好组织实施。同时实行定期汇报制，相关负责领导要汇报上次会议事项的落实情况。对无故延期落实任务的，按有关规定予以追责。

五、事前沟通，民主协商

积极探索建立调研论证机制，加大决策前的调研沟通论证力度，提高决策的科学化水平和会议效率。进一步完善事前沟通制度，在党总支会议和校长办公会（行政会）上提交的议题，必须要进行事先沟通协调。领导班子成员要将议题的具体情况写成书面报告，与其他班子成员进行沟通，根据意见建议进行再次修改完善，取得一致意见后再提交，由党政办进行议题汇总，提高会议的实效性。

六、加强监督，压实责任

鉴于书记、校长“一肩挑”和“一校两址”办学的实际情况，做好日常监督工作。通过书记、校长及其他领导班子成员要定期向党组织报告执行党的决议、履行“一岗双责”及抓重大任务落实等情况；完善党务公开、校务公开制度；每学期开展领导班子成员述职；全体师生对领导班子和书记校长进行民主评议等，有效落实监督机制。

【启示与反思】

一是，要充分领会试点工作精神。

深入理解中央和市区教育工委关于加强党的全面领导的文件精神，把思想统一到中央精神和市委决策部署上来，认真研读试点工作相关文件，吃透要义，领会精神，抓住重点，统一思想，提高站位，全体干部、教师广泛凝聚共识，坚定改革信心。

二是，要进一步完善制度机制。

修改完善学校议事规则，厘清四个会议［党总支委员会、校长办公会（行政会）、教代会、干部会］的职能定位、议事范围 、责任清单，形成决策、执行、监督的双向循环机制。学校议事程序和规则更加规范化、科学化，构建起党组织会议决策研究、校长办公会（行政会）规范执行、干部会具体实施、教代会民主监督的“四位一体”协同运行体系。

三是，要内化组织铁律。

要树立规范、规矩意识，严格落实“两体系一机制”，使各项工作制度化、规范化、科学化，实现用制度管人、管事，让规范成为做人做事的标准。

四是，要紧密结合学校实际。

根据学校的具体情况，探索符合实际的管理模式、决策制度和运行机制，如我校“一校两址”办学和副校长空缺的实际情况，统筹安排各类会议成员，使试点工作顺利推进，成为促进学校发展的政治保障。

五是，要坚持改革创新。

充分发挥学校的积极性和主动性，在遵循试点工作精神的前提下，创新工作方式方法，体现学校特色，彰显学校品质，在共性中体现个性。

党支部建设与行政管理融合

北京市通州区永乐店中学　张鹏程

【背景与目的】

主要背景：学校在推行党组织领导的校长负责制之前，主要实行校长负责制，建立校务会和行政例会制度，校务会是学校最高决策机构，校务会成员主要是副校级以上干部、工会主席等，校长独立行使职权。党总支和各分支部一般只负责党务和党建相关工作，很少参与学校办学和行政管理。

我校是书记、校长“一肩挑”学校，但是在具体办学过程中，书记的角色发挥作用不明显，书记只在“三会一课”制度、党风廉政建设、思想政治工作和意识形态工作中行使职权，书记和校长的角色转换不够及时，权责不清晰，经常混淆。

党组织发挥作用不明显，学校更注重办学业绩和行政管理，管业务多，抓党的建设少。之前学校党总支以行政隶属或年级为单位设置了六个分支部。在开展活动时，以行政架构为基础的支部设置虽然能发挥简便有效的管理优势，但是党的工作经常与部门行政工作合并或混淆，一是不能发挥党组织的作用和党员的先锋模范作用，二是出现行政管理取代党建工作情况，三是出现党建与业务两张皮现象。各分支部书记选择配备时不够规范，有副校级干部，也有中层干部，虽然能分担或减轻部分工作量，但是分支部书记履行职责流于表面，有时只管行政和业务，甚至对党务和党建工作不熟悉、不了解，支部工作推进不够。

主要目的：

一是，落实党组织领导的校长负责制试点工作各项要求。

二是，重新设置支部，搭建新的管理架构，将党的领导和学校行政管理有机地结合起来，真正实现党组织对学校各项工作的全面领导。

【做法与成效】

一、全面学习，明确方向，实现思想融合

学校党总支第一时间认真学习领会市、区文件和相关会议精神，全体党总支委员坚持以习近平新时代中国特色社会主义思想为指引，深入研讨党组织领导的校长负责制主旨和实质，明确试点校任务，分工负责，责任到人，依据范本，细化清单，梳理组织架构，建立运行机制。通过不断学习解读上级文件，领会相关会议精神，我们深刻地认识到，如果要顺利开展党组织领导的校长负责制试点工作，首先必须弄清楚为什么要在学校实行党组织领导的校长负责制，明确了这一点，其他工作才能顺利开展。党的十八大以来，习近平总书记围绕“培养社会主义建设者和接班人”做出一系列重要论述，深刻地回答了“培养什么人、怎样培养人、为谁培养人”这一教育根本问题。2019年3月18日，习近平总书记在学校思想政治理论课教师座谈会上进一步强调，我们党致力于中华民族千秋伟业，必须培养一代又一代拥护中国共产党领导和我国社会主义制度、立志为中国特色社会主义事业奋斗终生的有用人才。这为中国特色社会主义教育事业发展指明了方向，为新时代中国教育的改革发展提供了根本遵循。所以，要顺利开展党组织领导的校长负责制试点工作，学校所有工作就要紧紧围绕党的领导这一核心和关键，明确了这一点，才能顺利开展和落实试点工作，才能顺利完成试点校任务。所有的改革和创新都必须围绕这个核心和关键进行。

二、调整设置，规范支部，实现组织融合

为加强党组织的领导，落实党组织对学校工作的全面领导，突出业务发展特点，加强横向的组织管理，由学校党总支书记牵头，以各支部重新设置为契机，将原来全校以年级和部门为单位划分的6个分支部，调整为以学科为基础的5个新支部，新支部打破部门行政约束，突出学科专业性，进一步完善支部工作机制，建立规范支部，抓住一线教师，体现“支部建在连上”的原则，落实党组织全面领导学校教育教学工作要求。

三、找准定位，交叉任职，实现人员融合

选拔党性强、懂教育、会管理、有威信、善于做思想政治工作的5名党总支委员同时也是各部门主管副校长，担任党支部书记。部门主管副校长既抓部门或年级的行政管理，同时又兼任各支部书记，抓党建各项工作，做到横纵相连，立体管理，一手抓行政管理和业务发展，一手抓组织建设和意识形态工作，组织建设和行政管理有效衔接。

四、明确职责，规范程序，实现过程融合

通过支部重新设置，使支部书记和主管副校长找准角色定位，明确权责和隶属，确保党的领导和行政管理融合发展。各支部负责贯彻落实上级党组织的决策或工作部署，党支部书记负责按照“三会一课”要求定期组织召开支部委员会、党员大会和党小组会，落实党总支各项决策，并负责将支部工作和部门工作向党总支委员会报告，负责检查落实学校党总支委员会的各项决策和工作部署。每周五召开党总支委员会会议时，各位党总支委员按照相关制度研究、讨论、决策、部署学校各项工作。其基本程序为：校长负责组织召开校长办公会（专题会议），或由各部门主管副校长暨各支部书记，前

期召开部门会议或支部委员会，将需要提交党总支委员会审议的相关工作和议题汇总后向党总支委员会会议报告。报告分为需要通报、协调的一般议题和需要研究、讨论的决策议题。根据部门设置和分工要求，每位党总支委员汇报工作的顺序为党支部工作、分管（部门）工作和年级工作。讨论决策时，打破部门和主管的界限，每位委员都可以充分发表意见和建议，党总支书记末位表态，最后由党总支书记提工作要求或思想教育、专题培训等。做到事前沟通，一事一议，集体领导，科学决策。

主要成效：在贯彻落实党组织决议和监督落实行政管理方面实现了统一，实现了党组织领导和各部门工作开展的无缝衔接，真正落实了党组织对学校各项工作的全面领导。

【启示与反思】

主要启示：

一是，党组织领导的校长负责制必须先梳理组织架构，明确议事规则，形成科学的运行机制。在明确组织架构和部门及人员职责的前提下，作为一肩挑学校可以采取“两个机构一套人马”的方式，党总支各位委员也是校长办公会的主要成员，同时兼任各支部书记和部门主管，使党总支委员既抓党建党务工作又主管业务或学校其他工作，一是使干部肩负双重责任，二是增加各项工作的执行力。确保党组织对学校各项工作的领导，从而顺利推进党组织领导的校长负责制实施。把党的领导和行政管理有机融合，避免“两张皮”现象。

二是，各支部在落实党总支决策的同时，结合学科特点和业务发展需求，不断完善党员发展制度和程序，健全把骨干教师培养成党员、把党员教师培养成骨干的“双培养”机制，重视发展思想政治教师、优秀青年教师和学科带头人入党。重点培养思想政治优秀教师入党，确保思想政治课课堂的正确政治方向。

主要思考：通过支部重新设置和组织架构的重新梳理，从体制机制上可以开辟教师队伍建设的新途径，有利于加强教师思想政治工作。

一是，党总支负责成立教师思想政治工作领导小组，把教师信仰工程纳入学校工作计划，建立常态化的教师政治理论学习制度，加强教师思想政治工作，让有信仰的人讲信仰，让优秀的人培养更优秀的人。

二是，党总支负责成立德育工作领导小组，各支部和各部门致力于培养德智体美劳全面发展的社会主义建设者和接班人。支部书记、主管副校长肩负着培养造就有理想信念、有道德情操、有扎实学识、有仁爱之心的四有好老师的职责。

三是，抓住党组织领导这个办学治校的核心和关键，引导广大教师做学生锤炼品格的引路人、学习知识的引路人、创新思维的引路人、奉献祖国的引路人。紧密围绕“培养什么人、如何培养人、为谁培养人”，把握学生德育工作的政治方向，落实立德树人根本任务，从而真正落实党组织对学校各项工作的全面领导。

党政以老带新　干部梯队培养

北京市史家小学通州分校　仵会平

【背景与目的】

北京市史家小学通州分校是通州区规模较大的优质资源校，学校社会影响力较大，家长关注度高，学生发展需求多样，所以办学质量和教育教学管理不容出现半点偏差，加之教职工和党员数量较多，管理难度大。近年来，学校为上级单位和兄弟学校输送了大批的优秀管理干部，而学校新的管理干部的选拔任用受到组织机构改革及编制限制未能及时补充，干部队伍建设影响了学校党组织建设和行政管理的有序运转。在试点工作全面实施与落实方面，人员和工作精力有限。从后备干部培养和学校传承发展角度看，还没有形成干部梯队，不能很好地促进干部专业化发展。目前，全区中小学管理干部紧缺，特别是能够胜任这样一所规模大、质量高、影响广的优质学校的党政正职干部极少，如果只依赖上级选派或者其他兄弟学校输送管理干部可能很难解决现实问题。

市委组织部副部长徐颖同志在中小学校党组织领导的校长负责制试点工作部署会上讲话时强调，要完善适应党组织领导的校长负责制实践要求的书记校长选任标准、工作机制与管埋办法，选优配强试点学校书记校长。研究新时代中小学校书记校长素质模型，优化干部成长路径，做好现职干部培训和后备干部培养工作。所以根据学校发展的实际需求，以问题为导向，立足于依靠学校内部力量解决学校自身发展的问题，抓住党组织领导的校长负责制试点学校这个契机，大胆实践书记、校长分设，以老带新，梯队培养，探索通州区小学管理发展和改革的全新道路。

【做法与成效】

一、确定配备方式，明确我校试点工作的方向和任务

依据市、区《试点工作实施方案》精神，同时借鉴其他区试点工作的典型经验，我们认为作为试点学校就是要为通州区全面实施党组织领导的校长负责制探索一条操作性强、实效性和针对性强，可以推广借鉴的全新道路。在党组织领导的校长负责制试点工作中，通州区大部分学校采取的是书记、校长“一肩挑”的配备方式，在实践中取得了显著的成绩。根据试点工作“一校一策”的原则，北京市史家小学通州分校实行书记、校长分设的配备方式，在试点工作中也取得了积极的成效，并积累了一定的经验，可以为其他兄弟学校提供参考或借鉴。

二、根据学校实际，按照政策具体实施

学校现任党总支书记多年从事学校管理工作，具有丰富的办学及管理经验，创立了适合史家小学通州分校发展的办学理念，并形成了科学的管理体系，学校的教育教学成绩及综合评价在通州区名列前茅。史家小学通州分校成了领导信任、家长放心、学生喜欢、社会满意的优质资源学校。但是党总支书记临近退休，站在学校可持续发展的角度，根据我校工作实际情况，经区委教育工委批准，学校采取书记、校长分设的配备方式，主要目的是培养和选拔青年后备干部，确保学校平稳、有序发展。有经验丰富的老书记、老校长的传帮带，可以促进年轻干部成长，可以使年轻干部更快地进入管理角色，可以使学校先进的办学理念得以传承和发展，进而促进学校的持续、健康、稳定、有序发展。

主要成效：依据市区《试点工作实施方案》，明确党总支委员会和校长办公会的职能定位及书记、校长的权责，明确党总支和校长办公会议事规则，充分发挥党组织把方向、管大局、作决策、抓班子、带队伍、保落实的领导作用。书记和校长做到事前沟通、事后总结、随时交流、分工协作，在保证党组织对学校各项工作全面领导的前提下，确保校长和校长办公会顺利完成职责。目前，学校党总支委员会和校长办公会权责清晰，执行顺畅。同时校长兼任党总支副书记，校长在行使职权时，首先明确作为党总支的副书记职责，充分依靠党组织，发挥组织力。执行或落实党组织的决策，是校长的首要任务，继而促进学校管理和教师素养提升，促进教育教学专业化发展。对于年轻校长来讲，在党组织的领导下实现校长的行政管理职权，可以确保校长的办学思路和方法不跑偏，从而落实“教育是国之大计，党之大计”的要求，真正办人民满意的教育。现任校长党性修养好，业务能力强，年轻有为，是组织的重点培养对象。党总支书记在多年的工作中积累了丰富的管理经验，并创立了适合史家小学通州分校发展的办学理念和校园文化底蕴，正好发挥传帮带作用，促进新校长的成长，真正做到学校的传承与发展。

【启示与反思】

一是，协调关系，分清全责。

与“一肩挑”模式不同，这种书记、校长分设，以老带新的配备方式具有独特的优势。老书记、新校长的配备方式能够发挥组织优势，使学校管理有传承、有创新，促进学校持续、健康、稳定、有序发展，更能确保学校的社会主义办学方向和党组织对学校各项工作的领导。只要协调好党总支委员会和校长办公会的关系，分清权责，党组织领导的校长负责制就能在学校顺利落实。

二是，以老带新，发挥优势。

以老带新的管理模式，最重要的是明确党组织全面领导学校各项工作这个关键，明确党总支书记是领导学校各项工作的第一责任人，校长是执行学校各项工作的第一责任人，分清权责和隶属关系，党总支书记必须履行对意识形态工作、思想政治工作和全面从严治党工作的职责，党组织要全面领导学校德育工作，确保全员落实立德树人根本任务，校长要全力执行和落实党总支的决策。书记和校长要相互配合，发挥以老带新的优势，领导好教师思想工作和专业发展，领导好群团组织和家校协同发展，确保史家小学通州分校的发展适应副中心教育发展的要求。

思考：根据市委教育工委副书记李奕同志《在中小学校党组织领导的校长负责制试点工作部署培训会上的讲话》精神，在提高对党组织领导的校长负责制试点工作认识和稳步推进试点工作方面，我校紧密围绕“稳”“准”“实”“效”四个字全面开展。通过不断学习领会试点校工作精神，班子成员、行政干部、支部书记正在逐步转变以前的想法和做法。在党组织领导的校长负责制试点之前，学校的党组织建设和行政业务管理有各自为政的现象，党建和业务不挂钩。现在通过试点工作运行，特别是书记、校长分设的配备方式，促使班子成员首先明确了党组织的领导地位，明确了党总支委员的身份意义和职责。在日常的管理中突出党对学校各项工作的全面领导和各行政部门落实党总支决策的执行力。这样不仅落实了试点工作要求，更重要的是客观上提高了党总支委员、支部书记的党性修养和执行力，从而带动全体党员和教师思想意识的提高，也推动了业务工作的发展。健全沟通机制，保障书记和校长及各方面工作顺畅。完善监督机制，保障各种决策实施顺利，制定责任清单，确保权责清晰。在试点工作运行模式基本形成后，学校于2021年1月开始，正式实施党组织领导的校长负责制，并取得了显著的成效。

优化决策讲民主　全面领导促发展

北京市通州区中山街小学　王晓慧

【背景与目的】

党的十九大报告明确指出，坚持党对一切工作的领导，完善坚持党的领导的体制机制，提高党把方向、谋大局、定政策、促改革的能力和定力，确保党始终总揽全局、协调各方。2018年，在全国教育大会上，习近平总书记强调：加强党对教育工作的全面领导，是办好教育的根本保证。2016年，北京市通州区中山街小学被北京市教委认定为百年学校，在百年的历程中，学校始终以优良的教育传统和教育业绩享誉通州。2020年，作为北京市中小学第一批党组织领导的校长负责制试点学校，在探索党政“一肩挑”体制机制过程中，我们发现因为支委会成员和行政班子成员大多交叉任职，虽然容易统一各方意见，但是存在议事决策时职责混淆、一头沉、一锅煮等亟待解决的问题。因此，探索党组织发挥领导作用的组织体系、制度体系、工作机制，构建职责明确、协调顺畅、运转高效、作用到位的新时代副中心学校治理体系，成为学校在试点工作中重点探索的内容。

【做法与成效】

依据党组织领导的校长负责制试点工作要求，按照“校长行政会研究、上报→支委会集体研究决策→校长行政会执行决议”的议事决策顺序，出现了会议过多、人员重叠、决策时间过长的问题。在梳理与思考议事决策范围和内容后，学校采取“1231”（一报、两沟通、三会、一决策）议事决策流程，落实党组织领导的校长负责制集体决策，充分体现民主集中。

一报：对涉及有关教育教学、人事、资金使用、基建工程等议题，按照《中山街小学党支部议事决策上报内容》，在每周五前上报到“中山街小学议事决策管理监督组”，由管理监督组根据议题内容初步审定并划分会议类别。

两沟通：根据所上报议题内容，管理监督组分别与支委班子、行政班子成员进行沟通，确定会议类别，准备会议材料，通知参会人员，做好会前准备。

三会：在原有的“支委会”“校长行政会”的基础上，增设“党政联席会”。依照会议的议事范围，对学校的重要事情进行决议。厘清议、决、执行流程，明确各方职责，提高工作效率。同时，详细记录会议过程，并将议事决策内容纳入“中山街小学议事决策清单”。

一决策：实行支委会集体决策制度，凡属学校重要问题和重大事项，须由集体讨论、作出决定，支委会成员签字背书。

配套制定《中山街小学党支部议事决策上报内容》《中山街小学议事上报表》《中山街小学议事决策清单》等议事决策工作表格。

主要成效：权责范围的明晰和议事决策的有效梳理，发挥了党支部把方向、管大局、作决策、抓班子、带队伍、保落实的领导职责。

成效一：科学高效

第一，突出了“一个核心”，即党组织领导学校全面工作，保障立德树人根本任务的有效落实。

第二，明晰了“两个范围”，即明晰了党政联席会的议事范围和参与人员范围，有效提高了决策质量和执行效率。

第三，做到了“三个及时”，即及时沟通、及时决策、及时落实，减少了环节间的内耗。

第四，落实了“四不准则”，即党政沟通不推诿，决策执行不越位，部门履职不错位，相互补台不缺位，使得目标统一、决策统一、部署统一、步调一致。

成效二：民主集中

第一，议事决策中坚持集体领导、集体决策，防止了个人决策的武断，增强了党组织的凝聚力、战斗力，发挥了党支部的战斗堡垒作用。

第二，提升了学校管理团队的领导力和执行力，凸显了集体领导的优势。

第三，议事决策的探索实践，进一步明晰党政管理路径，确保学校重大事项正确决策，确保教师所盼所忧成为党支部的所思所想。

成效三：有效监督

第一，清晰的议事决策流程为学校决策、执行、监督提供了有力的保障，规范了学校的管理模式和治理结构，形成闭环管理，规避管理风险。

第二，议事决策规范执行，强化了程序监督。党支部班子依规决策、行政班子依规执行，稳固了两支队伍建设，提升了学校管理能效。

【启示与反思】

党组织领导的校长负责制是对现行领导机制的改革与优化，也是补齐中小学校基层党组织建设短板的有效途径。在探索中，要提高站位、统一思想，要与时俱进、稳扎稳打，要善于发现问题、解决问题，要多方协调、及时调整，才能牵好学校管理改革的“牛鼻子”，解决管理的中梗阻，发挥党组织领导的校长负责制的体制优势，落实立德树人的根本任务。

面对这场自我革命，新的问题不断出现。在议事决策过程中，如何更好地发挥党员、教师的民主参与，需要我们做进一步探索。

探索党组织领导的全过程沟通运行机制

中国人民大学附属中学通州校区 徐良云

【背景与目的】

为深入贯彻党的十九大和十九届二中、三中、四中、五中、六中全会精神，认真落实全国、全市组织工作会议和教育大会部署，切实加强党组织对中小学校的全面领导，根据《北京市中小学校党组织领导的校长负责制试点工作方案》的要求，结合学校实际工作情况，学校逐步探索构建党组织领导的高效沟通制度。

中国人民大学附属中学通州校区隶属于通州区委教育工委和通州区教委，由属地与本部共同管理。书记、校长分设，人大附中本部校长担任我校校长和法定代表人。因实际工作需要，校长将处理日常行政事务的权力和责任授权于学校书记，书记同时担任常务副校长。在落实党组织领导的校长负责制工作中，探索构建全过程沟通运行机制是推动跨区域办学学校在属地与本部的共同领导下高质量发展的重点工作。

【做法与成效】

一、沟通主体

主要包括书记与校长的沟通、党政正职与副职的沟通、支委之间的沟通、领导班子成员中党内与党外同志的沟通等。

二、沟通内容

（一）中国人民大学附属中学本部管理经验借鉴沟通

人大附中具有多年办学经验，在人才培养、课程建设、教育教学等方面走在前沿，学校书记组织党总支委员决策前，充分借鉴本部先进经验，借助本部优势，促进我校发展。

（二）日常工作开展与重要信息经常沟通

班子成员之间经常相互通报分管工作，听取其他成员对自己分管工作的意见建议，及时掌握学校各方面信息和情况。党政领导每周召开1次通报会，听取班子成员工作情况汇报，为相关工作的开展提供指导和建议。

（三）重要问题与重要事项决策前充分沟通

凡属“三重一大”范畴的决策议题，在会议研究决策前，分管领导要根据研究议题的涉及事项，与业务相关领导进行充分沟通，认真听取其意见建议。涉及学校长远发展和与师生权益紧密相关的研究议题，分管领导要牵头召开相关业务部门讨论座谈会，充分听取各方意见建议。意见一致形成方案的议题，由校长办公会提出议案，书记和校长相互沟通后由总支会议研究决策。

（四）重大活动与紧急事项及时沟通

学校重大活动或遇紧急事项，由学校分管领导牵头成立相关工作协调小组，研究制订工作方案和相关工作预案，报请总支委员会和校务会审核同意后，组织实施。牵头领导要及时做好信息沟通、情况研判、协调落实等工作。

（五）重点工作及重要决策事项执行要协同推进

学校重点工作及重要决策事项，涉及两个以上学校领导协同完成的，应明确牵头领导，牵头领导要主动联系业务相关学校领导，并由其会同相关分管领导及业务负责人研究提出推进落实的具体方案，明细分工，把握重点、难点，适时碰头协调解决相关问题。领导班子成员按照“谁分管、谁主动沟通协调”的原则，通过个别交换意见、碰头会、专题工作讨论会等方式，自觉做到工作沟通及时化、经常化。如遇政策原因或当前难于解决的问题等因素影响工作推进，要及时向书记和党总支汇报沟通具体情况。

三、沟通形式

（一）重要议题党政正职会前沟通

为响应组织要求，厘清权责，学校在“双向进入，交叉任职”机制的基础上，积极探索“授权+协商”领导机制。对于重要议题，要加强党政正职的双向沟通，在党组织集体讨论“重大事项”并决策前，与校长进行协商沟通，征求意见，并由书记在支委会上陈述、讨论校长意见，党总支在此调研的基础上进行集体决策，提高决策的科学化水平和工作的进一步推进落实。

协商事项：“三重一大”事项。

协商规则：书记在校内沟通的基础上，充分听取校长意见，借鉴校长领导本部的实践经验。

（二）党政领导班子联席务虚会

党政领导班子务虚会原则上每月召开 1~2 次。班子成员围绕学校年度重点工作、阶段重要工作和各自分管工作等交流思想、互通情况，集体研究重要事项，解决工作难题，积极主动为学校事业发展出谋划策，营造团结共事的和谐氛围。

（三）党总支委员会议和校长办公会议前的沟通

党总支书记、副书记与总支委员碰头沟通，原则上每月 1~2 次，也可根据实际工作需要适时召开。要提前沟通讨论酝酿重要议题，并对学期重要工作进行谋划，对突发事件进行讨论、处理等。校务会前，校长和有关领导班子成员要个别酝酿、充分沟通。

（四）党政主要领导定期谈心

党政正职要从带好班子、促进发展的大局出发，认真贯彻执行民主集中制，强化沟通协调意识，自觉带头做好沟通协调工作。

第一，总支书记和校长要定期开展正式谈心，建立常规沟通机制。互相提出意见和建议，广泛而深入地交换意见，相互理解、相互支持，求同存异、达成共识，促进党政工作协调有序开展。正式谈心记录台账，每个学期不少于1次。

第二，党政主要领导分别与班子成员谈心。校党总支书记、校长要定期同领导班子成员谈心，主动关心班子成员的思想、工作和生活情况，凝聚共识、增进团结。除日常的工作交流外，党政正职每年要和班子成员谈心交心1次以上。

第三，班子成员之间开展经常性谈心交心。结合思想、工作、作风、学习等，班子成员之间开展经常性谈心交心活动，达到互相理解、凝聚共识、增进团结、促进工作的目的。班子成员之间相互谈心交心每学期不少于1次。

（五）开展党政联席日常工作汇报机制

党政联席汇报工作，总支委员会听取校务会领导成员汇报工作进展，了解工作推进情况、推进困难，群策群力，推动决策顺利实施。

（六）紧急事项及时沟通

遇到紧急事项或突发事件，分管领导须及时向党政正职汇报并告知相关领导，负责提出应急处理意见并根据相关工作要求，进行妥善处置。

【启示与反思】

一是，落实党组织领导的校长负责制，要坚持民主集中制原则。学校党总支按照“集体领导、民主集中、个别酝酿、会议决定”的原则，认真贯彻落实全过程民主。

二是，民主是集中的前提，高效的民主离不开全过程的沟通机制。党政主要领导要加强日常的交流与沟通，确保领导班子思想统一。党总支主要领导要多听、多想、多调研。通过各级领导沟通听取其他领导的意见，交换思路，达成共识。

三是，落实党组织领导的校长负责制，完善学校党总支统一领导、党政分工合作、协调运行的工作机制。

下一步，我校党总支将继续认真探索沟通机制体制的建立，理顺工作流程与步骤，厘清沟通内容与沟通形式之间的关系，推动中小学校党组织领导的校长负责制的全面落实。

“充分协商+广泛授权”促党政协作

北京市第二中学通州校区　王凤明

【背景与目的】

自北京市实行跨区域办学以来，无论是早期的名校办分校、城乡一体化还是后来的集团化办学等，在学校隶属、人员组成、学生培养、运行模式等方面都或多或少存在一定差异。随着全面依法治国的深入实施和教育形势的不断变化，尤其是在中小学校推行党组织领导的校长负责制工作，对跨区域办学提出了鲜明导向和更高要求。

北京市第二中学通州校区整体上受通州区教委管辖，同时又是北京二中教育集团成员校之一。目前，有中层以上干部15人，其中校级干部6人。校长由通州区教委任命，但其人事关系和党组织关系都在东城区教委；书记（同时兼任副校长、法定代表人）由通州区教委任命，其人事关系和党组织关系都在通州区教委，其他干部也一样。由于校长同时还兼任北京二中教育集团理事长和另外几个校区（分校）校长职务，所以平时都是在几个校区间往返开展工作，不能保证常驻通州校区。这就造成校长本人因党组织关系不在通州而无法参加学校党支部会议决策过程，同时受距离和精力所限也无法保证每周正常到校主持召开行政例会等日常工作，履行校长负责制受到一定局限。实际上，近几年来通州校区的日常工作都是在书记和校长间保持充分沟通的基础上，由书记（兼副校长）主持开展的，校长除对学校重大工作进行宏观指导外，多数情况下是积极协调集团资源来助推学校发展。

在推行党组织领导的校长负责制过程中，我们遇到的一个突出问题，就是如何保证校长办公会等工作机制的正常运转，让党组织领导的校长负责制得到充分体现和有效实施。

【做法与成效】

一、提高站位，做好与上级部门的请示汇报，整合资源优势

作为跨区域办学的学校，校长和书记做好区域代言人，协调好输入区和输出区之间的关系，是各项工作顺畅、区域资源优势整合，实现效益最大化的保障和前提。书记和校长必须带头提高政治站位，严守组织纪律，严格工作程序，对涉及跨区域办学调整、学校招生体制改革等重大问题，由书记、校长分别向各自所在区教委请示汇报并取得上级批准同意后方可实施，必要时还要走内部民主集中程序，真正做到党组织领导的校长负责制全面推进并扎实有效。

二、充分协商，书记与校长间建立良好沟通协商机制

书记、校长如何有效沟通协商是书记、校长分设且来自不同区域的跨区域办学学校面临的共性问题。我校自2006年建校以来，学校主要领导虽然经历了三次调整，但历任书记和校长间都建立了良好的合作共事关系。鉴于学校书记、校长来自不同区域这种特殊情况，经过磨合，书记与校长间逐渐形成了良好沟通协商机制，即一般工作随时沟通并勤于沟通，重要工作必须沟通且提前沟通，在达成共识后再上校长办公会研究审议，并由党支部按照民主集中制原则集体讨论决策。重要工作主要包括（但不仅限于）以下内容：学校办学方向与办学定位调整、发展规划制订、年度计划制订、中层及以上干部任免、重大基建项目实施、重要教育教学改革举措、重大活动组织等。在沟通协商方式方面，注重发挥现代信息技术手段的作用，发挥工作群共研共享的功能来保障所有信息畅通互通，运用视频会议的方式，邀请校长列席

党组织会议，参加校长办公会，加强校长与党组织委员和校长办公会成员间的互动，实现沟通更加及时、精准、翔实和有效。

三、广泛授权，校长授权书记代为行使校长部分职权

在不违背组织原则和相关规章制度的前提下，为确保学校行政工作正常运行，在校长不能亲自主持学校工作期间，校长可以授权书记代为行使校长部分职权。主要包括：

第一，在党组织会上代为转达校长意见；

第二，主持召开学校校长办公会；

第三，对学校日常事务拥有最终决策权；

第四，对学校中层及以上干部任命拥有提名权；

第五，代为行使校长签字权；

第六，其他根据工作需要临时授权事项。

四、互信互依，书记和校长共同担当作为

书记和校长是学校落实党组织领导与行政管理的关键，虽然职责分工不同，但对引领学校健康稳定可持续发展起着关键性甚至决定性作用。无论是充分协商还是广泛授权，都需要书记和校长在工作中相互理解尊重，多换位思考，彼此间多帮助扶持，做到顾大局，讲格局，重团结，讲奉献，尤其是在工作得失、荣誉利益等方面，能够发扬风格，敢于负责，共同担当作为。只有书记和校长在工作中拧成一股绳，心往一处想，劲往一处使，才能为学校这艘航船平稳行驶提供灯塔或压舱石。

正是建立这种“充分协商+广泛授权”机制，使得书记、校长在学校重大问题决策上始终保持有效沟通、密切配合、高度一致，既有利于学校校长办公会正常运转和党组织及时决策，确保学校各项工作有条不紊推进，也有

利于班子团结合作，形成人人想干事、能干事、干成事的工作局面。

【启示与反思】

启示之一：对于书记、校长来自不同区域的学校，可以通过“协商+授权”的方式来破解距离远、无法现场指挥、精力不够等实际困难，基本达到党政“一肩挑”的领导效果，保证了学校的正常运转。

启示之二：采取这种“协商+授权”的方式，在书记或校长一方因外出进修或学习等原因而较长时间不能在单位主持工作的情况下，无疑提供了一种行之有效的解决途径。同时，这种因“授权”造成书记或校长的实际履职情况发生变化，使得书记或校长对学校党建工作和校长负责制工作有了更加系统全面的了解与认识，让干部在不同岗位接受锻炼，既丰富了干部履职经历，也有利于干部队伍培养与发展。这和推动党组织领导的校长负责制基本工作要求也是保持一致的。

反思：在“协商+授权”过程中，无论是主观上还是客观上都有可能造成党组织领导的校长负责制落实不到位或不彻底，甚至弱化或影响校长的地位。因此，校长保持一定频次的现场组织领导还是十分必要的，如关键节点、重大活动等校长应尽量参与。当校长无法现场参与的时候，则应该充分发挥现代技术的作用，运用视频会议等沟通方式作为有益补充。同时，也要加大对干部师生的教育引导，把党组织如何支持校长依法依规办学宣传到位，为学校各项工作行稳致远营造良好氛围。

跨区域干部跟岗培训

北京市第五中学通州校区　王岩

【背景与目的】

2018年9月，通州区教委与东城区教委携手跨区合作办学，作为北京五中教育集团成员校之一，北京市第五中学通州校区由此诞生。学校传承北京五中的文化与精神，以“弘扬精气神文化、追求精致教育，成就每一位学生”为办学理念，努力建设区域内“双一流”的优质中学。

习近平总书记指出，中国当前正在进行具有许多新的历史特点的伟大斗争。实现中华民族伟大复兴的中国梦，对党员干部的素质提出了新的更高要求，必须具备信念坚定、为民服务、勤政务实、敢于担当、清正廉洁的标准。而要实现这样的目标，跟岗培训是提高自身素质、优化队伍结构的重要举措之一。

通过到本部跟岗培训，让更多的中层干部得到锻炼机会，促进工作换位思考，增强大局意识和全局观念，提高处理复杂问题的能力，增强适应能力，拓宽视野、增长见识，建设一支政治坚定、结构合理、精干高效、充满活力的干部队伍。

【做法与成效】

一、统筹安排，预先沟通

党组织领导的校长负责制是集党组织集体领导和校长行政负责两个优势为一体，在党组织的集体领导下充分发挥校长积极性的领导体制。集团化办学的优势是资源共享，在领导的预先沟通、统筹安排下通州校区的中层干部到北京五中进行跟岗培训。

二、增强理论学习，重视活动积累和总结

在北京五中王蕾校长的2020年党政工作报告中有这样一段话："教育的初心是什么？教师的使命是什么？习近平总书记在2018年全国教育工作大会上的重要讲话为我们回答这一问题指明了方向，即培养一代又一代拥护中国共产党领导和我国社会主义制度、立志为中国特色社会主义奋斗终生的有用人才。这就是基础教育的初心和使命，也是北京五中追求的教育价值。立德树人方能培根铸魂，五育并举方能全面发展，五育融合方能启智润心，才能以全人教育的理念培养德智体美劳全面发展的社会主义建设者和接班人。"这段对北京五中教育理念的阐述让我对这所百年老校有了更深远的认识，也让我对德育工作有了更深入的思考。

为了更多地了解北京五中德育工作的具体工作思路和方法，我分别同陈颖副校长，李翥主任，教育处、团委、校医室，心理室、体育组的老师们进行了沟通交流，并参加了学生的课间操、国旗班训练、午餐管理、诗词大会等多项学生活动，在日常德育工作中我深刻地体会到了五中德育工作的先进理念和有效方法。

德：学、史、力、行是北京五中德育育德的重要途径。通过实践学习的领悟与规范管理的养成相结合，将社会主义核心价值观融入五中德育课程和课堂教学过程中，使学生通过学习认识和了解核心价值观的内涵，扣好人生第一粒扣子，并在系列的学史明理过程中，如：参观国家博物馆，到北京人艺参加活动，开学第一课，传统节日教育活动，参观段祺瑞政府等活动，逐步达到"崇德""力行"的教育目的，遵循学生成长规律，从高一到高三逐步实现"自主、合作、创新"的德育目标，重落实、有实效，明确日常行为规范和班级要求，引导学生熟悉规范，知行合一，塑造良好品行。

共青团、学生会在北京五中党总支的全力支持下开展未成年思想道德建设工作，党总支不仅指导团委、学生会制订工作计划，而且支持学生开展全面发展的学科活动和社团活动。在学习期间，我参加了一场非常精彩的诗词大会。这次活动就是由学生社团“文学社”组织的。在五中不仅有校级社团还有学生社团。学生可以根据自己的兴趣爱好向学校申报组建社团，经过提交申请书，聘请指导教师，答辩，通过申请，组织社团活动等一系列过程，成功组建自己的社团并开展多彩的社团活动和比赛。社团组织和参加比赛，可以使学生发展自己的兴趣特长，同时关注社会、关注民生，引发国家认同感，增进对世界的了解和理解，并在活动中锻炼自己的自主实践能力。

体：“以体育德、以体养心、以体强魄、积极运动成习惯，文明健康扬精神。”是北京五中的体质健康理念。他们将“三个下功夫”作为体育工作的落脚点。在“通”上下功夫，融通体育资源，营造“家校社”共为的体育生态。在“新”上下功夫，创新实施《体质健康二十条措施》，丰富体育供给与学生需求的匹配度。在“效”上下功夫，关注学生差异，变通体育供给，提高运动实效。

在引导学生积极参加体育锻炼的同时，五中还量化了学生健康及近视、肥胖、饮食等体检相关维度的数据，分析影响健康素养的相关因素，进行基于数据的关联关系研究，适时关注锻炼效果、动态调整运动方案，引导学生建立可持续、健康的生活方式，推动“健康生活化”。

同时关注学生心理，基于学生身心特点科学设定指导内容，建立学生心理档案，加强对学生理想、心理、学习、生活、生涯规划等多方面指导，帮助学生正确认识自我，更好地适应高中学习生活。结合学生实际情况开展心理辅导，对班主任进行培训，关注在家休息的学生，给家长提供心理方面的沟通建议，从而共同促进学生形成积极健康的心理品质，共同实施心理健康教育。

美：五中有健全的美育管理体系和工作机制，有分管美育的副校长和贯通中小学段的职能部门，形成了高校、艺术团体、社会专业人员和校内师资相结合的美育共同体，专家引领，分工职责明确，校内美育实践活动分成课程美育、活动美育、社团美育三个体系。通过丰富的艺术课程和实践活动，如合唱节、舞蹈比赛、书法比赛、戏剧节、微电影节、五中好声音等活动，为学生提供丰富的实践资源和高品质的实践平台。

劳：五中还充分利用多种教育资源，开展形式多样的科普活动，如人工智能课程，创新教育实验室，飞行实验室等，为不同需求的学生提供适合的教育，努力培养全体学生创新精神和实践能力。通过挖掘学校内部潜力，为学生提供更多服务实践机会。如校园值周活动、光盘行动监督、为家人做年夜饭、社区志愿服务等，引领学生掌握劳动本领，树立热爱劳动的品质和服务社会的情怀。

不论是与领导、老师、学生们的座谈，还是参加的学生社团活动，让我对五中的德育工作都有了多方面、多角度的认识，感受到五中德育工作渗透在学校管理、学生日常生活中的点点滴滴。

三、开展教学研讨活动，感受课堂魅力

通过一系列的有目的、有针对性的听评课活动，既锻炼了处理教材、调控课堂的教育教学能力，也深刻感受到集团优秀教师的课堂的魅力，让学生在储备高水平文化知识的同时，树立正确的人生观、世界观、价值观，德育在课堂中悄悄地浸润学生的心灵。

跟岗学习促进了我的成长，找到了自身的不足，使我提高了认识，厘清了思路，对今后的工作有了明确的方向，我将更好地把学到的东西运用到今后的工作中，不断提高自己的能力。

【启示与反思】

第一，优化配置，激发队伍活力。

跟岗培训打破了地域以及部门间的限制，整合了集团教育资源，从而激

发干部队伍的生机活力，提升整体功能，增强战斗力，从而营造良好的政治生态，群策群力工作新局面。

第二，搭建平台，拓展职业宽度。

新的岗位、新的平台、新的角度，让中层干部面临新机遇、新挑战，激发了工作新激情和新活力，加速了成长成才，促使跟岗培训人员在调查研究中谋划长远。

这次的跨区域干部跟岗交流活动表明，只有区分不同层次不同岗位地开展干部分级分类培训，才能增强干部培训工作的实效性和针对性；只有突出重点，不断创新教育培训方式、方法、手段和工作机制，才能把干部培训工作越做越活，提高干部的综合素质和工作技能，为教育事业的持续发展提供强大的精神动力和人力资源，打造一支“政治过硬、业务熟练、作风优良、纪律严明、廉洁高效”的干部队伍。

党建引领融合创新　促学校高质量发展

北京理工大学附属中学通州校区　陆旻

【背景与目的】

中国共产党十九届四中全会通过的《中共中央关于坚持和完善中国特色社会主义制度、推进国家治理体系和治理能力现代化若干重大问题的决定》明确提出，党领导一切，坚决维护党中央权威，健全总揽全局、协调各方的党的领导制度体系，把党的领导落实到国家治理各领域、各方面、各环节。习近平总书记在全国教育大会上发表重要讲话，强调“坚持党对教育事业的全面领导是办好教育的根本保证”。

北京理工大学附属中学通州校区是北京市教委为促进城市副中心教育发展，均衡优质教育资源，提升办学质量，由北京理工大学附属中学教育集团承办的民生工程。学校现有教师178人，党员教师69人，党员教师占教职工比例达到了38.8 %。学校党组织坚持用高质量党建推动高质量发展，突出“共享发展、融合共生”，聚力组织创新、平台创新、方式创新，推动党员教师融入学校中心工作，着力打造党建引领城乡优质均衡共同体，办好老百姓家门口满意的学校。

【做法与成效】

一、强化领导，构建全面育人组织体系

建设坚强、团结、和谐的领导班子，由集团党委派出党委成员担任通州

校区书记、校长。配备党性素质高、专业能力强的行政领导和优秀一线教师组成核心决策团队。建设创新、高效、务实型党组织，按照《中国共产党支部工作条例（试行）》要求，支部建在教学工作第一线，选配思想政治过硬的党员担任支部书记，配备有活力、勇创新的年轻党员担任支委。重心下移，集团党委书记进学校讲党课，学校总支书记、委员深入各支部，支部书记讲党课，开设党员微讲堂，做到重要岗位党员主责，关键位置有党员参与。

通过“党建+”“党员+”引领学校行政管理，强化“四个一体”：例会制一体研讨，设立支部书记例会制，对接学校中心工作，以支部联席会议推进部门民主管理；联动制一体共享，创新学校党组织“三会一课”形式，各支部联动开展主题党日活动、开放式组织生活会、民主评议等，使每名党员在学校、部门都能找到发挥先锋模范作用的载体与平台；清单制一体实施，对学校办学中普遍存在的问题，创新理念思路、方式方法，共同制定学校工作清单；以覆盖制一体推进，通过管理覆盖、活动覆盖、项目覆盖，整体提升学校党组织号召力、凝聚力、战斗力，让每位教师融入学校。

二、明确方向，把握全面育人治校理念

学校党组织结合本校特色，提出了“用中华精神培育人，用唯美教育涵养人，用特色创新发展人”的育人理念，并规划学校前瞻性发展方向，提出学校全面发展的“五大”工程，即从研究新中高考、主动教研、有质量的独立命题、常规课的质量与效率提升等维度落实“教师学科素养提升工程”；从日常活动精致化、生涯指导品牌化、研学旅行课程化、志愿服务常态化等维度落实“学生综合素质提升工程”；从科学规划基建与采购、智能办公的快速推进、调研与大数据对教育教学的支持、职工温馨工程等维度落实“后勤服务保障工程”；从艺体科技课程普及、国学课程系统规划、固化精品校本课程等维度落实“特色品牌打造工程”；从探索新的激励奖励制度、修订完善各部门管理制度、民主评议制度常态化等维度落实“制度建设完善工程”。

学校党组织不忘立德树人初心，牢记为党育人、为国育才使命，全方位加强学校思想政治工作，实施德育铸魂、智育提质、体教融合、美育熏陶、劳动促进，培养德智体美劳全面发展的社会主义建设者和接班人。立足社会主义核心价值观和中华优秀传统文化教育，聚焦学生核心素养，促进学生良好行为习惯的养成，全面提升学生的综合素质。

重视特色创新发展，提出“普及发展与尖优培养兼容并举”的发展目标和“让每位学生学会1~2项艺术技能、掌握1~2项运动技能、热爱1~2项科技项目”的达成目标，外请名师，内组社团，大力推进艺体科技教育。

三、融合机制，保障学校管理高效运行

借力集团化办学优势，借鉴北京理工附中本部发展经验，落实党组织对学校全面、全方位、全过程管理，实行校区党组织会议决策、校长行政办公会执行、党组织和工会监督的运行保障机制；健全规章制度，先后完善制定了《支部大会制度》《校长办公会制度》《“三重一大”会议制度》《工会工作制度》《党员理论学习制度》《干部交流、聘任制度》《岗位交流、聘任制度》《三会一课制度》《师德考核办法》《“六杯”评选办法》等，做到与集团目标、管理、监督统一，确保校区各项重点工作，环节程序规范、步骤完整、推进有序；实行岗位责任制，严格落实责任问责，保障学校管理高效运转。

四、共享资源，促进教师融合协同发展

借助集团化发展优势实现资源共享，两校融合之初统一使用海淀区教材，统一参加海淀研修中心培训，接受海淀区研修中心专家的课堂教学指导，教研科研引领。参加集团组织的教育教学年会，倾听专家讲座、同伴经验交流和领导报告，进一步了解国家教育和改革方向和交流教育思想，明确未来研究和行动的方向，参与其中、获得感悟、付诸行动。理工本部教师根据通州

校区教师需求不定时进行教学指导，本部各学科骨干教师每学年为学校教师做一节教学展示课。跨校区教师交流轮岗成为常态，每年本部都会派出7~10人的骨干教师团队到校交流轮岗，校区多次派出优秀青年教师到本部轮岗学习，轮岗结束的教师回校做“留学”经历汇报，分享本部先进的教育教学经验、做法。借助集团“青蓝工程”的实施，学校多名青年教师与北京理工附中本部教师组成师徒对子，虚心请教，认真研讨，专业素养明显提升。教师论文获奖倍级增长，涌现出一批市、区级骨干教师，教师队伍在融合交流中协同发展。

集团化办学五年多来，学校党组织全面领导工作格局已形成，校长负责制得以落实，党政职责明确、议事规则完善、管理机制健全，依托集团化办学优势，通过与海淀本部实行文化理念统一、管理机制统一、课程设置统一、教育教学质量统一的办学模式，以强带弱、优势互补，发挥集团优质教育资源和专家团队的优势，推进优质教育资源的扩散，提升学校加工能力，努力办好通州百姓家门口的学校。2017—2021年连续五年被评为通州区高考优秀校，2020年获得通州区中考两超优秀校。仅2021年学校就有47人次获全国、市级竞赛一二三等奖。艺术、体育、科技特色教育成果显著，2017年被授予全国青少年校园足球特色学校，2018年、2019年连续两年荣获通州区高中足球冠军。学校连年被评为通州区艺术、体育、科技优秀校，中国STEM教育联盟示范学校，学生科技社团每年百余次获市、区级奖励。2019年10月第二届“旭辉”杯未来城市设计一等奖和最佳指导教师奖。学校美誉度得到提升，集团办学品牌效应明显，师生幸福成长，百姓高度认可，连续两年获得“京城最具幸福感领军中学”荣誉。

【启示与反思】

第一，集团化办学不是简单的规模扩大，重要的是通过文化建设、观念的融合、理念的认同等将集团优质的教育资源、先进的办学理念等让更多的学生、家长得以享受，因此在办学中引导管理者、教师、学生和家长认同集团办学理念是党组织全面领导学校工作的核心点。校区党组织要积极创设条件，通过理论学习、集中培训等，让更多的教师更新理念、转换思维、积极行动，牢记为党育人、为国育才使命对于新时代教育工作者，既是使命更是光荣，既是责任更是梦想，积极探索新时代教育教学方法，不断提升教学本领，为培养德智体美劳全面发展的社会主义建设者和接班人做出新的更大的贡献。通过参与集团各种培训，开展各种形式的活动、宣讲等让学生和家长理解并接受集团办学理念，积极参与到学校的各项工作中去，与学校共成长。

第二，融合资源、培养教育教学优秀团队，提升党组织办学治校基本功，是全面领导学校工作的关键。要把教育改革发展纳入议事日程，把抓好学校党建工作作为办学治校的基本功，把党的教育方针全面贯彻到学校工作各方面。要精心培养和组织一支会做思想政治工作的政工队伍，把思想政治工作做在日常、做到个人，围绕学生、关照学生、服务学生，不断提高学生思想水平、政治觉悟、道德品质、文化素养；同时要培养一批有良好师德、业务能力强、善于与学生沟通的教育教学团队，做学生锤炼品格、学习知识、创新思维、奉献祖国的引路人。

第三，做好党政关系的融合，准确把握角色定位，明确书记和校长的职责。党总支在党组织领导的校长负责制中发挥领导作用，校长负责教育教学和行政管理工作。党政相互支持、相互配合、相互补台，才能团结党政一班人齐抓共管，才能得以高质量发展。

第四，体制机制的融合要以改革创新为手段，以落实教育的高质量发展为目标，以完善党组织对学校的全面领导为前提，保障校长负责制的实施，紧紧依靠集团发展的优势，着力优质资源整合、文化融合，提升集团规模效益，实现协同发展，创设良好的师生发展氛围，促进师生健康快乐成长。

党政融合　立德树人

大兴区黄村镇第一中心小学　郭芮菁

【背景与目的】

2018年7月，习近平总书记在全国教育大会上发表重要讲话强调，“加强党对教育工作的全面领导，是办好教育的根本保证”。学校党组织在学校各项工作中发挥着把方向、管大局、作决策、抓班子、带队伍、保落实的领导职责。加强党对教育工作的全面领导，是落实立德树人根本任务的需要，是实现为党育人、为国育才的根本保障。加强党对学校教育工作的全面领导，要以探索学校党政深度融合路径为抓手，切实破解“两张皮”现象，最终确定党组织的领导地位。

要实现教育高质量发展，必须坚持党对教育的全面领导，不断探索党组织在提升育人质量中发挥作用的途径和方法，将党建工作融入学校中心工作，这就要求基层学校党组织发挥领导作用，既要实行民主的科学的决策，制定和执行正确的路线方针政策，又要做好党的组织工作和宣传教育工作，发挥党员的先锋模范作用，保证党的路线方针政策全面落实，坚守“立德树人”初心，努力培养德智体美劳全面发展的社会主义建设者和接班人。

【做法与成效】

一、党建工作新格局助力党政融合

黄村镇第一中心小学为一校五址，书记校长分设，党委委员七人，分别为书记、校长、工会主席、副校长、完小校长。为全面加强党的领导，促进学校党建工作与行政工作有效融合，将支部建在连上，学校重新架构了组织机构。党委下设6个党支部，支部书记由各完小及分校校长担任，全面负责学校党支部工作及行政管理工作，在党组织领导下，确保办学方向不跑偏。与此同时，中心校党支部下设五个党小组，党小组组长由各处室主任担任，全面负责党小组建设，围绕提升教育教学质量和党员队伍建设开展工作。通过把中层干部选入支部班子，使完小党支部班子和行政班子基本上是一套人马，加强了基层党支部的领导力量。现已形成党委负总责，各基层支部书记、党小组组长分工抓的党建工作新格局，有效破解了党政融合的难题，加强了党组织对学校各项工作的全面领导。

二、党员骨干引领推动党政融合

在学校的教学工作计划中，将“党员献优课”“加强学校道法课的教学研究”“通过课堂教学进行德育教育”等内容纳入教学工作计划中加以落实。为充分发挥党员的先锋模范作用，以及学科带头人、骨干教师的引领示范作用，均衡各校间的教育资源，全面提高黄村镇第一中心小学教师专业水平和教学能力，组织党员骨干教师异校送课活动，涉及语文、数学、英语、道法、美术等多门学科的几十位党员教师参与此项活动。与此同时，为全面落实立德树人的根本任务，加强学习习近平总书记在全国教育大会上的重要讲话精神，在大学科组教研活动中教研组长要组织教师学习相关政策理论，强化思想引领，提高政治站位。

学校的师徒结对工程有效促进青年教师成长，由每名优秀老党员带领一名青年教师进行师徒结对，借鉴好经验，学习好做法，通过进班听课、谈心谈话、交流思想等多种形式，将好的教学经验、工作方法传授给青年教师，树立不甘落后、勇立潮头的理念，培养一丝不苟、精益求精的敬业精神，增强迎难而上、破解难题的勇气和能力，全方位助力青年教师成长，通过党员骨干的教学引领，有效推动党政融合。

三、党建引领德育确保党政融合

在全国教育大会上，习近平总书记强调，要把立德树人融入思想道德教育、文化知识教育、社会实践教育各环节。根据学校办学理念，学校十分重视培养学生综合素养，开展多种特色学生活动，将“永远跟党走，做党的好孩子”融入日常的德育工作中。在每学年的德育工作计划中，强化党组织领导的意识。将“党组织全面领导德育工作”“强化学生爱党爱国教育”“学习党史”等内容纳入德育工作计划中。根据不同主题月中的节日特色，确定活动主题，党组织广泛参与学校的育人活动，尤其是指导、参与学校组织的学生主题教育活动。如开学典礼设计以“百年恰是风华正茂，梦想伴随春风启航”的教育主题，党支部书记进行开学教育第一课和国旗下讲话。在开展的“弘扬雷锋精神，争当美德少年”雷锋中队传承仪式上，由党支部书记给少先队员们讲雷锋的故事，讲雷锋精神在当代的弘扬与传承。通过一系列主题教育活动，传达党的声音，让孩子们听从党的号召，从小知党爱党，永远跟党走。

与此同时，学校党委书记全程参与学校建队日、科技节、英语节、读书节、庆六一的特色主题活动，并在会上作重要讲话，通过党建带队建，加强对德育工作的全面引领，真正做到全员、全过程、全方位育人。

四、完善制度体系规范党政融合

为全面加强党的领导，学校制定了黄村镇第一中心小学党组织领导的校长负责制实施细则，形成了党组织决策议事机制、重大问题集体研究机制、监督保障机制等多项机制，构建起党组织会议决策研究、校务会规范执行、教代会民主监督的三位一体协调运行体系。与此同时，修改学校章程，不仅将党组织对学校的全面领导写入章程，还重点修改学校德育体系的建构部分，强调党组织领导德育工作，落实立德树人的根本任务。通过制定学校领导干部述职、评议制度加大对校级干部的管理，研究制订黄村镇第一中心小学干部绩效考核评价方案，每学期各完小校长向党组织述职，从德、能、勤、绩、廉五个方面对干部进行考核，提升干部队伍的整体素质。

建立党委书记和校长沟通制度。党委工作由党委书记主动与校长沟通，行政工作由校长主动与党委书记沟通，自觉做到主要事项事先沟通，日常工作经常沟通，紧急情况及时沟通。书记校长牵头负责抓全面落实，做到同心同力同发展，其他班子成员按照分工抓好组织实施，通过完善制度体系规范了党政融合方式，加强了学校领导班子的凝聚力，增强了集体领导意识、分工负责意识和主动配合意识，切实做到党委统一领导，党政分工合作，依法履行职责。

【启示与反思】

加强党对学校工作的全面领导，坚持社会主义办学方向不跑偏，全面贯彻党的教育方针，需要我们不断探索党政融合的新路径。党建思维融入学校教育教学体系中，有效推动了学校教育教学质量的提升；把学校党建工作的成果与精神内涵融入德育工作之中，促进了教师队伍成长与学生素质的全面提高。改革背景下，新的制度体系不断突出机制转换的系统性、党政配合的协调性，为党政融合保驾护航。

加强党对教育工作的全面领导，要不断提升党建与中心工作有机融合意识，学校领导班子在工作中要树立起党政同心、工作同向、责任共担、相互合作又相互支撑的共同体意识，把党政融合体现在引领性、系统性与一致性上。只有书记校长同心同力，才能充分发挥新的管理体制的集体领导优势；只有党政团结一心，才能将党建工作与学校中心工作有机结合；只有让党建工作与行政工作形成合力，才能在处理党建工作与行政工作关系时让党建工作与行政工作相互借力；只有将行政工作的难点作为党建工作的重点，将行政工作的重点作为党组织工作的着力点，才能推进学校教育事业高质量发展，最终实现立德树人的根本任务。

党组织领导的校长负责制
试点的八项举措

大兴区第七幼儿园　张晨晖

【背景与目的】

为深入贯彻习近平新时代中国特色社会主义思想，坚持和加强党对教育工作的全面领导，充分发挥党组织的领导作用，大兴七幼作为党政分设的幼儿园，选入北京市中小学校党组织领导的校长负责制试点单位。

大兴七幼党支部现有党员15名，支委3名，书记1名，组织委员、宣传委员各1名。党员占幼儿园总人数的12.8%，属于党政分设学校。园长和书记职责分工明确，园所团队文化氛围和谐，对于改革推进有良好的环境基础和制度基础。大兴七幼党支部始终坚持党建与业务的深度融合，开展“七彩梦义工团”“七彩星选树”评选等活动，提升党员干部教师和全体教职工的职业信念、为民情怀、教育担当，发挥示范模范和带头作用；支部引领课程建设，构建家园社协同育人的德育工作机制，推动教职工的师德师风建设和幼儿品格养成教育，落实立德树人。

大兴七幼自2020年10月启动试点工作以来，深入学习文件精神，组织研究立足我园实际的党组织领导的校长负责制的核心问题和可行性策略，总结经验做法，提出对策建议，推动幼儿园党组织发挥把方向、管大局、作决策、抓班子、带队伍、保落实的领导作用。

【做法与成效】

一、加强领导，建构试点工作机制

按照试点工作要求，成立坚强、畅通、高效的试点工作领导小组。幼儿园成立试点工作领导小组，党支部书记、园长任组长，支部委员、中层干部为组员。幼儿园研究制订实施方案和推进计划，列出时间表、画出路线图、定出责任人，做到统筹安排，规范实施，定期研判。委员深入年级组、教研组、处室，承担指导和监督责任，有力有序推进试点工作任务落地。幼儿园新成立党政办公室，作为领导小组办公室，统筹组织安排各项工作。明确责任分工，制订详细具体的试点工作方案，按照时序分阶段推进研究任务。坚持每周“一研究”，每周召开一次“大兴七幼党组织领导的校长负责制试点工作推进会”，研究前一阶段工作中存在的问题和困惑，共商共研解决策略，研讨布置下一阶段的重点研究任务。

二、统一思想，凝聚共识

多种形式开展教育引导，通过支委会、行政会、党员会、教代会、教职工会议，开展分层分类教育引导，分别面向班子成员、党员、教职工代表、教师普及试点工作的意义，提高认识水平。班子成员做到全员、全程学习与参与，深研读透政策要求和制度文本，基于研究重点任务开展实践研究，落实案例文本。党员明确改革意义，突出改革中的举措和变化，通过参与征文活动，感受“对党组织领导的校长负责制”的期待和历程感悟。通过多次分层召开会议，层层传导领会，全体教师充分认识到，实行党组织领导的校长负责制，事关“培养什么人、怎样培养人、为谁培养人”的根本问题，是坚持社会主义办学方向的迫切需要，是为党育人、为国育才的迫切需要，是落实立德树人根本任务的迫切需要。教职工悉知改革意义，在实践中体现党组织的全面领导，深刻感悟变化。

三、专家引领，精准施策

园长、书记、副园长多次参与市、区级专家讲座及培训，参与试点校间的研讨，与试点专家对话，精准辅导，完善细则，把握试点方向。

四、强化基础建设，做好制度铺垫

第一，制定实施细则。通过边学、边做、边反思、边总结，建立大兴七幼试点工作的“一校一策”，科学理顺组织体系、制度体系和工作机制是深入推进试点工作的重要内容，让工作有规可循。

第二，理清党组织委员会、行政办公会、教代会的职能定位。

党组织委员会——幼儿园最高议事决策机构。

行政办公会——议事机构和党组织会决议的执行机构。

教代会——民主监督和前置研究。

五、明确职责，正确处理党政关系

第一，必须明确党政职责，从制度上保证各司其职。党组织重在谋划、决策、监督和保障，同时支持园长依法依规独立行使职权。

第二，书记全面主持党支部工作，积极支持园长依法依规履行职责，密切配合其工作，保障其权责相称，并监督实施。

第三，幼儿园园长直接向教育主管部门负责；园长负责幼儿园发展规划的制订和组织实施，对职能部门实施领导、调控和协调，并对幼儿园实行全面管理。

六、结构变革，理顺组织体系

根据试点工作要求，幼儿园进行组织结构变革，重构内部管理体系，整合各种资源，确保试点工作在幼儿园顺利推进。

（一）变“扁平化管理”为“融合式管理”

幼儿园建立健全党政职责清晰的管理体制，构建党组织领导的幼儿园管理结构，完善组织机制和工作机制，实现党政融合。

（二）变党政分工为党组织统一领导

大兴七幼强化党组织的领导地位，突出党政协调运行机制，发挥幼儿园、社会、家庭三位一体的育人模式。

（三）变“个人领导”为“集体领导”

大兴七幼调整优化管理结构，实行“1+5”内部管理体系，1即“党组织”，在党组织全面领导下开展各项工作；5即“五个部门”，党建办公室、行政办公室、保教办公室、后勤办公室、安保办公室，各部门负责人为党政班子成员，在党组织的整体工作引领下，明确职责、互相协调、高效运作，确保幼儿园高质量地发展。

七、突破重点，实践验证

通过中层干部的选拔、五四青年标兵推选等，对试点中的策略进行实践探索，验证制定的制度措施的科学性和合理性。

按照议事规则——议事程序——形成决议——组织实施——民主监督，全过程体现党组织的领导作用。

八、突出亮点，构建品牌

幼儿园党建品牌的建立：七彩筑梦，文化育人。

品牌界定："七彩筑梦　文化育人"是指在党组织的引领下创设"七星竞彩"的管理文化、"七品亮彩"的行为文化、"七日聚彩"的家园文化、"七色蓄彩"的物质文化、"七域彰彩"的课程文化，以文化凝聚全体教职工、家长和社会力量，为立德树人提供坚实保障。

品牌标识：

元素：党旗、沃土、幼芽、七彩阳光、自然生活。

寓意：一是中国共产党的党旗与深色沃土形成红船，自1921年建党至今100年历史征程，为实现中华民族伟大复兴的中国梦奋斗；二是绿色幼芽代表成长中的幼儿，在七彩阳光的照耀下茁壮成长；三是幼芽形似数字七，七彩虹与第七幼儿园相吻合；四是幼儿园的文化特色是自然生活课程的育人模式；五是依托幼儿园文化来构建"七彩筑梦　文化育人"党建品牌特色，幼儿园在党组织的领导下，持续深化办好人民满意教育、培养德智体美劳全面发展的社会主义建设者和接班人。

取得成绩：试点工作研究实践以来，幼儿园在党组织全面领导和疫情防控常态形势下，全园教职工以研究的态度、丰厚的情怀扎实推进试点工作，坚守日常工作，不断开拓创新，逐步提升办园质量，取得丰硕成果：获得"京城学前教育品牌幼儿园"；2020年度大兴区幼儿园管理一等奖；承担北京市科研先进校现场调研活动；刘思纯副园长撰写的"立德树人育人机制"案例获得全国优秀案例，并邀请参加全国研讨会；幼儿园党支部被大兴区委授予"先进基层党组织"；教师成功立项区规划课题3项；承担市区级展示活动3次；面向内蒙古、新疆、贵州、云南、重庆、河北等多地姐妹园线上互助分享3次，受众教师有千余人次；参与教育部园长培训中心组织的全国公益讲座2次；干部、教师接受搜狐教育、教育头条、《北京教育》《教育家》等多家教育媒体和期刊采访5次；4位教师参与内蒙古、新疆的支教帮扶活动，带去教研、培训、活动展示等；教师荣获市、区级奖项50余项。

【启示与反思】

一是，职责明晰。

界定职责权限，确定党组织、行政班子、书记、园长的分工，明确各自职责，做到不越位、不推诿。

二是，沟通酝酿。

第一，建立健全党组织统一领导党政分工负责的协调运行工作机制，特别是处理好书记、园长的关系，书记、园长带头讲党性、讲团结，相互支持，建立书记、园长定期沟通机制。如：会议议题会前进行沟通，集体决定重大事项之前要进行酝酿等机制。

第二，党政领导班子要经常沟通情况，协调工作。以“全园一盘棋”的思想为统领，实行党政分工合作、协调运行，要发扬民主，形成工作合力，在工作职能上分，工作目标上合；在工作职责上分，工作指导上合；在一般工作上分，重大问题上合；在工作制度上分，工作关系上合。

第三，党组织领导的校长负责制有效运行需要书记园长同心、同力、同向，形成党政协调运行的有效机制。

三是，品牌落地。

将党建品牌的理论与幼儿园实践相结合，在幼儿园文化建设中提取适宜品牌发展的元素，进一步探索党建品牌的落脚点和推广价值。

构建三机制　唱好三部曲

首都师范大学大兴附中　何玉松

【背景与目的】

2018年7月，习近平总书记在全国组织工作会议上讲话指出，对于在中小学建立党组织领导的校长负责制问题，“各级党委和组织部门要进行系统梳理，理顺体制，完善机制，把党的领导贯彻落实到位，把党的建设落到实处”。同年9月，习近平总书记在全国教育大会上讲话强调，“各级各类学校党组织要把抓好学校党建工作作为办学治校的基本功，把党的教育方针全面贯彻到学校工作各方面”。为落实习近平总书记重要讲话精神，切实加强党对中小学校的全面领导，形成党的领导在学校纵到底、横到边、全覆盖的工作格局，探索在中小学校建立党组织发挥领导作用的体制机制，学校党组织履行好把方向、管大局、作决策、抓班子、带队伍、保落实的领导职责，推动构建新时代学校治理体系，北京市委组织部、市委教育工委、市教委2020年9月决定在全市中小学开展党组织领导的校长负责制试点工作，首都师范大学大兴附中被大兴区委教育工委确定为试点校，参加了试点工作。

【做法与成效】

首都师范大学大兴附中党总支高度重视试点工作，认真学习上级文件、精心谋划试点工作、探索总结特色做法、确保试点取得实效。试点工作中，重点构建好决策、沟通、监督三个机制，唱好议事决策、沟通协调、保障监督“三部曲”。

一、构建议事决策机制，实行会议研究、集体决定

制定新的规则文本。在专家的精心指导下，学校认真制定试点工作的“一校一案”和“一校一策”文本，即工作方案和实施细则。在此基础上，完成了学校“1+1+2+2”文本，即校章、党组织的领导职责、书记和校长两个工作职责、党组织会议和校长办公会两个议事规则的修订或制定。

组建新的决策机构。学校将原来议事决策、执行实施两个程序合一的校务会，调整、改组为两个机构，即决策机构——党总支委员会、执行机构——校长办公会。新的决策体制从2020年12月开始试运行，现已逐渐进入正轨。

梳理新的决策程序。学校的议事决策由党总支委员会会议完成，决策程序主要有五步，即“动议”——提出议题、“酝酿”——达成共识、“上会”——集体讨论、“表决”——形成决议、“实施”——校长负责。党组织会议进行议事决策时，严格执行“十六字”原则：即“集体领导、民主集中、个别酝酿、会议决定”。实现书记“末位表态”，不先定调，不作引导性发言，待与会成员逐一发表意见并表明态度后再陈述意见。

二、完善沟通协调机制，做到党政合作、达成共识

加强书记和校长定期沟通机制。学校就重大问题、重要事项进行决策时，一直坚持书记校长要通过个别沟通、协商酝酿、达成共识，学校固化了这一机制，明确书记、校长定期碰头、沟通协商每周不少于2次，及时交流工作情况，积极推进学校工作。

完善班子成员决策前的沟通机制。重要问题和重大事项在提交党总支会议决策前，班子成员充分酝酿、充分沟通，认真听取各方面意见，基本达成

一致后上会讨论。同时，党总支会议研究教育教学、行政管理议题时，书记在会前主动听取校长的意见；校长办公会议研究重要议题时，校长在会前主动听取书记的意见。意见不一致的议题暂缓上会，待进一步交换意见、取得共识后再提交会议讨论。

建立每月情况通报会制度。学校建立了每月情况通报会（或工作推进会）制度，以党政联席会的方式召开，以督办、落实、推进重点工作为主。会上班子成员通报自己分管的工作，听取班子其他成员的意见建议，发挥集体智慧解决工作难题。

健全班子成员谈心谈话制度。除进行正常的工作沟通外，书记和校长、书记、校长和班子其他成员、班子成员之间还经常进行交心谈心、交流思想，我们规定每月不少于1次。通过谈心交流，达到了凝聚共识、增进团结、促进工作的目的。

三、加强保障监督机制，确保推进实施，监督同行

强化党内监督。一方面加强自上而下的组织监督。学校建立了领导干部报告制度，每学期向学校党总支述职、报告工作，自觉接受党组织的监督。党总支每学期召开中层干部述职会，各处室和年级负责人就学期工作进行现场述职并接受书记、校长点评和与会人员的评议。另一方面改进自下而上的民主监督。开好每季度一次的支部党员大会，发挥党员大会对党员特别是对党员领导干部的监督作用，畅通党员参与党内事务、监督党的干部的渠道。

规范教代会监督。党总支积极支持教职工代表依法行使民主权利，参与民主管理和民主监督。试点工作开展以来，学校对教代会工作进行了梳理，涉及学校改革发展稳定、事关师生切身利益等事项，在党总支会议决策前，教代会要进行前置研究，还督促各部门认真办理好教职工代表的提案。

支持党外监督。学校现有8名民主党派成员和1名党外副校长。党总支议事决策方面的会议，请党外干部列席，参与议事、提出意见。学校还建立了

由民主党派成员、教代会代表、市区级骨干教师等组成的党外监督小组，积极支持鼓励他们发挥监督作用。

欢迎社会监督。学校充分发挥社区和家长委员会的作用，充分利用学校网站、公众号，设立咨询热线、邮箱、公开栏，公示挂牌督学，经常邀请家长、社区代表和媒体走进学校、关注学校、参与监督，促进学校工作。

做好党务、校务公开。学校认真落实党务公开工作，积极推动校务公开工作。做到事前公开、征求意见，过程公开、阳光操作，结果公开、接受监督，确保党务、校务公开工作及时、准确、全面、真实。

【启示与反思】

通过深入学习、统一思想、参与实践，学校广大党员干部教师深刻地认识到，党组织领导的校长负责制，是集党组织集体领导和校长负责两个优势为一体，在学校党组织的集体领导下，充分发挥校长积极性的一种有效的领导体制。随着试点工作的深入，学校党总支认真梳理、准确定位开展党组织领导的校长负责制工作的关键要素，凝聚广泛共识，确保试点工作落实落地。

一是，理清了党组织领导的校长负责制的治理结构。

在新的体制下，学校的重要问题和重大事项由党组织决策，校长组织实施、执行落实。党组织领导、校长负责是不可分割的一个整体，既不能割裂开来，更不能对立起来，二者是推动学校发展的两个轮子，协调一致、相互配合，是落实党组织领导的校长负责制、促进学校持续稳定发展的保障。同时，学校党组织、教代会、群团组织和民主党派要积极参与监督，确保各项任务如期完成。

二是，理清了党组织领导的校长负责制的组织结构。

在新的体制下，发挥关键作用的是党组织委员会会议和校长办公会两个重新构建的机构。试点工作初期，学校首先着手研究制定党组织委员会会议和校长办公会的权责清单、议事规则和机构组成。现在，文本制定已全部完成，新的机构的组建已经就位。

三是，理清了党组织领导的校长负责制的权责分工。

在新的体制下，党组织行使决策权，确保办学方向、决策重大事项，这有利于党组织委员会成员重点思考事关学校发展的全局性问题；校长行使执行权，负责执行决议、组织实施。校长无须决策所有事务，可以发挥专业优势，集中精力处理教育教学管理和行政事务。同时，要处理好书记和校长这两个党政正职的关系。书记和校长分别是党组织班子的“班长”和行政管理的“第一责任人”。书记在领导班子中要充分发扬民主，正确实行集中，切实保障并支持校长依法依规行使职权。同样，校长要自觉接受党组织的领导，认真贯彻实施党组织的决议。书记要多用“情商”，抓好议事决策、意识形态、思政德育、队伍建设等“软环境”建设。校长要多用“智商”，将精力投入到办学质量、常规管理等“硬指标”上来。

总之，开展党组织领导的校长负责制工作，关键是要加强党对学校工作的全面领导，要把党的领导贯彻到学校工作的各个环节，做到在政治上“把方向”，在体制上“管大局、作决策”，在组织上“抓班子、带队伍”，在监督上“保落实”。

党政同心　聚力发展

北京市大兴区兴海学校　李　蕊

【背景与目的】

习近平总书记在党的十九大报告中，把“坚持党对一切工作的领导”作为新时代坚持和发展中国特色社会主义基本方略中的第一条，赋予这一重大政治原则新的时代内涵与现实意义，指明了新时代党的建设的根本要求。

为切实加强党对中小学校的全面领导，推动基础教育事业改革发展，2020年9月，北京市委教育工委确定东城、通州、大兴、燕山为北京市教育系统实行党组织领导的校长负责制试点区。我校成为大兴区党组织领导的校长负责制试点校。

我校是大兴区第一所九年一贯制学校，学生近2000人，教师169人，共有在职党员48人。学校党组织是总支建制，下设两个党支部，支部下设党小组。

本次试点的工作充分体现党组织全面领导学校工作，在学校各项工作中发挥把方向、管大局、作决策、抓班子、带队伍、保落实的领导职责。把握党的方针政策及学校发展方向，决定学校重大问题，监督重大决议执行，支持校长依法依规行使职权，落实立德树人根本任务。

【做法与成效】

我校是党政分设的学校，在试点工作推进过程中形成了自己的特色，明确了一个中心四个基本点的工作思路，一个中心，即以发挥党组织的领导作用为中心，四个基本点，即党政同心同德成为基础点，创立一套制度机制形成保障点，带好三支队伍形成支撑点，树立一个党建品牌成为特色点。

一、围绕一个中心，加强党的领导

党组织领导的校长负责制，是新时代加强学校党的建设的新探索、新举措，是加强党对学校工作全面领导的需要，是加强和改进学校党建工作的需要，是把握思想政治工作生命线的需要，是落实立德树人根本任务的需要，是推进学校治理体系和治理能力现代化的需要。推动和落实这项工作的关键就是要以发挥党组织的领导作用为中心。

二、明确四个基本点，使试点工作有序推进

（一）党政同心是党政分设学校开展试点工作的基础

书记与校长之间的关系，是党政分设学校最关键的关系。一是学校的发展关键在领导班子，班子的关键在书记和校长。明确二者的角色定位，处理好党政关系，是党组织领导的校长负责制工作能否有效运行的关键；二是准确定位。书记在领导班子中要充分发扬民主，正确实行集中，切实保障并支持校长依法依规行使职权。同样，校长要自觉接受党组织的领导，认真贯彻实施党组织的决议；三是明确分工。书记校长要明确各自职责。书记在抓好议事决策、意识形态、思政德育、队伍建设等方面多下功夫，校长要在办学质量、常规管理上多下功夫；四是合作共赢。校长和书记要充分认识到“一损俱损，一荣俱荣”，只有很好地配合，才会达到“1+1”大于2的效果。书记、校长遵循“尊重、信任、包容，沟通”原则。二者要有海纳百川的胸怀和立己达人的格局，只有党政同心才能使学校更好地发展。

（二）创立一套制度机制成为开展试点工作的有力保障

要落实党组织领导的校长负责制工作，必须建立一套行之有效的制度机制。

一是议事决策机制——会议研究、集体决策。党组织领导的校长负责制和原来体制最大的不同就是会议研究，集体决策。学校的重要问题和重大事项党组织是决策者、校长是实施者。党组织会议议事决策程序要规范。议事决策程序主要是五步：即“动议”，提出议题；“酝酿”，达成共识；“上会”，集体讨论；“表决”，形成决议；“实施”，校长负责。会上，书记、校长要“末位表态”，不定调，不暗示，待与会成员逐一发表意见并表明态度后再陈述意见。

二是沟通协调机制——党政合作、形成共识。沟通协调机制，对于党政分设学校来说尤为重要。因此，沟通协调机制的建立就显得尤为重要。试点工作开展以来，我们梳理、固化，充实、完善了沟通机制，加强了党政领导班子之间、班子成员之间、书记、校长之间的沟通协调，确保学校决策执行顺利。一是书记和校长定期沟通机制。重大问题、重要事项决策时，书记、校长通过个别沟通、协商酝酿、形成共识。二是重要问题和重大事项决策前的沟通机制。重要问题和重大事项在提交党总支会议决策前，班子成员充分酝酿、充分沟通，认真听取各方面意见，基本达成一致后上会讨论。同时，党总支会议研究教育教学、行政管理议题时，书记在会前主动听取校长的意见；校长办公会议研究重要议题时，校长在会前主动听取书记的意见。意见不一致的议题暂缓上会，交换意见取得共识后再提交会议讨论。三是建立班子成员谈心谈话制度。书记和校长、书记、校长和班子其他成员、班子成员之间要经常交流思想，每月至少有一次谈心谈话。通过谈心交流，达成共识、增进团结、促进工作。四是保障监督机制推进实施，监督到位。学校党组织和校长在进行议事决策或推进工作中，充分发扬民主、多渠道听取意见、多方面接受监督，关注群众诉求、回应师生期盼。党组织、教代会、群团组织要加强监督，同时做好党务、校务公开工作，确保各项工作顺利完成。

（三）带好三支队伍是开展试点工作的有力支撑

为确保党对学校工作的全面领导，按照党管干部的原则和“抓班子、带队伍”的职责，抓好三支队伍的建设。

一是，干部队伍的建设。学校党组织要做好干部选拔任用管理工作和后备干部培养工作。坚持党管人才原则，创新选人用人机制，助力人才成长。按照“支部建在连上”的原则，我校把支部建在学部、党小组建在年级组和教研组，优化党务干部的配备，选拔“双强型”党员干部担任总支委员、支部委员和党小组组长，确保党办、校办、德育、团队等部门负责人都是党员。

二是，抓好党员队伍建设。加强对党员队伍的教育，建立党员提案制，每年党员要向学校提议案，做到关注学校发展，关心学校发展。

三是，抓好教师队伍建设。党组织深化“双培养”工作，重点做好在思政课教师、德育干部和班主任中发展党员工作。为全面落实党组织领导的校长负责制工作，形成有力的支撑。

（四）树立一个党建品牌，形成试点工作特色

我校党总支全面加强党的建设，坚持“围绕中心抓党建，抓好党建促发展”的原则，开展党建“一二三”工程，即：一个承诺，两个示范，三个联系。即：学年初，党支部和每个党员签订党员承诺书，充分发挥党员示范岗的作用，做到带社团示范，教育教学示范，每名党员干部联系一个年级组，每个党员联系一名群众，每名党员帮扶一名学生，做到党旗引领，融合发展，努力打造学校的党建品牌，确保“兴海学校党旗红”。

【启示与反思】

一是，在中小学校建立党组织发挥领导作用的组织体系、制度体系、工作机制，推动构建职责明确、协调顺畅、运转高效、作用到位的新时代首都中小学校治理体系，为持续深化基础教育综合改革、办好人民满意教育、培养德智体美劳全面发展的社会主义建设者和接班人提供坚强政治保证和组织保证。

二是，学校实行党组织领导的校长负责制彻底打破了原来校长负责制的框架，党组织在学校成为决策机构。虽然说由党组织决策，但不可避免地会

出现是校长说了算还是书记说了算的拷问。如果校长、书记不能很好地进行有效和真诚的沟通，工作就会陷入僵局，其他干部也会无所适从，各项工作都无法顺利开展。因此，党政同心非常关键，既明确分工更强调合作，突出集体领导，事业为重。做到事前多沟通，事中多商量，事后多协调。决策后的大事同心同德完成好，达到1+1大于2的效果。

三是，学校在实行党组织领导的校长负责制的大背景下，梳理各项规章制度，建立各项工作机制，是最重要的一项内容，也是约束、规范校长、书记权责的重要手段。当然，制度机制是刻板的规定，在实施过程中还需要人文的执行，书记、校长、党组织委员会成员之间的良好沟通也是使制度、机制顺利实施的坚实基础。

四是，在实行过程中还要有各方的监督，才能保障党组织领导的校长负责制运行更加贴近师生的实际，运行才会更加顺畅。

希望党组织领导的校长负责制，真正发挥党组织领导和校长负责的优势，聚力发展，办人民满意的教育。

活力党建 “三力”育人

北京市大兴区第一中学　李　伟

【背景与目的】

习近平总书记在党的十九大报告中提出要加强基层党组织建设，全面激发基层党组织的生机活力。在《中学生德育指南》中对于德育内容有了更具体的规定，其中活动育人要求我们要精心设计、组织形式多样的教育活动，以鲜明正确的价值导向引导学生。

我校德育活动仍然存在组织体系不完善、育人效果不突出、党组织对德育活动的领导力、组织力、评价力不足等问题。立足试点工作，在党组织领导德育和思想政治工作课题的推进过程中，我校顶层设计，科研规划，在不断探索党组织领导德育工作的实践中，取得了较好的效果。

【做法与成效】

大兴一中党总支不断提升党建思维，积极转变观念，实施系统科学构建，初步形成了以“三力”为主要内容的“活力党建，活动育人”方案，具体做法如下。

一、完善组织体系，形成领导德育工作领导力

以前，学校党组织没有将领导学生德育工作作为党组织的职责列入议事

日程，认为党组织再抓德育可能会导致工作重叠，甚至会产生矛盾。但实际上，党组织应与德育工作深度融合，在校内形成党组织主导的体系，多措并举破解党建与德育工作“两张皮”的问题，探索党建工作与德育工作同规划、同部署、同落实、同考核的党建新路径，我校党委通过“三聚焦”不断加强党组织引领作用：

（一）聚焦健全网络，大力推进党组织工作的有效覆盖

党的组织体系建设应当扩大覆盖、及时跟进，重点是有效解决德育工作与党建工作脱节的问题，只有实现党的组织从“有形覆盖”到“有效覆盖”，才能做到工作发展到哪里、党组织建设就跟进到哪里，全面提高党的创造力、凝聚力、战斗力，以强大的组织优势凝聚起奋斗前进的磅礴力量。

（二）聚焦基础，把责任压到支部

切实增强支部工作的渗透力，党支部是党的细胞，支部建设是党的自身建设的重要内容。各级党组织必须依托基层支部，把责任压到支部，增强支部工作的渗透力。充分发挥党支部的影响力，建立健全“关键在领导、基础在支部、落实靠党员”的工作机制，始终把党支部作为党委、支部、党员之间承上启下的桥梁。

（三）聚焦高质量，设置党建引领的新型组织体系

学校的“党建+德育”工作目的是在造型铸魂的过程中激发党建活力，实现育人先锋的最终目标，进而推进学校党建工作规范化、科学化建设，挖掘、培养更好的教职工队伍，为立德树人这个根本任务服务好。这就要求我们不断创新活动方式，有效强化活动实效，切实让每一个支部、每一名党员和教职工都充满活力、朝气蓬勃，我们党组织的战斗堡垒就会更加坚强有力。

二、凝聚德育共识，形成领导德育工作的组织力

学校德育社团，如模拟法庭社团、时事辩论社团、模拟联合国社团等在推进的过程中，无论是来自学生还是家长、老师都存在着一定的阻力。学生认为：学生的主业是学习，只要把学习搞好，其他事情均与我无关；家长认为：社团活动可以有，但是一周至多一次，避免占据学生学习时间；个别老师认为：班级整体分数受影响，与社团活动脱不了干系……各方思想认识不到位，无法保证育人的凝聚力，我校党委为解决此类问题，开展了以下工作。

（一）抓思想建设，切实增强凝聚力

着力强化理论武装。在党员干部中深入开展“一回顾三对照”活动，即回顾入党心路历程，做到不忘初心、牢记使命；对照党章要求，增强党的意识；对照党对基层组织的要求，增强组织意识；对照交纳党费要求，增强党员意识。同时，校党委通过定期举办例行学习会、主题宣讲会、专家座谈会等形式，组织全体教职工深入学习习近平新时代中国特色社会主义思想，着力强化意识、提高站位、增强育人能力。深化理想信念教育。

（二）积极发扬民主，发动教师参与民主管理

坚持发扬民主，提高教职工对“党建+德育”工作的参与度和工作公开的透明度，即尊重每一名教师的价值，唤醒责任感，让每个人的价值融入学校的发展中，与学校发展同呼吸、共成长。

（三）聚焦建强堡垒，家校合力推进德育

学校党支部力争把“党建+德育”精神宣传到每一名教师，渗透到每一个班级、每一名家长、每一位学生，进一步扩大学校党组织的影响力，从而形成凝聚力，加强各方力量的深度融合，党建合作与共建联盟，营造良好的党建持续发展氛围。

三、强化评价工作，完善领导德育工作评价力

学校党组织把德育工作纳入年度考核体系进行考核，目的是强化师德师风考核，实行学生、家长、教师、领导小组“四评”制，严格执行师德师风“一票否决”。积极发挥品德评价在学生综合素质评价中的引导作用，常态开展“和合之星”“新时代好少年”等评选表彰，构建多角度、全方位的德育评价体系。

【启示与反思】

校党委进一步统一思想、凝聚合力，推动学校党建、德育工作高效开展。党的组织体系得到了完善，凝聚了各方共识，实现了“三落实”，在党的全面领导下形成了与德育工作的深度融合，解决党组织对德育活动的领导力、组织力、评价力不足问题。

一是，落实党组织对德育工作的领导。

学校加强党对德育工作领导是实现立德树人根本目标的要求，也就是要思考德育工作的组织体系有什么需要优化完善之处，思考如何在德育工作的组织体系中体现出党组织的领导和作为。通过加强党对德育工作领导力的全面推动，提高了德育工作的政治站位，夯实了德育工作的组织保障，营造了德育工作的积极氛围，提升了德育队伍的育德水平，从而使得学校德育工作不断发展，更好地为培养德智体美劳全面发展的社会主义建设者和接班人奠定了坚实的基础。

二是，落实党组织组织力的提升。

组织保障是基础，加强党对德育工作的领导，是在明确“管什么”的基础上，继续思考“怎么管”，加强党对德育工作的领导，要从建立健全德育工作的组织体系入手，形成“组织全覆盖、部门齐联动、党员勇带头”的立德树人组织机制。持续整顿组织内部软弱涣散的现象，加强基层队伍建设，以便更好地推进党建，引领德育工作的有效运行，使得党组织的组织力不断提

升，发挥党组织的战斗堡垒作用。

三是，落实党组织评价力的强化。

经过长期探索完善，学校在模拟法庭社团等社团活动的组织、实施环节方面也得到了进一步的发展与完善。实现坚持了一种机制，即“党组织领导的活动育人工作机制”，以达到学生的全面发展，鼓励学生从实际出发，兼顾不同的方面，促进活动育人目标达成。通过党组织对其评价力的不断完善，我校初步形成了评价机制：在学期的每一阶段，校党委将学生在德育活动方面的积累纳入综合素质评价体系中；同时也要对所有的教职工进行考核，考察他们每学年在德育中发挥作用的大小，这样不但能够在德育工作使管理制度化，还能就检查结果有一个准确的评估，未来也将继续前行，提升评价力，促进党对德育工作领导的可持续发展。

“模拟法庭”彰显党组织领导力

北京市大兴区第一中学　李　伟

【背景与目的】

习近平总书记在党的十九大报告中提出要加强基层党组织建设，全面激发基层党组织的生机活力。2020年，学校积极响应大兴区号召，鼓励学生借助大兴区模拟法庭比赛这一项实践活动，促进学生理论联系实际的能力。旨在通过理论与实践相结合的方式，培养对学生意识形态的教育、法治意识的形成，增加实践机会，实现理论联系实际。让学生通过亲身感受，主动做到尊法、学法、守法、用法，在校园内更好地开展普法教育，在全社会树立法治意识，并自觉参加社会主义法治国家建设。

这一次模拟法庭大赛我们所面临的困难重重，主要问题是：在我们所面临的新冠肺炎疫情常规化管理之下，如何有序推进比赛开展，如何创新法治教育案例，把青少年法治教育更深入、更系统且富有成效地推进？这是摆在学校党组织面前的一项极其重要的问题。

【做法与成效】

一、党总支与德育处共同研讨

在比赛正式启动之前，学校党委与校德育处共同研讨本次模拟法庭大赛的工作计划，由思政教师带队，鼓励学生积极参与，并提出了本次活动重点是加强对青少年的法治主题教育。德育处的主要领导根据思政教师反馈，汇报了学校关于模拟法庭大赛的已有经验及存在的问题。大家一致认为，原有的法治主题教育虽然也取得了很好的成效，但是也存在一些突出问题，比如说：案件陈旧不符合当前时代要求，选取的剧本素材距离学生实际比较远，以至于学生难以深刻感知法律权威、后疫情时代如何推进活动顺利开展等问题。经过反复讨论，大家一致认为，当今与青少年相关的案件时有发生，深入探究就会发现实则涌现出了很多适合青少年法治教育的资源，但我们对不同形式的法治内容挖掘不够，使其未能得到很好的利用。比如：对青少年法治教育新闻的关注、法治电影的宣传、法治教育专题讲座等，这些都是非常好的资源，应该充分地利用。但是怎么利用呢？怎么促进模拟法庭大赛有序推进呢？经过进一步研讨，大家形成了这样的意见，开发成为本校的模拟法庭社团，而后分步实施。

二、校党委成立大赛工作组

由于模拟法庭大赛涉及人员跨越不同年级、不同班级，所以人员的召集存在一定难度；大赛剧本的选择存在多样性特点；排练场地协调以及后疫情时代学生排练的防控工作；法治专业知识指导等问题的出现，使得大赛需要更加具体有效的工作方案。本次比赛学校由校党委牵头，严格执行“责任落实机制”由各年级党支部、德育处以及相关思政教师联合成立工作组。在党组织领导下召开工作部署会，开展法治教育社团开发与具体工作的实施。

首先，学校党委组织工作组成员进行深入学习、共同讨论，解读此次模拟法庭大赛文件政策要求，逐步落实本届模拟法庭大赛具体工作的推进；其次，进行细化列表，并召开专门会议进行职责分工，明确党支部、德育处、思政教师的具体职责，以保证工作的有序推进；最后，在校党委的带领下规范组织设置，把好意识形态关，在大赛剧本的选择、法治教育资源的运用上进行严格落实“一三三四”意识形态工作机制，始终坚持党的领导，突出三大重点，强化三大保障，压实四大责任，抓好意识形态工作，把好意识形态关。

三、召开启动会并进行行前评估

由于学校面临学生人数多与可使用教室资源之间的矛盾，社团活动的场地问题、备赛期间的疫情防控问题成了我们活动推进过程中的困难。基于此现状，我校党委积极联系各年级党支部，协调好时间与空教室、严格落实疫情防控标准，请校医全程辅助活动顺利开展。为了保障活动的有效实施，我校党支部书记与德育处干部对活动计划、安全预案、活动评价进行了评估，以保证活动的质量以及疫情期间的安全工作、意识形态等各方面不出问题。

四、活动实施

模拟法庭备赛稳步开展，高中各个党支部积极协调排练过程中学生所面临的困扰，第一时间安排了传帮带活动，联系了参与过模拟法庭大赛的高年级学生，给模拟法庭的参与人员带来了一场干货满满的分享会。同时在此过程中，学校党支部给予了坚强保障，为我们申请了专门的场地，让同学们安心训练；联系了各班班主任、学生家长，均给予大力支持；面对服装、专家辅导等问题，高中党支部联系了负责德育的党委委员为我们落实服装，同时请来了大兴区人民法院副庭长为同学们做专业指导。

年级支部、德育处与思政教师有序开展法治教育实践活动以及模拟法庭备赛活动，由于教育资源生动鲜明，就在眼前，学生近距离接触感知，加上活动设计周密，活动推进得较为顺利。

【启示与反思】

在法治主题教育活动以及模拟法庭备赛过程中，学校党组织发挥了三个方面的作用。一是在解决问题之初党组织严格将责任落实，与德育处、思政教师共同谋划，建立方案，指导各年级积极参与模拟法庭大赛。二是形成方案之后，迅速成立了年级支部、德育处以及思政教师的联合工作组，使得本次备赛工作有序推进。三是由于学校支部建在年级的优势，又有德育处、思政教师直接参与活动，各个环节分工明确，内容具体，活动开展得很顺利。四是为了保障活动的质量、实施安全、意识形态不出现偏颇，党组织严格落实"一三三四"意识形态工作机制，对活动的意识形态工作进行了严格把控，具体措施如下：

坚持一条主线，即党组织的领导。突出三大重点：突出问题整改，针对备赛过程中涌现出的问题、自查自纠的问题开展整改提升，总结有效做法，形成长效机制；突出干部教育，坚持以习近平新时代中国特色社会主义思想武装党员干部；突出政治安全，牢牢掌握意识形态领导权、主动权、话语权。强化三大保障：强化人员保障，定期对专门人员进行专门培训；强化制度保障，做到活动之前有计划、活动过程要汇报、活动之后善总结；强化机制保障，推动"党组织领导的法治教育机制"。压实四大责任：压实党委主体责任、压实党委班子成员责任落实、压实分管宣传领导责任、压实部门责任。建立健全党委总负责、部门分工负责机制，将任务落实到岗位和个人，推进到一线。

此次比赛，我们获得了较为成功的经验，但还有一些地方值得反思，以便更好地开展工作。经过大家的讨论，主要分为以下几个方面：一是在这个活动中，党组织什么时机介入？以什么样的方式介入？介入到什么程度？这是需要反思的。二是法治教育的实践课程的质量如果进行效果评估，该以什么样的方式去进行？我们的党组织在这一方面应当如何去做？三是在落实"一三三四"机制的过程中该如何有效推进以促落实？四是一场活动留给了我们很多值得思考的空间，那党组织又该如何发挥协调各方的作用，让校园法治教育进行可持续发展？这些都是值得研究的。

党建引领青年思政课教师发展

北京市大兴区第一中学 张 妍

【背景与目的】

习近平总书记关于教育的重要论述，尤其是2019年3月18日在学校思想政治理论课教师座谈会上提出的“六要”（政治要强、情怀要深、思维要新、视野要广、自律要严、人格要正），为新时代思政课教师队伍建设提出了明确标准，指明了前进方向。

完善制度体系建设，切实提升党建对思政课教师队伍建设的政策引领。思政课是落实立德树人根本任务的关键课程，办好思政课关键在教师，思政课教师队伍建设应坚持更高的标准。思政课教师“六要”标准是继总书记提出“四有好老师”“四个引路人”“四个相统一”等要求之后，针对思政课教师群体提出的更具体、更高的要求。构建更高水平的思政课教师队伍建设机制，要切实发挥党建的引领作用。基于此，学校细化分解教育部等七部门《关于加强和改进新时代师德师风建设的意见》，制定了学校思政课教师队伍建设实施办法、师德建设长效机制实施办法、师德失范负面清单及师德失范处理办法等，坚持把师德作为评价教师的第一标准，形成了党建引领下的思政课教师队伍建设制度体系和标准，努力建设一支可信、可敬、可靠，乐为、敢为、有为的思政课教师队伍，为培养担当民族复兴大任的时代新人。但在面临老、中、青思政教师严重失调的前提下，如何实现结构优化，以结构优化强化躯干成为重中之重。

【做法与成效】

北京市大兴区第一中学（以下简称：大兴一中）积极引导教师做有理想信念、有道德情操、有扎实学识、有仁爱之心的党和人民满意的好老师，大力加强和改进师德建设，努力培养造就一支师德高尚、业务精湛、结构合理、充满活力的高素质专业化教师队伍。主要做法如下：

一、以“党建+教师带头”提升专业素养

在学期初，党总支深刻地认识到学校老、中、青思政教师比例失调的严重性，经过多次斟酌、研讨，与教学处共同研讨学校青年思政教师培养计划，并制订出具体方案。

一是，开展结对共建、结对帮扶。俗话说“火车跑得快全靠车头带”，学校通过党员教师“结对帮扶”的途径，发挥骨干教师的传、帮、带作用，在校内开展教学经验丰富的教师与新入职的年轻教师“一对一”结对帮扶工作，指导青年教师的教学、科研等工作，帮助年轻教师不断提高教学业务水平和教科研能力。“结对帮扶”既给青年教师压担子，帮助青年教师尽快成长、脱颖而出，提高青年教师的综合素质，使更多的青年教师成为教育教学的骨干力量；也促进骨干教师的自身提升，促进学校教育教学能力的科学和谐发展。

二是，组织开展教学技能比赛和各类培训。每学期组织一次年级全体思政课讲课、一次课件展示，鼓励教师参加各级的思政课教学比赛；坚持职前与职后培训、校内与校外培训、长期与短期培训相结合、思政课教师参加各级各类思政教师培训班、组织思政课教师参加“集体备课”等在线学习活动，通过比赛和培训提高思政教师专业素养。

二、以“党建+榜样示范”带动队伍提升

一方面，学校党总支举办“教师好故事宣讲”活动、党支部“优秀党员典型事迹宣讲”活动、“两学一做”学习教育活动，先从党员中试行，再向全体教师拓展。另外，2018年5月，党总支将教师好故事宣讲活动系列化，分青年教师快速成长篇、中年教师专业发展篇和老教师职业生涯篇等专题，更加增强了针对性和实效性。这些发生在教师自己身上的动人故事，充分地体现政治性、思想性和时代性，兼具党味儿和故事味儿，对青年教师的快速成长和中年教师的专业发展具有较好的引领作用。

另一方面，学校教育教学工作具体体现了“大兴一中教师精神”的社会主义核心价值观基本内涵，校党委将“大兴一中教师精神”的基本内容作为“和合新秀”“优秀青年教师”的评选条件，即以“逢一必争”的精神状态对待工作……党委搭建教师评比平台，教师通过“京教杯”展示、撰写学科论文、教学设计评比、视导课、公开课、辩论赛、模拟法庭（联合国）等各类评比、展示、表彰，培养青年教师的竞争意识，既可以增强青年教师的专业素养，也有助于其长远发展。

【启示与反思】

一是，青年教师是学校发展的中坚力量。

“青年兴则国家兴，青年强则国家强。”青年教师作为学校发展的中坚力量，关系到学校未来发展。培养青少年成长需要先锋模范带头、引领作用。党组织有先锋，引领了各支部、党小组协调发展，为青年教师成长发展规划筹谋；党员有先锋引领，发挥党员队伍模范带头作用，榜样示范引领青年教师发展；老教师有先锋引领，引领教师队伍共同发展。

二是，强基固本立德树人筑师魂，进一步强化教师自我提升的意识。

新形势下，学校全面深化教师队伍改革，以师德师风建设为抓手，以党

委教师工作部和教师发展中心为平台，促进青年教师培养。学校以党建引领教师队伍的建设为抓手加强青年教师思想政治建设。事实表明，学校教师队伍已自觉把师德师风建设放在首位，在此基础上强化教师教学及科研能力，做到理论与实践相结合，培训与考核相结合，牢固树立事业心和责任感，为学院人才培养和教学科研的可持续发展提供坚实的人才保障。

让红色基因薪火相传

北京市大兴区安定镇中心小学　马　静　王　颜

【背景与目的】

习近平总书记在参加山东省两会代表团议政中对红色基因传承作出重要指示:“红色基因就是要传承。中华民族从站起来、富起来到强起来，经历了多少坎坷，创造了多少奇迹，要让后代牢记，我们要不忘初心，永远不可迷失了方向和道路，爱国主义教育要加强，要让孩子们知道自己是从哪里来的，红色基因是要验证的。”2021年是中国共产党成立100周年，学校加强党对德育工作的全面领导，坚持社会主义办学方向，以“创建一所崇尚美、践行美的优质花园式农村学校”为办学目标，紧紧围绕“立德树人、创新实践”的工作原则，传承红色文化，开展“立德树人，让红色基因薪火相传”系列活动。逐步建立起家庭、学校、社会三位一体德育工作体系，全方位布控育人格局，架设互动桥梁，提高德育实效，让学科德育从课堂上延伸到家庭、延伸到社会，在传承红色教育中，探索立德树人新途径，促使学校德育工作再上台阶。

【做法与成效】

一、学科德育传承红色精神

将立德树人目标融入各学科教学之中，丰富德育载体，拓宽德育渠道，提高育德成效，实现全员育人、全科育人、文化育人、实践育人，全面提高中小学生的道德素养，促进每个学生健康成长。

学科德育渗透。为了更好地传承红色文化，开展学科德育，我们从教学管理入手，要求学科教师在备课过程中，把每堂课的红色文化德育渗透目标明确化、目标化。利用校公开课、示范课积极探索德育目标渗透的有效方法，充分发挥学科课程在立德树人方面的引领作用。例如：语文课堂引领学生阅读经典，组织学生开展四史学习等，让革命教育、爱国教育等德育内容于润物无声中滋养学生。

德育课程特色。加强德育课程建设，构建国家+地方+校本的立体课程结构。按规定开展《道德与法治》国家课程，用“思考和行动”落实课程理念，用“实践和反思”提升专业素养，推动道德与法治的课程和学科德育渗透的实施。通过学科实践，拓宽课堂空间，将课上与课下相结合，线上与线下相结合，深化课堂育人主渠道。组织编写“学四史明担当”四史学习校本材料，实现课程育人。

二、德育阵地铸就红色之魂

学校党支部在进行德育教育中，始终坚持科学发展观，让学生的思想道德建设和社会实践、社会进步等联系在一起。学校是德育的主阵地，在党支部的领导下我们积极落实社会主义核心价值观教育进教材、进课堂、进头脑的要求，通过社会实践、10%综合实践等多种形式，连通校园内外。

学校在教学楼四层打造红色文化宣传长廊，将四史、革命英雄、革命精神、祖国成就，用宣传栏形式组成红色长廊宣传，学校选拔优秀宣讲员，带领学生走进红色长廊，采用互动式、参与式，寓教于乐的、生动活泼的活动形式，让红色文化内化于学生心灵深处，让学生感受红色的魅力，接受红色的熏陶与精神的洗礼。我们还充分利用微信公众号推出11个主题板块，包括党建园地、榜样人物、好书推荐、校长讲堂、教师讲堂、教育故事、云展览、健康知识、红领巾宣讲台、云端看校园、校园动态等，搭建德育交流平台，促进新媒体与德育深度融合，构建校内、校外、新媒体立体育人网络，以实现全方位文化育人。

三、活动载体打造红色主线

结合建党100周年，学校党支部统领德育处推进5个“百”系列活动。

（一）百节好课讲起来——红色课堂

课堂是党史教育、培根铸魂、立德树人的主渠道。学校通过“兴安杯”聚焦课堂教学、拓展实践教学、创新网络教学、探索课程思政、融入校园文化，引领和协调思政课、专业课共同铸魂育人，培养学生爱党爱祖国爱家乡之情。

（二）百场宣讲讲起来——榜样树立

学校搭建六个微平台，成立六支宣讲队。六个微平台即微党课、微学习、微活动、微宣传、微好事、微平台。开展党员干部微党课活动，以朴实简洁的形式和严谨生动的内容对全体教师进行思想教育，提升全体教师的思想觉悟和道德修养；充分利用学校公众号建设宣传教育阵地，对党建活动、学校德育活动等进行宣传，并将其作为学校德育工作的助推器。建立六支宣讲队，即党员干部宣讲队、党员教师宣讲队、教师宣讲队、学生宣讲队、家长宣讲队、社区志愿者宣讲队，将党员干部、党员教师、学生、家长及社区工作者涵盖其中，区别不同受众、采取多种方式，精心谋划、整体推进，起好宣传教育、理论引领作用。

（三）百幅作品写起来——传承经典

值此建党百年之际，为讴歌中华民族实现伟大复兴的百年奋斗历程，颂扬中国共产党的丰功伟绩，唱响共产党好、社会主义好、改革开放好、伟大祖国好的主旋律，通过书法作品展激发中小学生的爱国爱党情怀，提高学生的传统文化素养，检验学生的汉字文化与书法审美水平，对近年来书法教育教学成果进行主题展示，以优异的成绩庆祝建党100周年。

（四）百首红歌唱起来——歌颂祖国

童心唱响中国梦，歌声演绎中华情，通过红歌讴歌中华民族实现伟大复兴的百年奋斗历程，颂扬中国共产党丰功伟绩，引导广大师生唱响新时代主旋律，让红色基因薪火相传。

（五）百首诗歌诵起来——讴歌新时代

通过朗诵会进行生动鲜活的红色文化教育，一篇篇红色经典，一段段深情朗诵，一个个演讲作品，忆峥嵘岁月、诉使命初心，把红色基因深深融入学生们的血液，浸入学生们的灵魂，让他们具有社会责任感与使命感，不负青春、不负韶华、不负时代。

【启示与反思】

一是，统一部署，保障落实。

学校党支部战斗堡垒作用不断增强，统一部署，保障学校德育工作扎实开展。规范开展“红色课堂”，在“学”上下功夫；打造“红色阵地”在“创”上增实效；开展“红色活动”在“做”上求突破。依托新的载体，探索新的机制，规范开展活动，引导广大青少年加深对近现代以来中华民族的深重灾难和中国人民进行的英勇斗争的认识和了解，从小树立民族自尊心、自信心和自豪感，成为爱党爱国的“接班人”。

二是，有效引领，提升实效。

党支部发挥示范引领作用，积极推动着德育工作的实效性。通过“党建+师德践行+心灵共同体”路径，实施德育建设工程，营造全体党员教师严于律己的思想境界，使学校党员、骨干在“亮身份、树形象、做表率”的过程中，精益求精，成为校园和谐关系营造的示范标杆。“红色教育”像春风化雨，润物无声，影响了每一位师生的思想意识，使各校的校风、班风、学风取得明显进步，学生互助互学、教师团结进取蔚然成风，师生关系和谐融洽，受到社会各界的高度评价。通过开展红色教育，社会各界、家长群众对学校的满意度越来越高，对学校越来越关心、对教师越来越尊重。

三是，特色规划，追求显效。

以建党100周年为契机，规划开展立德树人教育活动方案，传承与弘扬适宜学生成长的精神家园的经典文化及红色文化精髓，将学校德育工作做实做细。展现地方文化，深化校园文化内涵，创新校园红色文化，培育和提高学校师生人文素养，打造红色特色“人文校园”，让师生的一言一行都折射红色之魂，让校园时时处处都充满红色的精神。

党组织引领促发展

北京市大兴区安定镇中心小学 贾俊龙 王 颜

【背景与目的】

坚持以习近平新时代中国特色社会主义思想为指导，贯彻党的教育方针，坚持社会主义办学方向，落实立德树人根本任务。在教育部印发《中小学德育工作指南》（教基〔2017〕8号）中提出，“学校党组织要切实加强对学校德育工作的领导，把握正确方向，推动解决重要问题”。《北京市中小学校党组织领导的校长负责制试点工作方案》（京教工〔2020〕67号）中提出，“要把握学校德育工作正确方向，明确党组织抓德育工作的具体职责，侧重抓好政治启蒙和价值观塑造，推动德育工作创新发展，全面提高育人水平”。小学生正处于成长的基础阶段，其智力、品德、习惯等都在不断发展变化，此时必须要得到外界正确的引导，才能使其走上健康的成长道路。

学科教学是德育的主载体，也是对学生进行思想政治工作的主渠道。随着社会的高速发展，学生的生活环境和意识体系变化对传统的德育教育造成较大冲击，影响着德育的效果，可以说有时学校长期教育的成果不及社会、网络等所反映出来的一些负面效应的影响大。社会上道德滑坡和诚信缺失现象的频频出现给我们的教育敲响了警钟：一是我们的德育教育没有到位；二是加强德育教育刻不容缓。学科德育渗透是教书与育人的和谐统一，任何学科的内容，无论是《道德与法治》还是其他学科教材中都蕴含有德育因素，只是有显性和隐性之分，所以要通过有意识、有计划地潜移默化、点滴浸润，来培养学生良好的行为习惯、坚强的意志品质、积极的求知欲望、健康的性格、健全的人格、良好的心理素质等优良个人品质。

【做法与成效】

2021年3月初，学校党支部听取了德育处的工作目标、任务和阶段性安排，一起研究德育问题。为了加强教学过程的优化，提高课堂教学德育的实效性，学校德育处、教导处在党支部的引领下计划开展“百节好课”活动。通过课堂“内外兼修”，使得学生的思想认识与学习行为有机统一，实现和谐发展。

学校党支部充分发挥战斗堡垒作用，协调学校的各方面力量，整合学校的各种教育资源，来推进“百节好课”顺利开展。教导处制定备课、上课、听评课等各教学环节的制度要求，对干部、教研组、教师提出不同要求。德育处指导教师结合教材深入挖掘德育教育要素，促进课堂教学。

在活动实施过程中，教师认真准备课程，但是由于缺少比较完备的德育理论教材和德育可持续性的指导方法，学科教师在德育的认识上也不够，整体课程在教学中没能很好地渗透德育。党支部发现问题，及时组织教导处和德育处进行研究。通过与教师沟通、座谈，聘请专家进行研究，最终提出通过“三步走”进行德育渗透。第一步，加强学习，研究制订方案。学校党支部、德育处制订完善的研究方案，加强有关理论和文件精神的学习，如《中小学德育工作指南》及十九届三中、四中、五中全会关于教育方面的文件精神，进而着力培养教师在备课和教学中的渗透德育意识，使教师在备课时不仅关注学科知识，也要让学生的思想品德得到提升。第二步，发挥党员先锋模范带头作用。学校党支部教育全体党员在德育工作中起模范作用，认真做好教书育人、管理育人、服务育人的各项工作，保证全员育人，事事育人。第三步，发挥学科课程引领作用。各学科教师认真研究本学科的学科特点、所教学生的年龄特点、心理特点，总结归纳出该学科与德育的结合点，找到学科与德育教学的最佳渗透点。通过校公开课、示范课积极探索德育目标渗透的有效方法，形成“具有良好师德，创新意识较浓”的新型教师群体，充分发挥学科课程在立德树人方面的引领作用。

在党组织保证监督、沟通协调中，我们初步形成了“渗透式课堂德育模式”，促进学生能力提高和整体素质提升。

【启示与反思】

一是，党组织在学校德育工作中发挥领导作用。

党组织在学校工作中发挥领导作用，明确学校德育工作的方向和任务。学校党支部整体掌握党和国家对德育工作的方针、政策，根据青少年学生的思想政治动态，统领德育处确定德育工作的任务和目标，保证“百节好课”顺利开展。

二是，党组织在学校德育工作中发挥监督作用。

各项工作都要督促，德育工作也要督促，当然这种督促不是袖手旁观者的指责，而是事前的部署，事中的参与，事后的检查总结，以保证德育工作真正落到实处。学校党支部在活动开展中及时发现课堂时效性不强、德育渗透不足等问题，通过及时叫醒，完善课程体系，形成“教书”和“育人”为一体的课程体系。

三是，党组织对学校德育工作发挥保障作用。

工作任务确定之后，组织保证是关键的一条，学校党组织发挥自己的职能作用，整合各方资源，发动党员示范引领作用，引导学科教师做好研究，以保证全方位、多层次地做好德育工作。

党组织领导一体化德育工作“三部曲”

北京市大兴区兴华中学　陈医嘉

【背景与目的】

中共中央办公厅、国务院办公厅所印发的《关于深化教育体制机制改革的意见》中指出要健全立德树人系统化落实机制，强调要加快构建以社会主义核心价值观为引领的大中小幼一体化德育体系。

兴华中学1949年建校，目前有小、初、高三个学部。如何立足学校12年一贯制的优势，构建12年一体化的德育体系，提升育人品质，为党育人、为国育才，是摆在学校党组织面前的一项重要问题。

第一，在认识层面，行政干部平时工作任务繁重，对于新的教育教学改革学习存在不足，对于构建一体化德育体系的意义认识不足，所以对于一体化体系的构建工作存在不重视、不愿意积极推进的心理。

第二，在机制层面，学校的德育工作是分三个学部管理，没有形成小初高一体化的管理机制，学段之间、各部门之间协调管理不够顺畅，不利于一体化工作的推进。

第三，在实施层面，德育体系缺乏顶层设计，德育课程、德育活动缺乏一体化的育人目标、方案制订和评价管理。

【做法与成效】

2020年9月，学校有幸成为北京市党组织领导的校长负责制的试点校，并参与了试点运行的子课题研究工作，依据学校办学实际，学校承担的课题研究任务是“党组织领导的12年一体化德育工作策略研究”。如何以试点工作为契机，转变领导干部、全体教师的原有认识？如何以课题研究为载体，探索形成党组织全面领导学校一体化德育工作的组织体系、制度体系、运行机制？通过党委成员的数次研讨，形成统一共识，构建党组织领导一体化德育工作的三部曲，统一思想，推进工作。

一、深入学习、统一思想、提高站位

为了加深对试点工作、课题研究的理解，学校成立了研修专班，研修专班成员包含党委成员、课题研究成员、党办办公室成员、团委办公室成员等。研修专班成员作为党建试点工作、课题研究工作的核心成员率先学习、统一思想、提高站位，深入理解中央关于加强党的全面领导的一系列文件精神。

研修专班成员通过会议、研讨会等多种形式带领全体干部教师进一步深入学习文件精神，领导干部在理解试点工作的重要性、必要性的同时，进一步结合学校特点和实际，研究政策、商讨对策，细化试点工作初步开展的具体计划。立足于12年一体化办学的优势，以课题研究为载体，学校党组织和全体领导、教师统一思想，积极探索建立党组织主导、校长负责、群团组织参与、家庭社会联动的小初高一体化德育工作机制。

二、探索优化组织体系和运行机制

缺乏一体化的管理机制，是学校一体化工作不能顺利推进的一个根本原因。学校党组织、研究专班成员共研共议，不断优化党组织发挥领导作用的组织体系，以此探索构建职责明确、协调顺畅、运转高效、作用到位的学校现代治理体系。初步建构学校组织体系架构，包括三个系统，分别是决策系统、执行系统和支持系统。在此基础上，学校形成党组织发挥领导作用的德育工作组织体系和运行机制。

德育工作决策系统运行机制：依据教育方针和学校办学理念，结合教代会、学生会、团委会、少代会、学术委员会、家委会等多方提案，德育副校长制订具体工作方案，并提交校务会进行审议，最后提交党委会审议。在此决策过程中，党组织从顶层设计、文化植入、制度建设、引导协同等多方面进行整体方向把控、大局统筹，最终形成具体决议方案。

德育工作执行系统运行机制：执行系统包含五个党支部，党支部建在年级学部，支部书记均为党委成员，有利于直接执行落实党组织德育工作具体工作方案的决议。

德育工作支持系统运行机制：支持系统包含一个党支部，多部门联动贯彻落实党组织德育具体工作方案的决议。

党组织全面领导德育工作的组织体系、运行机制的探索优化，改变了以往学校德育工作分学部管理，各自为政的状态，各部门之间联动协调，为德育一体化工作提供研发、服务支持，各年级、学部直接贯彻落实德育一体化工作方案。

三、一体化课程的开发和实施

组织体系、运行机制的探索建构为党组织全面领导一体化德育工作体系的建构提供了组织机制保障。党组织和学校行政进一步研讨，考虑到学校原有很多品牌仪式教育活动，而且仪式教育活动意义突出，党带团、团带队，能实现榜样引领，坚定学生理想信念。因此，党组织决议以12年一体化的仪式教育活动课程的开发实施作为切入口，进行德育一体化工作的策略研究。

在党组织的全面领导下，学校支持系统的研发部门成立了仪式教育活动课程研发小组，研发小组成员来自课程中心、德育处、各学部年级党支部成员。在学校文化的引领下，依据《中小学德育工作指南》，研发小组设计了仪式教育活动的一体化育人目标，明确了活动方案设计的统一要求，开发了活动实施评价表。党组织对研发成果进行研讨，一致通过后，随即召开了仪式教育活动课程的启动大会，会后，执行部门各党支部负责具体活动方案的优化与实施。

在党组织的全面领导下，经过一年来的扎实实践，小初高12年一贯制的仪式教育活动得以顺利研发、实施，学校各年级都形成高品质的活动实施方案，现已结题成册。

【启示与反思】

一是，发挥党组织全面领导的作用，统一思想是前提。

在试点工作开始之初，干部、教师存在很多困惑，为什么把长期实施的校长负责制改革为党组织领导的校长负责制？党组织全面领导德育工作和以往的德育工作能有什么不同？每个学部、每个年级的德育工作一直在有序地推进，为什么要进行一体化的建构，是不是干部、教师的任务量增加了？面对各种困惑，各种发问的声音，学校党组织及时地以解决问题为导向，组织干部、教师通过文件学习、专家讲座、微党课、研讨会等丰富多元的学习形式，转变原有认识，加深对试点工作、课题研究工作的内涵理解，从而统一思想，为工作的有序开展提供了思想保障。

二是，发挥党组织全面领导的作用，管理机制是保障。

以党建试点工作为契机，以课题研究工作为载体，探索党组织全面领导学校教育教学改革的组织体系、制度体系和运行机制，激活了党组织发展活力，执行力明显增强。学校党委成员均同时担任学校六个党支部的支部书记，在执行系统和支持系统中分别管理相关部门的具体工作落实，让党组织领导下的管理体系可以直接贯彻落实到具体部门，扁平化的组织体系有利于提高工作决议的执行效率、落实效果，同时确保决议执行过程中能够得到服务保障系统的强有力支持。

三是，发挥党组织全面领导的作用，高质量发展是目标。

党组织对学校德育工作全面领导，把德育工作提升到课程计划的层面，为学校高质量、内涵化发展提供有力支撑。在顶层设计上，充分发挥党组织职能，把好德育工作方向，为提升学校课程的竞争力提供动力源；在分段实施上，为各部门沟通协调提供研发支持，为促进学校德育体系的一体化构建做好强有力后盾；在培养目标上，为实现立德树人根本任务，培养德智体美劳全面发展的社会主义建设者和接班人提供坚强政治保证和组织保证。所以，党组织全面领导学校教育教学改革等各项工作，提升了学校整体育人效果，助力学校高品质一体化发展。

“以课例为载体的团队成长”工作探索

北京小学翡翠城分校　张文凤

【背景与目的】

在试点工作中，我们创新教师思想政治工作，将党建和业务深度融合。专家课例指导是非常有效的教师专业成长形式，也是最受教师欢迎的校本培训形式。我们原有的“以课例研究为载体的团队成长”运作流程如下：1个人备课——2集体备课——3试讲（同轨班级一）——4专家听课评课（授课教师班级）——5修改教案——6复讲（同轨班级二）——7形成教案、课件——8入资源库。其中，专家来校进行课例指导只是教师课堂教学的一个环节，更多的研究是教师平时在教研组内完成的。

由课堂教学构成的课堂生活的性质与质量，直接影响学生身心发展与健康成长，决定着师生在校的基本生存状态和生命质量，是师德师风最常态的呈现。课例研究是以教师专业发展为导向，以立德树人为根本，教师集体对课堂教学的系列研究。提高学生的发展质量，达成学校的发展目标，需要教师之间的团队合作，需要“二重唱”“三重唱”甚至“大合唱”，“独唱”已经不合时宜了。

【做法与成效】

北京小学翡翠城分校成立于2008年6月，逐年递增年级。教师的引进主要以应届毕业生为主，兼顾引进一些在职教师，因此教师平均年龄不足30岁，是一所名副其实的年轻学校。

首先，年轻教师的责任心非常强，上进心非常迫切，但是他们在发展中缺少切实的教学指导，茫然、手足无措，有劲不知道向哪里使；其次，教师参加工作的前三年是其专业发展的一个关键提升点，如何体现党组织对教师的方向引领？如何让教师树立坚定的理想信念？能否抓住这个发展点对于教师以后的职业生涯至关重要，也许过了这个发展点就会事倍功半；再则随着学校规模的扩大，教师人数的增多，单靠教学干部的听评课已经远远不能指导教师个体的专业发展。

每次专家来校，组内成员共同参与整个流程，这样受益的就不是一个人而是整个团队。为了体现党组织对于学校工作的全面领导，我们在原有基础上，又融入学科育人、意识形态等研究主题，这种工作机制，使得方向更加明确，在日常教研中潜移默化地提升了教师的思想政治水平。

针对以上的思考，我们一起研讨解决之道，最后达成一致：充分发挥专家的引领作用，借助“以课例研究为载体的团队成长”模式，提高课堂教学实效性，促进教师的专业成长。流程如下：1个人备课——2集体备课——3试讲（同轨班级一）——4专家听课评课（授课教师班级）——5修改教案——6复讲（同轨班级二）——7形成教案、课件——8入资源库。

在整个课例研究过程中，凸显党建引领下的校本研修，大家发挥各自优势，分享互助，积淀提升。每一个课例，整个教研组成员全程参与，在一次次的课堂教学、课下研修中，提升的不仅是讲课者，受益的是整个团队，是一种绿色的生态成长。

【启示与反思】

一是，引领趋同。

都说万事开头难，这种模式在刚开始实施时遭到了大家的抵触，原因有二：其一，模式中的二、三、四、六环节教研组内教师都要全程参与，而且有时专家到校的时间是随机的，教师要频繁地调课，正常的教学秩序被打乱，这也无形中增加了教师的工作强度；其二，学校聘请的专家工作严谨，语言犀利，教师有畏难情绪，每次的主讲教师确定都非常困难，他们不是把这当作机会，而是当作负担。

针对以上的问题，我们首先进行通识培训，让教师明晰：专业成长不仅是个人的事情，它和孩子的成长息息相关，因此也是一种责任；任何成功的背后都要有辛勤的付出，没有人会随随便便成功。动之以情，晓之以理。教师们慢慢地转变着观念，开始静下心来围绕课堂进行研究，其实这里也有时代发展的召唤和学校绿色成长文化的熏陶与影响。

我们针对教师中出现的具体问题进行了一些调整。每个学期初就和专家定好每个月来校的具体时间，提前将课程表调好，减少临时调课；将专家进行合理调配，让组内每位教师每学期只有一次讲课的机会，不增加过重的负担。

二是，带动发展。

这种模式的运行使学校的扁平化管理有了依托，每位教育教学干部承包一个学科和一个年级组，将立德树人渗透到每个环节，我们的党建引领、教学管理以及评价都下移到了教研组，使得教学干部能够有精力人人兼课，水到渠成地实现了从教学管理到教学引领的转变，促进了现代治理体系和治理能力的提升。

在这个过程中，精选教研组长非常关键，我们强化双培养机制，让党性强、精业务、肯奉献的教师担任教研组长。学校赋予他们管理的权力，并让他们参加各种党务、业务培训，让他们明晰为国育人，为党育才的使命担当，开阔眼界、滋养情怀。这些教研组长多为年轻人，有的工作三年就带起了同轨九个班的教研管理任务。他们思路清晰，有干劲，有闯劲，很好地引领了组内的发展。这些教研组就像一块块拼图，拼就了翡翠城的优质、均衡。

三是，共享成长。

我们尽量为教师搭建多样化的平台，力求让每个人都有展示的机会。校内的“绿之杯”“蓝之杯”“翡翠杯”每年一届，涵盖了校内的所有任课教师；

校外的赛课、展示我们有一个坚守：不求第一，只求练兵。这次参赛过了下次就换别人，让每个人都能展现自己的风采。因为我们深知：教师的职业特点决定了，只有每个教师都优秀，才是对孩子的最大负责任！

我们感觉整个流程下来，教案、课件凝结了专家、教师的集体智慧，这些资源应该更好地共享，发挥出应有的作用。于是我们建立了一个方便好用的教学资源库。每到学期末的时候，教师们以教研组为单位，打包上传本学期的课例研究。几年下来，我们的教学资源库容量逐渐丰富，分年级、按学科打包，教师们使用时自行下载，在修改的基础上使用，这大大节约了教师的备课成本。自种树自乘凉，每个人都是贡献者，同时也都是享用者。

始终不离开课堂做研究，始终不离开团队谈发展。教师们在“以课例为载体的团队成长”行动研究中，互相启发，互相鼓励，乐于创新，不断积累提升。教师们由被动地参与到现在清晰地知道自己想要什么，这是一个巨大的转变，市、区级骨干教师和任课教师的比重由原来的13%上升到了31%。这种模式，凸显了党建引领和学校自主发展理念，达成了教师的个性发展需求，有效促进了教师的专业发展。

创新支部党建工作　引领学校特色发展

北京小学翡翠城分校　张文凤

【背景与目的】

北京小学翡翠城分校成立于2008年，分为南、北两个校区，一校三址办学。学校现有学生2000余人，教职员工240余名。党总支下设2个党支部，共计74名党员。在集团化办学的实践过程中，不断完善党的组织体系和管理架构，实行校长统筹、校区负责人分校区协调的服务和管理模式，在集团化发展过程中践行初心使命，以党建引领教育集团的一体化发展，倾力打造“追梦先锋”的党建品牌。

习近平总书记在全国教育大会上提出“思想政治工作是学校各项工作的生命线”，党的十八大以来，习近平总书记围绕“培养社会主义建设者和接班人”做出一系列重要论述，深刻回答了“培养什么人、怎样培养人、为谁培养人”这一教育根本问题。作为北京市中小学党建示范点，学校坚持党建引领，构建以“党建+”为核心，创新实践——五“引领”五“聚焦”五“融合”的党建工作模式。树立“集团+”的思维，依托“一三五”工程，探索教育集团思政德育工作一体化，积极搭建集团“管理共融”“绿色共建”“人才共育”“协同共进”的四大平台发展模式。以高质量党建凝聚人心、凝聚共识，推动学校教育高质量发展。

【做法与成效】

一、以保障师生生命安全为宗旨，打好学校疫情防控阻击战

党总支围绕立德树人，积极探索疫情防控常态化背景下的党建工作新方法，强化党组织领导，成立疫情防控领导小组，领导和组织、协调、指挥疫情防控工作，做好专题研究、分层部署。先后召开疫情防控工作专题会21次，参与教育系统召开视频工作会16次，制发相应的规范、预案，做好物资保障、强化人员排查。认真做好教室、校园全面消杀、防雨棚搭建、各项设备设施检修等工作，全力保障防疫物资配备。各支部开展“战胜疫情，从我做起”党员承诺、践诺。3名干部主动报名下沉基层、进社区，干部24小时坚守校园，完成不同阶段系统内教职员工、学生各方面、多轮次情况排查上报工作。

党员全员深入社区联防联控，得到社区及街道的高度肯定。学校代表大兴区迎检市级疫情防控、开学准备等专项应急督导检查，为学校争得了荣誉。

二、坚持党建引领，汇聚发展合力

创新教师思想政治工作，健全师德教育体系，积极开展“云端”学习。综合运用“学习强国”、专题讲座等线上线下形式，组织班子集中分享、校长每月推荐图书、南北支部学习大比拼等活动。设置校长信箱，聚焦学校发展热点、难点。制定积极务实有效的整改措施，解决师生就餐、教师发展、创新菜单式文体活动等问题，其中难事大事6项、实事好事12项，很多问题立行立改并初见成效。

探索“互联网+党务”的新模式，推广使用“腾讯会议”App线上功能，按时按质开展“三会一课”、主题党日活动，确保党建工作的规范有序。以视频会议形式，先后参与基层党组织书记和党务干部培训班，组织马璇、宁兆

兵等基层党员进党校示范培训班的“云培训”。

第一时间向全体共产党员发出疫情防控倡议书，组织南北各支部积极行动，开展“战胜疫情，从我做起”党员承诺践诺活动。组织在职党员进社区，坚守在疫情防控的社区第一线。组织干部报名下沉镇村随时待命，全体党员参加“党员进社区（村）联防联控”行动。

党员自愿向党组织捐款4450元，党员干部主动放弃春节假期，义无反顾、勇挑重担，体现了翡翠城党组织的责任与担当。积极宣传教职工在疫情阻击战中的先进典型，先后通过公众号发布了约六十篇文章，弘扬翡翠城党员干部的师者风范。

三、提高党建服务质量，促进学生全面成长

创新主题教育活动形式，结合学生居家学习实际，统筹安排，指导帮助学生安排好居家学习和生活，养成良好习惯。引导党员教师做到“五带头”，教职员工家校协同、五育并举，录制公开课、微视频120余节，先后访问了2205个家庭，与每一位滞留武汉的学生一一视频通话。认真做好心理咨询和疏导需求。干部、教师积极参与区教委“同心战疫”的栏目。薛松杰、陶美玉等党员教师带头参与区级名优教师电视公开课关爱特殊时期学生的居家学习成长。郝继文、赵电兴等通过“晒晒我的健康生活”等线上体育活动，为师生家长提供丰富、优质的线上学习资源，认真做好线上线下教学融合。

四、统筹规划，推动教育集团优质发展

为更好地推动学校绿色健康发展，聚焦学校发展的关键性、焦点性问题，面向三校区及集团校全体教师征求对学校发展的意见和建议。组织专门会议认真汇总、积极采纳、细化分解，根据具体情况逐一认真落实整改。张文凤

校长作为特级校长在教育电视台双特战疫、区兴师教育论坛、兴教微论坛、公众号上分享线下办学理念，推动翡翠城党建辐射带动。吴琦、福佩祥被评选为“大兴区四有好教师标兵”“兴教抗疫先锋”，充分发挥榜样引领带动作用。在教育部名校长领航工程活动中，通过线上为昭觉县、布拖县乡村骨干教师做“疫情背景下全视角的理论与实践”专题辅导，在特殊时期发挥了党组织的战斗堡垒作用，汇聚党建品牌的凝聚力。

五、加强意识形态工作，提高治理能力和水平

党总支组织党员教师观看家风家训、先进人物事迹等数字展览资源。观看《护航民生》《北京扫黑除恶战果：朝阳女“村霸”获刑十五年》视频。通过腾讯会议形式，为全体干部党员做“立德树人守初心 清正廉洁做表率”书记云党课。对照官方通报及教育系统近年来典型案例，开展“学条例、讲案例、谈体会”。持续开展垃圾分类动员工作、学习、网上答题、签订承诺书、参与率实现百分百。推进文明创城工作，积极开展系列整改提升工作。开展师德活动月，组织师德宣讲、师德座谈会，慰问优秀教师。以身作则当好表率，签署《党风廉政建设责任书》《师德责任书》。全体党员干部以高度的责任感、使命感，取得了令人振奋的成绩，彰显了共产党员政治本色和政治觉悟，发挥了党员的先锋模范作用。

【启示与反思】

通过党组织领导的校长负责制的实施，学校以思想政治工作实践研究为课题研究方向，抓好顶层设计，结合学校绿色成长教育理念，重新勾画设计了学校工作组织结构，以学生发展为中心，形成以决策层引领，服务层支撑，协商层协力的立体、扁平化管理模式。通过党建引领，学校紧扣全员、全过程、全方位的育人路径，进一步提升学校思想政治工作研究质量，推动加快

构建一体化育人体系，围绕思政工作课堂融通、学校融入、社会协同，绘就纵横贯通的“大思政”同心圆，帮助翡翠娃“扣好人生第一粒扣子”。学校将不断增强党的政治领导力，推动党建与中心工作的有机融合，助力集团化办学，凸显“绿色成长教育”的党建育人特色。

构建思政格局　筑梦绿色成长

北京小学翡翠城分校　刘砚春

【背景与目的】

教育是国之大计、党之大计，教育工作是培根铸魂、启智润心的工作。习近平总书记指出，思想政治工作是学校各项工作的生命线，并围绕“培养社会主义建设者和接班人”做出一系列重要论述，深刻回答了“培养什么人、怎样培养人、为谁培养人”这一教育根本问题。

当前，学校面临多址办学、思政工作机制不够完善、形式较为单一，年轻教师多，教师发展内在动力不足，思想动态把握不够精准，坚持立德树人，自觉践行为党育人、为国育才的意识不强等情况。作为北京市党组织领导的校长负责制试点校，为进一步提升思政工作质量，必须紧扣全员、全过程、全方位的育人路径，加快推动构建一体化育人体系，用心、用力、用情推进思政工作，让学校育人充满浓浓的“思政味儿”，推动学校教育高质量发展，帮助翡翠娃“扣好人生第一粒扣子”。

【做法与成效】

一、抓好顶层设计，建格局

坚持党建引领，构建以“党建+”为核心，创新实践——五“引领”五“聚焦”五“融合”的党建工作模式。结合学校绿色成长教育理念，抓好顶层设计，重新勾画设计了思政工作组织结构，以学生发展为中心，形成以决策层引领，服务层支撑，协商层助力的立体、扁平化管理模式。

以思政工作为抓手，形成党组织领导、一中心、六服务、四保障的“大思政”组织结构。建立党组织决策、行政落实、教代会等监督，社会资源协作配合，上下内外联动的工作机制，确保民主化与法制化管理落在实处。让“学校好，是因为我好”的发展理念浸润人心，深化“人人重要，合作共荣”的管理文化，达成翡翠人的共同美好愿景。

通过“党总支引领——支部协调推进——党小组分块联动——党员先行示范——各校区、部门跟进落实”的党建思政协同五步法，实现思政工作的协同联动和整合贯通。在各校区分别设立党支部，低、高学段年级设置党小组，实行党建和思政工作管理一体化。建立书记为组长，行政、德育、教导、后勤为主力的思政工作管理团队；完善领导班子成员、教研、年级组长、班主任、思政教师为骨干，教师全员参与的思政工作实施队伍；协调社区、家长、法制校长等社会力量参与思政队伍建设。通过思政推进、过程管控、支撑保障的思政管理协调机制，为师生成长打好思政工作最美底色。

二、强化思想引领，铸师魂

用“大思政”铸魂育人，将管理、服务和文化的思政滋养作为工作的重要载体，综合运用“学习强国”等“云端党建”，鲜活“四史”教育，践行“三牛”精神。探索党总支顶层引领、支部有序推进、党员模范带动的“点、线、面”三级联动，线上线下融合共进的思政教育模式。教师每天学习“打卡PK”、干部每周文章分享、校长每月推荐图书，通过公众号、党员活动日等渠道载体，引导教师坚定理想信念、涵养报国情怀、提升育德能力。开展党员先锋岗、师德宣讲、榜样事迹展播、承办区级党日观摩等活动，努力提升党建育人质量。

整合教学、科研、管理、服务，四条“思政线”，推进“教师信仰提升”

工程，聚焦师德师风建设。发掘“翡翠之星”的典型示范作用，让榜样群体可学、可亲、可爱的鲜活思政案例激发奋进新时代的强大力量。通过双培养工作，提升教师队伍的政治素质和业务能力。激励教师干大事、勇担当，让思政教育春风化雨、凝心聚力。让党的声音传导到每一个个体，每一次班会、每一次国旗下讲话、每一次教研活动……将党的领导融入学校管理与发展的方方面面，实现党建与思政同频共振、互动双赢。

三、创新思政方式，导师行

在集团化发展过程中，着力实施“一体两翼”发展战略。树立“集团+”的思维，依托“一三五”工程，探索翡翠城教育集团“管理共融”“绿色共建”“人才共育”“协同共进”的四大平台发展模式。聚焦“绿色成长，筑梦先锋”党建品牌建设，筑牢党建“六大阵地”，以高质量党建凝聚人心、凝聚共识，让思政工作从“自扫门前雪”到“共绘同心圆”。

构建“浸润式”思政育人模式，完成学校和教师个人三年发展规划制订，共同展望“十四五”，聚焦新发展格局。鼓励教师自主发展，让《翡翠城教师公约》成为大家遵守的共同约定；树立“大的课堂观”，在校园的每个角落悉心注入教育元素，让思政教育随处浸润师生心灵；树立“大的课程观”，将主题德育、校园文化、五自常规管理纳入课程之中，丰富“绿色成长课程”体系；组织教师风采暨最美教师家属评选；制定教师心愿单，启动最佳建议奖评选，看望慰问困难教师、探访优秀教师家属、对青年教师进行家访……让思政走心更入心，让绿色成长教育的管理理念接地气、惠民生、顺民意。

四、借助品牌建设，促师能

搭建“一基两翼多维”的教师专业发展框架，通过“三杯”赛、草根论坛等活动，借助“师徒结对”“名师1+1”、学科工作坊、学术工作室等，鲜明梯队建设，助力团队成长；重新制定课堂观察表，师生践行自主、本真、互动、生长的绿色课堂文化；成立教师茶艺、瑜伽、球类等社团，深化“大气智慧 自信优雅”的教师文化。

勇于担当，勇于实践，牵手3所集团校纵向贯通、横向联盟，让思政工作在集团化办学中落地生根，共同探索教育优质均衡发展的特色区域模式；通过教育部领航工程张文凤校长工作室，辐射带动远郊区十一所学校的发展；与四川大凉山多所学校组成专业发展共同体，开展业务培训和教学指导、分享管理经验，选派精干教师扶贫支教，共同规划学校发展，助力脱贫攻坚。

“大思政”格局下，师生共同筑梦、追梦、圆梦。青年教师姜丽被评为北京市骨干教师、孙健权被评为北京市学生喜爱的班主任、8位干部成长为市区学科带头人和骨干教师，张文凤校长被评为北京市优秀思想政治工作者、北京市特级教师、北京市特级校长。学校被评为北京市中小学党建示范点、大兴区师德建设先进集体，获得大兴区先进基层党组织等荣誉称号，共同携手领航大兴教育发展。

【启示与反思】

通过党组织领导的校长负责制试点，积极构建“大思政”格局，有效地解决了思政工作中存在的主要问题，发挥党组织领导作用，有效提升了思想政治工作的质量和水平。

第一，加强党组织的全面领导，加强顶层设计和制度创新，是深化大思政工作育人体系的重要前提。

通过规范管理，建立完善各项管理制度，加快构建了思政管理体系，深刻理解和正确把握新时代思政工作的重要地位，不断提升党的政治领导力、思想引领力、群众组织力，做好顶层设计，实现制度创新，使思政工作真正取得实效。

第二，发挥党组织战斗堡垒作用，加强教师队伍建设，是提升思政工作科学化水平的根本途径。

切实发挥党组织“领头雁”作用，教师队伍建设进一步增强。学校在管理、教师专业发展、评优评先等方面搭建平台，形成了一支教师“专家”队伍。精选配足配强思政工作队伍、发挥思政课教师、班主任的引领作用，为提升思政工作的科学化水平提供坚强保障。

第三，坚持立德树人，构建一体化全方位育人大格局，是思政工作形成育人合力的重要力量。

以服务师生绿色成长为中心，把思想政治教育充分融入人才培养全方位全过程，健全学校、家庭、社会协同育人机制，齐抓共管，凝聚合力，打出协同育人“组合拳”，共绘立德树人思政“同心圆”。深刻理解大思政的丰富内涵，不断推进思政工作的深度融合，出实招，干实事，求实效，用高水平思政工作推进学校高质量发展。

党建引领强基础　试点工作促提升

北京教科院燕山向阳中学党支部　潘　政

【背景与目的】

燕山教委于2018年9月全面启动了党组织领导的校长负责制试点工作，开始了积极的探索与实践。我校是第三批党组织领导的校长负责制试点学校，党支部有党员29人，支部委员会成员5人。经过一年多的实践，我校精心谋划，科学部署，通过政治引路、科研带路、制度铺路、行动开路、德育同路五个着力点，开展富有实效和特色的试点工作。

【做法与成效】

一、思想引路，凝聚整体合力，把好“意识关”

（一）开好“三个会”，统一思想

思想理念引领行动、影响行动。为确保试点工作顺利推行，必须首先做好思想动员，提高政治意识、强化责任担当，凝聚强大力量。试点工作开始之初，主要通过“三个会”来进行宣传动员。首先召开“统一思想会”，第一时间及时传达和解读相关会议和文件精神、组织政治学习，引领班子转变思维，提高站位、达成共识。之后召开由中层干部、党小组组长和全体党员参与的“骨干动员会”，使全体骨干真正地做到了从思想上正确理解、认识上高度把握，打造强劲有力的试点工作主力军。同时借助全体教师会、教代会和学习培训会等活动契机召开“工作统领会”，对试点做动员部署，要求大家高度统一思想。

（二）调整“三种心态”，大胆实践

任何改革都会面临许多新情况、新问题和新动态。这次党组织领导的校长负责制试点工作亦是如此，它呈现出很多新特点、新矛盾、新挑战，对于学校来说很多地方都是新的、有困难的，都需要党员干部、全体教师，特别是领导班子去积极地探索，更需要努力地克服畏难情绪，大胆尝试。因此，在时间紧、困难多、压力大的情况下，我们要求全体干部及时调整“三种心态”，即克服名利心态，把握工作定位；克服浮躁心态，重在持之以恒；克服畏难心态，勇于实践探索。要求全体教职员工鼓长劲、打长谱，积极应对、以变应变，充满自信地边干边研究，在实干中不断积累经验，探索新方法，创造新业绩。

二、科研带路，探索实施路径，把好“方向关”

（一）坚持问题导向，进行科学谋划

科研是做好试点工作的基础和根本。为达成试点工作目标，我们立足校情，目光向内，从探查内部问题、剖析原因入手，从点上发力，基于自身优势点、工作薄弱点、群众关注点、学校立足点四点上寻找工作的突破口和切入点，进而寻找试点工作的实施策略与途径。学校积极申报试点校研究课题《向阳中学干部培养选拔任用管理实践的策略研究》，将试点工作和课题研究结合起来，把试点工作作为课题研究的实践形式，二者互相促进，用课题研究促试点工作的推进。

（二）树立“三高”“三精”，强建干部队伍

在课题研究过程中，我们积极探索，逐步完善了以“知行党建，引航向

阳”为主线，以“高标准选、高质量培、高水平管”为原则，以向阳教育的“三精”（精益求精、精打细算、精诚合作）管理文化为基础的中层干部培养选拔聘用管理机制，有效地保障学校决策贯彻落实。

三、制度铺路，规范整体运行，把好“保障关”

（一）确权明细，制订方案

学校始终坚持科学制度保障党的建设，不断增强党内生活和党的建设制度的严密性和科学性，推进党的建设科学化、制度化、规范化。学校领导班子在深入学习和研究的基础上，探索制定了《向阳中学党组织领导的校长负责制实施细则（试行）》《向阳中学重大事项议事决策机制》等制度。明确了党支部、书记、校长的职责与任务，规定了支委会、校务会、教代会议事的主要内容及议事决策的程序，使试点工作开展有章可循，有据可依。

（二）构建体系，筑牢基础

首先，为了更好地开展试点工作，学校在组织机构上进行了积极的实践与探索，我们把党政双轨有机融合，建构了党组织领导的党政交融的组织协同体系与运行机制，将原有的行政办公室和党务办公室合二为一，成为党政办，并选拔出党龄较长、行政工作经验较丰富的优秀党员干部担任党政办主任。其次，将支部建设延伸到教育教学一线，实行党小组、年级组管理一体化。党支部根据党员数量和素质、年级整体工作需要和任务，按照“一个年级，一个党小组，一名支委、一名优秀党员、一名优秀团员（入党积极分子）、一位党员名师”的原则，在四个年级组分别设置四个党小组。每名干部深入实际、深入基层、深入群众；每名党员有“岗位”、有任务、有担当。时时处处强引领、做示范、起表率，促进党性锤炼与业务培养相结合，增强工作实效。

（三）规范程序，精准操作

科学合理的制度完善后，还需要保证在具体的执行过程中能按照正常的轨道进行，就必须在程序上有明确的操作规程和要求。为此，学校针对重大事项议事决策过程中易错易漏的问题和重点环节进行再梳理、再细化、再规范；针对实践中职责模糊、分工不明、效率不高等多种情形，进一步明确操作原则、明晰工作环节，研究出各类工作的流程图及菜单，整个过程公开透明、各个环节无遗漏，保证党组织领导的校长负责制的正确贯彻与执行，真正使党组织领导的校长负责制落到实处、收到实效。

四、行动开路，发扬党内民主，把好“监督关”

（一）强“两会”，聚人心

教代会和工会是学校民主管理的主要组织形式，也是学校参政议政组织机构，发挥着重要的民主监督和凝聚人心、汇集合力的职能作用。根据试点工作需要，学校重新改选教代会，组建工会委员会，规范了教代会和工会的工作，加大对成员的管理和培训，强化他们的参政议政主体意识，使教代会和工会真正成为学校和职工联系的桥梁和纽带，发挥了重要作用。

（二）广言路，集智慧

学校管理、组织活动存在什么隐患和问题，党员群众看得真切，最有发言权。为此，学校广开言路，开门纳谏，让全体教师发挥主体意识，积极参与到学校的民主管理中来，力求使群众在过程中“乐意”，在结果上“满意”。学校充分运用互联网技术和信息化手段，加大问卷星的技术培训，很好地进行了决策前的广泛征集意见，省时省力，效果明显，便于学校支委会准确无误地作出决策。

（三）畅渠道，促作风

学校各方面管理全面接受社会的监督、家长的参与和教师的建议，坚持畅通各类渠道，面向社会公开举报电话、设立校长信箱，开展领导接待日、家长开放日等活动，成立家委会并自觉接受家委们的监督和评议。发现问题，及时整改，妥善处理各类问题及矛盾，增强家校共育的凝聚力，努力形成齐抓共管的工作格局。

五、德育同路，构建德育体系，把好“总开关”

（一）以“四带三联双促”为原则，构建党管德育工作组织架构

学校加强了党对德育工作领导的组织机制构建。重新修订学校章程，将党组织的机构设置、职责分工、工作任务纳入学校管理体系，发挥政治把关作用。党组织统领学校德育工作。带领工会、团委、党小组及德育工作领导小组，通过组织联建、活动联办、服务联合的方式，促进党建和德育共同发展。同时在党管德育的架构下，建立了党组织领导、校长负责、团少组织参与、家校联动的德育工作分工负责体制。

（二）加强德育队伍建设，打造育人共同体

德育工作是一个系统工程，学校以队伍建设为突破点，积极探索构建包括领导干部、党团员、班主任、任课教师、全体教职工以及家长在内的育人共同体，注重“六环节”建设，即注重师德师风建设、注重教师思想激励、注重组织生活激活、注重党团共建互促、注重思政教师和班主任的培养、注重家校互动协作，努力实现全员德育、全过程德育、全方位德育。

【启示与反思】

第一，延伸触角、创新组织设置，是做好试点工作的重要环节。

要加强党对学校工作的全面领导，让党的领导渗透到学校的方方面面，就要结合学校实际情况把党政双轨有机融合，建构党组织领导的党政交融的组织体系。党支部根据党员数量和素质、年级整体工作需要和任务，将支部建设延伸到教育教学一线，实行党小组、年级组管理一体化。在四个年级组分别设置四个党小组（行政领导也划分到每个年级党小组中），力求划分合理、人员均衡、编配科学、相对集中，便于活动开展，这样实现党的工作全覆盖，为推进试点和党建工作打下坚实基础。

第二，建章立制，强化制度约束，是做好试点工作的基本保障。

校章的重新修订，考核评价的完善，重大事项议事决策等制度的制定，菜单和流程的明确，各项环节的再梳理、再规范，不仅使每位干部及教师养成了在制度和程序许可的框架内积极主动开展工作的习惯和心理，还促使各环节公开透明，各会议质量提升，真正使党组织领导的校长负责制落到实处、收到实效。

第三，以人为本，凝聚最强合力，是做好试点工作的关键之举。

党组织只有坚持以人为本，充分发挥党员干部及群众的责任与担当，重心下移，力量下沉，才能切实提升学校建设的治理水平。实践证明，必须坚持党的领导与群众主体地位相结合，注重联系群众，调动党员干部及全体教师的积极性、主动性，提高政治意识、强化责任担当，凝聚强大力量并转化为共同行动，提升学校试点工作的成效。

党组织赋能学校希望教育

北京师范大学燕化附属中学党委　任德鸿

【背景与目的】

为全面贯彻党的教育方针，坚持社会主义办学方向，加强党对学校工作的全面领导，充分发挥学校党组织的领导作用，落实全面提升基层党组织体系建设任务，北师大燕化附中党委以提升组织力为重点，在燕山工委、燕山教委党委领导下，根据北京市教育工委组织部、北京市教育工委、北京市教委联合印发的《关于加强中小学党建工作的通知》及燕山教委党委《关于开展燕山地区中小学校党组织领导的校长负责制试点工作的实施意见》特制定学校细则，2020年3月，北师大燕化附中党委制定《北师大燕化附中党组织领导的校长负责制实施细则（试行）》，坚持实践党组织领导的校长负责制试点工作，落实相关工作部署。

【做法与成效】

一、加强党的领导

“党的基层组织是党在社会基层组织中的战斗堡垒，是党的全部工作和战斗力的基础。”学校党委作为学校各项工作的领导，是决定学校一切工作成败的关键因素，是影响学校立德树人、育人能力的定海神针。学校党组织通过提高政治领导力、思想引领力、群众组织力，落实中小学校党组织领导的校长负责制，树立集体领导和决策意识、树立责任共担意识，为学校的发展提供党组织和行政的双重保障，把全校师生员工紧紧团结在校党委的周围，支持校长依法依规行使职权，落实“希望教育”办学理念，实施“希望党建”，致力于加强党对学校教育工作的全面领导，完成立德树人的根本任务，促进学校的健康发展。发挥学校党组织领导作用，“希望党建”和“希望教育”协同发展。

二、完善组织之“形”

学校党委根据《中国共产党章程》《中国共产党支部工作条例（试行）》《关于加强中小学党建工作的通知》和有关党内法规，依据学校内设党支部建设的实际需要，建立并完善学校党组织相关制度，为学校党委及内设党支部管理进行组织“造型”。

《希望党支部工作章程》对希望党支部7项组织生活制度和基层党组织发展党员工作进行了具体规范和说明，规范党组织在学校管理过程中的行为，切实加强和改进学校党的工作，是学校内设党支部工作的基本依据，也是支部支委学习培训的重要教材，确保党组织在学校工作中的领导地位，推动学校各项教育教学事业发展。学校明确希望党支部、党员、教师标准，进一步细化相关管理。

三、筑牢信仰之魂

“希望党建”的工作目的是强化学校党委和内设党支部在学校工作中的政治领导作用，提高基层党组织的政治能力，坚定全体党员的政治信仰，站稳政治立场、把准政治方向，在立根固本上下足功夫。

一是，要通过“希望党建”工作坚定政治信仰，坚决站稳党性立场和人民立场，在教书育人的实践中把对党负责和对人民负责高度统一起来，着力解决全体教职工以及学生家长最关心、最直接、最现实的教育问题，努力提高教育教学质量，让燕山地区和西藏区内老百姓有更多获得感、幸福感、安全感。

二是，要通过“希望党建”工作教育全体党员对党绝对忠诚，增强“四个意识”、坚定“四个自信”、做到“两个维护”，通过党员学习、主题党日活动、党员微党课、“希望党建”党员先锋岗等形式让学校各支部党员、干部牢记自己的第一身份是共产党员，教育工作的职责是为党育才，为国育人，自觉把对党忠诚转化为教育教学工作中爱岗敬业、履职尽责、苦干实干、勇创佳绩的实际行动。

三是，通过“希望党建”工作教育加强理论武装。政治信仰不可能凭空产生，需要不断加强理论修养，通过党建工作来“铸魂”，把党建工作和学校教育教学管理的中心工作融合起来，让教育教学管理的中心工作摆脱盲目芜杂，做党的教育，培养德智体美劳全面发展的社会主义建设者和接班人。党组织领导学校德育和思想政治工作，培育和践行社会主义核心价值观，维护各方合法权益，推动学校健康发展。

四、强化引领之能

学校内设党支部要认真贯彻执行党支部工作条例以及学校相关党务工作制度，把希望党支部建设成为坚决听从党委指挥、管理规范、监督有力、支委团结、风气纯正的基层组织。党组织通过政治引领、思想引领、实践引领，全方位引领学校希望教育的发展。

五、落实监督之责

学校党委定期召开党政联席会议，传达上级党委、纪委党风廉政会议精神指示。认真履行“一岗双责”，党员领导干部签订《党风廉政建设责任书》，明确分管副校长和各处室负责人在党风廉政建设中必须承担的责任，要求各负责同志结合各自实际，将责任内容层层落实，持之以恒遵守中央各项规定精神，尤其是在重大节日前对全体教职工尤其是党员干部进行党风廉政教育，定期听取“三重一大”事项落实情况，督查规范办学行为。落实党风廉政建设主体责任，定期向上级党组织述职述廉，听取学校中层干部的述职述廉。加强学校师德师风建设，培育良好校风、学风、教风，通过作风建设引领廉政廉教。

【启示与反思】

一是，引领“希望教育”愿景逐步实现。

学校党委带领全校教职工经过广泛调研，教代会论证审议，共同绘就了“党建引领有特色，党员示范有楷模，校园文化有品位，课程建设有规划，教师自豪、学生幸福、家长满意、社会认可的现代化名校”共同愿景。通过把舵定向，凝聚希望；深耕厚植，点燃希望；内引外联，传播希望等各种手段，使党员教职工、教师和学生绽放希望，共同成长，引领“希望教育”扬帆远航。

二是，引领德育铸魂入脑入心。

学校党组织坚持党对学校思想政治和德育工作的统领，在学校党委的领导下，逐步实现了德育活动系列化，活动组织流程化，活动形式课程化。一是每周的主题班会和国旗下的演讲，基本实现了主题党团日课程化，做到主题分明，引导学生正确的价值取向；二是根据高中生三个年级不同年龄段的生理心理特点，开发出富有年级特点的系列生涯规划主题教育活动：高一“点燃梦想，照亮人生”；高二“坚守梦想，激励人生”；高三“成就梦想，实现人生”。助力青年学子梦想远航。

三是，引领学科建设成效显著。

学校党委班子以教育改革需求为指导，积极整合优质教育资源，提升师资队伍素质。学校落实科研、继教、教研“三位一体”的教师培养模式，开展各级各类教师培训。金英华老师被评为正高级教师，荣获全国中小学优秀德育工作者、全国优秀教师称号，刘桂秋荣获全国“园丁奖”，被评为正高级教师，潘泳江被评为北京市“学生最喜爱教师”，多名教师在北京市、北师大等各级课堂教学及论文比赛中取得好成绩。学校近三年高考成绩稳中有升，本科率保持在90%以上，重本率保持在60%以上。朱岳峰、王璐瑶、贺嘉丽等多名同学考入北京大学、浙江大学、中国人民大学等重点大学，得到学生、家长和社会各界的认可。

四是，“希望党建”引领学校发展彰显特色。

“希望党建”以“希望教育”为土壤，以特色办学为契机，通过党建工作的引领，教育教学工作的实践，使学校民族团结教育和科技创新教育特色更绚烂，课程建设特色更鲜明，进一步促进学校的特色发展。

党建带动聚力发展

北京市燕山东风小学党支部　来淑英

【背景与目的】

习近平总书记在全国教育大会上强调“加强党对教育工作的全面领导，是办好教育的根本保证”。学习贯彻习近平总书记这一重要指示，对于我国教育事业的进一步发展，具有极为重要的现实意义。联系学校的具体工作，切实落实“党对教育的全面领导”最直接、最基础、最有效的方式应该就是“党建带团建、队建，聚力促发展”。

【做法与成效】

一、同步推进、分层深入，合力激发工作动力

“师者，所以传道授业解惑也。”《师说》的开篇不仅对教师的职业有了很准确的阐述，而且特别可贵的是把“传道”放在了首位，就是要求教师要通过自己的言行培育和影响学生的人格，而这无疑也对教师提出了更高的要求。

不忘立德树人初心，牢记为党育人、为国育才使命，教师应该把思想政治学习放在首位。通过学习夯实师德之基，筑牢思想之魂。为了调动全体教师的学习积极性，确保教师学习的实效性，党员的“同学带学”作用就显得尤为重要。

第一是全员学习、提高认识。为了提高全体教师的思想认识，每一次专

题学习活动，学校都面向全体教师层面开展。为了避免教师有学习的惰性，党支部积极开展“听”讲座与党课，“看”宣传片和报告会等多样学习活动，让教师在学习中对学习内容有一定的了解，而这“全员化”的学习要求也是最基础、最根本的，是后续工作开展的基本保障。

第二是党团员研讨、深化理解。学习是基础，理解是目标。为了深化学习活动，学校在面向全体教师开展学习活动的基础上，积极组织党员、团员深入开展研讨活动，让党团员在研讨过程中对学习内容有深入的理解，对学习活动有深层次的感悟。学习习近平总书记重要讲话精神是学校政治学习的重要内容之一。为了把学习活动落到实处，学校在面向全体教师组织学习之后，召开了党员、团员共同参加的研讨会。研讨活动做到主题一致：以“学习‘习语’金句做塑造学生品格的‘大先生’”为主题，这样就形成了思考方向的一致性，可以促进思维的碰撞与共鸣。研讨时关注党团员、老中青教师的异质分组，关注“如何做塑造学生的大先生?”“育时代新人，新人应该具备哪些能力和素养?”“如何发挥党员教师、青年教师的先锋模范作用?”三个小主题划分，关注“学习、思考、践行”三个关键要素的紧紧相连，有利于在研讨过程中发挥党员的思想引领作用，也能够激励团员教师的深层次思考。最终，党团员的研讨结果也会再次“搬”到全体教师会，把研讨的过程和结果呈现在教师面前，让全体教师在聆听中对学习内容有了进一步的了解，也会引发大家的思考，而这也恰恰发挥了党团员的引领作用。

第三是党员行动、践行诺言。为了强化“学习理解——深化认识——落实行动”三个阶段作用发挥，学校在开展了学习、研讨之后，向党员提出明确的要求：“亮”出最好的自己。号召每一名党员积极承担“微党课”主题宣讲、主动参与“优质课”献课，用实际行动践行党员诺言，为全体教师树立了榜样。

同一个专题活动的同步推进，实现了面向全体的普及性活动，实现了学习活动“齐步走”；针对不同群体的深化理解与践行等活动，实现了学习活动“向前走、向远走”。就是这样的学习活动，让每一个参与者都学有所获，都在提高认识的基础上有了工作的动力。

二、共同参与、同步前行，切实提高思想认识

充分发挥党建带团建、团建带队建的作用，就要让党、团、队三支队伍紧密地结合在一起，紧紧地联系在一起，一起在参与多样的活动中形成统一认识、建立共同的愿景，形成促进学校和谐发展的合力。针对这一工作重点，自然离不开党、团、队的“联动”力量。

（一）党、团“联动”

为了促进党员和团员的联动发展，学校要创造更多的机会让党员和团员在一起参加活动，在一起参与讨论，在一起交流思想……就是在多个“在一起”中，联动发展的效果才会逐渐形成。

学校充分利用微信平台，开设“正能量‘新闻+’”系列讨论活动。讨论活动的主题聚焦国际国内大事、教育教学改革以及面对工作与生活的实际问题，主要体现与生活的密切相关。而参与讨论活动的主体成员是学校青年党员、团员。党团员围绕一个主题进行意见发表，自然会在发表内容的质量上有较高的要求，“积极的、向上的”“理性的、深入的”，大家在发表自己思考言论的同时也在读着其他人的内容，是一种思想的“交换”，相互启发、彼此促进，最终会形成一个基于正向的、积极的认同，逐渐会形成党带团、团向党的良好局面。

（二）党、团、队“联动”

儿童是国家的未来，为了培养德智体美劳全面发展的社会主义建设者和接班人，党员更要做学生健康成长的引路人。“向榜样学习做最好的自己”是2020年开展教育活动的最核心的主题，全体党员、团员、少先队员一起开展了“四个一”活动：

“一个仪式”：参加了由北京和成防护用品有限公司为师生赠送口罩的仪式，感受到了社会对教育的关爱，国家对教育的关注；

“一堂党课”：一起聆听了《传承石油精神》的党课，了解了家乡人民艰苦创业的历史，了解了家乡人为抗击疫情加紧建设熔喷布生产线的奇迹，让大家感受到“身边人讲身边事，身边事教育感染身边人”的力量；

“一次活动”：一起开展了“寻找身边的榜样”主题活动，将目光聚焦到可爱的校园，寻找校园中的榜样力量，让大家深切地感受到看似平凡的人与事，就是一直引领我们，启迪我们前进的力量；

“一场行动”：一起参加了“暖暖爱心浓浓温情”为对口支援学校捐赠活动，党员、团员、少先队员们为对口支援学校的学生们购置了学习用具和过冬抗寒的棉衣，当看到凭大家力量购买的棉衣穿到那些孩子身上时，深深地体会到了传递温暖的力量。

一系列的活动都是党员、团员、队员共同参与，他们都是活动的主角。无论是讲家乡的故事、寻找身边的榜样，还是在捐款活动中献出爱心，都充分发挥了党员的先锋模范作用和团员的带动作用，更促进了少先队员“向善”力量的形成。

【启示与反思】

一是，深化学习活动开展，强化党员的带动力。

一个党员就是一面旗帜。结合学校的具体工作而言，党员教师会因学科不同、岗位不同分别工作在学校的各个岗位，他们和教师一起工作、一起学习，他们就是党向群众发声的“最直接人”。因此，学校党支部要更加注重党员队伍建设。

第一，在“知识学习”课堂中强化理论学习，坚持“思想铸魂”。

通过专题学习和综合学习两个板块，面向不同教师群体开展“政治理论学习”和“政治理论引领+业务知识学习”，力争通过全覆盖、多领域的学习提振精神、强化认知，进而增强“四个意识”，坚定“四个自信”，做到“两个维护”；力争通过学习增强党员干部为新时代党的使命而努力奋斗的思想自觉、政治自觉、行动自觉。

第二，在“先进导行”课堂中强化教育引导，坚持“榜样引领”。

把先进人物的思想、行为作为教师道德认识转化成道德行为的催化剂，开展“向榜样学习”“学习见行动实践展风采”等活动，引导大家践行宗旨、立足岗位、服务“融合”。

第三，在“活动体验”课堂中强化行为转化，坚持“实践塑形”。

结合垃圾分类岗前值守、校园防疫岗位坚守等重点工作组织实践活动，要求党员参加，号召教师参与，让党员在活动中明身份、亮形象、树榜样，让教师在活动中强使命、讲责任、做引领。充分体现了党员在重大事件、重要活动、重点工作中的“同行、先行、领行”作用，进而引领教师有“同行”的意愿和行为。

二是，加强工作统筹推进，发挥工作的联动作用。

随着“带动、联动”工作的推进，领导干部的大局意识、全局意识不断加强，统筹推进学校工作的意识和能力不断加强，特别是在落实“加强党组织对德育工作的领导”上，确立了“联动”策略，明确了“同学习、同活动”的工作路径。

第一，建立了以支部、行政为统领，德育主任、班主任为骨干，各任课教师为基础的德育常规管理网络；第二，是党团员加入少先队的阵地建设中，加强了“红领巾广播站”建设，在建党100周年之际安排了“心中有祖国——每日新闻播报”“关注祖国发展——国家科技进步与发展”“热爱祖国——爱国故事联播”等板块，让更多的少年儿童能够在校园里听到“党的声音”。

努力把党员、团员、少先队这三支队伍紧紧地联系在一起，营造了向上向善的氛围。可以说，“联动”力量就是在紧密的联系中，形成了人员间的共同进步和相互促进，最终能够实现党建带团建、团建带队建的和谐发展局面。

丰富“五美”党建内涵
引领助力学校发展

北京市燕山东风中学党支部　刘燕飞

【背景与目的】

教育是国之大计、党之大计，关乎民生，涉及千家万户的切身利益，学校作为教书育人的主要场所，肩负着把青少年培养成优秀人才的重要责任。教师是人类灵魂的工程师，是人类文明的传承者，承载着传播知识、传播思想、传播真理，塑造灵魂、塑造生命、塑造新人的时代重任。习近平总书记在学校思想政治理论课教师座谈会上强调，“办好思政课，关键在教师，要给学生心灵埋下真善美的种子，引导学生扣好人生的第一粒扣子”。在全国两会上强调，“教师是教育工作的中坚力量，有高质量的教师，才会有高质量的教育”。

面对新时代新形势对教育提出的新要求，需要我们大力培养造就一支师德高尚、业务精湛、结构合理、充满活力的高素质专业化教师队伍，我们必须坚持把教师队伍建设作为基础工作，认真研究和探索适应新时代教育发展需要的党员教师队伍培养之路。学校党支部提出以建设一支“理想美、道德美、智慧美、纪律美、形象美”的“五美”党员教师队伍为目标，以“五美”塑造党员和教师的形象，更好地推进党组织建设，为引领助力“五美校园”高质量发展提供坚强保障。

【做法与成效】

一、夯实信念教育，增强党性修养——理想引美

理想引美：理想信念是精神之钙，力量之源，胜利之本。党支部丰富活动内容、创新活动形式，引领党员教师牢记育人使命，书写奋进之笔，筑牢理想信念的长城。

（一）主题党日，补精神之钙

支部坚持把学习和贯彻习近平新时代中国特色社会主义思想作为头等大事，把加强理论学习、提升党员队伍政治素养作为支部建设的精神之钙。通过组织“五美凝心助力战疫”“美环境迎开学”等主题党日活动，收看“致敬逆行者”“开学第一课”等系列党课活动，引导党员干部讲党性、重品行、做表率，坚定理想信念，补足精神之钙，以初心播种未来、以教育践行使命。

（二）主题教育，添力量之源

支部开展“使命在肩　奋斗有我”主题教育活动，以落实立德树人根本任务、坚持社会主义办学方向为根本要求，与日常教育教学结合起来，坚守教育初心，为培养担当民族复兴大任的时代新人，培养德智体美劳全面发展的社会主义建设者和接班人增添力量之源。

（三）专题学习，增胜利之本

支部组织教师读原著、学原文、悟原理，学习《习近平谈治国理政（第三卷）》，大家深入认识到思政课是落实立德树人根本任务的关键课程，应该时刻牢记为党育人，为国育才的重任。我们培养的人在未来30年要能够完成“两个一百年”奋斗任务。每位党员干部都深刻地认识到新时代新形势下党对

立德树人的战略考虑，教育要肩负起实现中华民族伟大复兴的历史使命。

二、树立榜样示范，强化师德师风——道德尚美

道德尚美：道德是所有社会普遍认可的德行，是引导人们追求至善的良师，是催人奋进的引路人。教师是学生行动的标杆，其身正，不令而行，其身不正，虽令不从。教师作为人类灵魂的工程师，不仅要教好书，更主要的是，各方面都要为人师表，以良好的师德师风育人。

师德楷模感召。学校党支部通过开展学习全国“师德楷模，榜样引领”等主题师德教育活动，激发全体党员教师投身教育、奉献教育的热情，共同感悟楷模的精神力量。

榜样示范导行。党支部积极发现和挖掘校园内的先进教师事迹，定期开展党员教学叙事宣讲活动，用身边榜样，身边案例，树标杆、激励人、带动人。开展“东中最美”系列评选活动，旨在对师德表现突出的教师给予表彰，用“最美”标准，导行教师的行为规范。

躬身实践引领。学校鼓励教师积极参加下沉社区、抗疫值勤，桶前值守等实践活动，从身边小事做起，把道德实践活动体现到讲文明、树新风、抗疫情的各类活动之中，在实践的过程中提升境界，带动身边群众。

三、整合内外资源，提升专业素质——智慧铸美

智慧铸美：智慧是对事物能迅速、灵活、正确地理解和解决的能力，是拓展技能、解决问题的关键。党支部搭建各类平台，积极创设和整合内外资源，开展智慧教师塑造。通过外请内培延展教师业务边界，使教师队伍焕发出智慧的光芒。

（一）借力各方资源，促进业务提升

党支部坚定“以学习促工作，以党建促业务”的努力方向，多次邀请学科教研员走进教研组，磨课听课议课评课，助力老师提升业务水平。邀请地区十佳班主任，燕化附中程锦慧老师为全体教师融通学段优质资源，分享交流教育教学经验，帮助教师初步了解了高中学段学生培养的思路，拓宽了思政教育的视野，丰富了思政育人的手段。

（二）挖掘骨干力量，引领校本培训

学校充分发挥扩大骨干教师影响力，开展了骨干引领校本教研培训活动。英语骨干雷老师通过绘制思维导图，梳理故事情节引领辐射全区；语文骨干引领学科融合，整合语文教学与美术学科资源，一方面给了学生很大的创作和想象空间，另一方面也让学生通过诗与画的结合感受到了传统节日的文化内涵和文学意蕴；班主任骨干分享带班策略，用人格魅力濡染学生，提高班干部的管理能力，实现了“静待班级繁花开”。

四、健全规章制度，强化廉洁从教——纪律成美

纪律成美：加强纪律建设是我们党的优良传统和政治优势，纪律是党的生命。党支部高度重视党员教师队伍的纪律建设，通过“强风”行动，提升党员教师党性修养和纪律意识，培养党员守纪、执纪、维纪的高度自觉性和坚定性，练就出一支作风硬、纪律美的党员教师队伍。

以制度建设强“规则”之风。党支部坚持用“党员积分”“师德积分”管理党员干部，通过层级责任书签订，明确权力与责任，让守纪律讲规矩在党员教师心中牢牢扎根。

以忠诚担当强“纪律”之风。教育必须明确政治方向，在大是大非问题上立场坚定、旗帜鲜明，也要在生活小节、日常小事中讲规矩、守纪律，始终坚守对党忠诚的政治品格，就是要坚决做到“两个维护”，牢固树立“四个

意识”，增强守纪律、讲规矩的自觉性和坚定性。

以廉政教育强“师德”之风。党支部在全体教师中开展师德案例专题学习，在党员教师中开展“知敬畏、守底线、做合格党员”达标活动，明确了教师不越红线的纪律要求，强化了廉洁从教、依法执教的意识。

五、担当作为带头，全情全意全程——形象彰美

形象彰美：用实际行动向群众展现党员良好的精神风貌。党支部积极倡导党员在思想、学习、工作作风上处处彰显党员的先进性，以担当、作为的光辉形象带动群众，扩大组织影响力、凝聚力、向心力。

亮诺担当。疫情来袭，党员干部带头学习贯彻上级抗疫决策和部署，开展了“美化环境党员亮诺迎接开学”“厉行节约”主题师德教育活动。带动非党团员教师自觉执行抗疫政策，少聚集、勤洗手、戴口罩、下社区、助抗疫，充分发挥了党员的先锋模范作用。

桶前值守。在职党员、志愿者走进社区，参与社区“桶前值守”活动，带头讲解垃圾分类知识，宣传垃圾分类工作，践行绿色环保理念，带头落实垃圾减量，对不分类、乱投乱放等行为进行劝阻。

青蓝工程。党支部牵头，教学处配合，由党员、干部、骨干教师组成“师徒结对”，充分发挥党员示范带头作用，为青年教师教育教学帮扶引导，帮助青年教师快速成长，力图达成“雏凤清于老凤声”。

六、成效

（一）“五美”党建彰显党员干部形象

党员干部党性进一步锤炼，政治意识大大提高，先锋模范作用不断凸显。党员干部坚持把教师成长，学生成才放在心上，和谐了党群干群关系，党员干部的测评分也逐年提升，满意度达97.87%，党员干部的表现受到了师生家

长的广泛认可，进一步彰显了党员干部的形象。

（二）“五美”党建促进教师队伍成长

党员教师队伍中，成长为李希贵名校长工作室成员1名，市级骨干教师1名，区级学科带头人2名，区级骨干9名，区级骨干班主任1名，北京市紫禁杯班主任2名，涌现出地区教育系统优秀党员8名。

（三）“五美”党建助力五美校园发展

学校的教育教学质量稳步提升，毕业生升入示范高中比例稳中有增，五育教育全面开花，学校先后被评为全国青少年校园篮球特色学校、国防教育示范校、北京市学生金帆书画院美术分院、北京市跆拳道比赛初中组第四名、北京市“一校一品”体育教学改革实验校。良好的发展局面更好地凸显了学校“尊重生命，以美育人”的办学理念，为学校的可持续发展提供了基础动力。

【启示与反思】

一是，植根学校文化，政治思想建设是根本。

“五美”党建植根于学校“五美”文化，才有了牢固的根基；“五美”党建引领中心工作，才能焕发鲜活的生命力。需要找准结合点，把党务工作融入中心工作中，政治标准放在首位，抓好思想工作这个根本，才能思想同心，目标同向，任务同担，立功创业。

二是，党建研究创新，引领中心工作是关键。

“五美”党建必须围绕全面推进党组织领导的校长负责制试点工作开展，紧紧抓住党建引领中心工作的总基调，继续深入开展党建研究，创新工作思路，发挥学校党组织在师德师风建设、教师专业发展、片区一体化课程改革等方面的领导作用，促进学校高质量发展。

三是，促进教师成长，学生成才是追求。

以“五美”党建为引领，提高教师师德水平，参与教育教学改革，促进我校教师综合素质、专业化水平和创新能力全面提升，打造出一支师德好、业务精、胜任本职工作、适应课堂改革发展的新型师资队伍，培养出一批又一批德智体美劳全面发展的社会主义建设者和接班人是学校的根本追求。

“五美”党建还需深入研究如何更好地教育管理党员，团结凝聚群众的新方法，不断探索“为党育人、为国育才”新途径，助力学校高质量发展，为培养出更多堪当民族复兴大任的时代新人奠基。

“五项机制”激活试点校干部管理

北京市燕山前进第二小学党支部 周铁梅

【背景与目的】

习近平总书记指出，加强党对教育工作的全面领导，是办好教育的根本保证。实施党组织领导的校长负责制是落实党的十九大精神“坚持党对一切工作的领导”要求的重要举措，是落实立德树人根本任务的必然要求，是新时代赋予教育党建的历史使命。试点工作能否顺利进行关键是要看干部，学校以往的中层干部选拔任用管理策略已经跟不上新时代的要求，一岗定终身策略使中层干部工作积极性大打折扣，为此党组织研究并实施规范、科学、实用的干部管理策略，打造一支忠诚、干净、担当的干部团队成为试点工作的重中之重，为试点工作提供坚强的组织保障。

【做法与成效】

试点工作中党组织通过对学校干部实施“五项机制”，即思想政治教育工作机制、蓬勃新锐团队培养机制、中层干部岗位竞聘机制、中层干部沟通与协调工作机制、中层干部绩效考核奖励机制。激活干部选拔任用管理，从而提升干部综合能力，解决如何将优秀青年教师选拔到管理岗位，引领干部想干事、能干事、干成事，形成干部能上能下、能左能右的良性机制，使干部在各自岗位德行示范、人尽其才，从而促进试点工作的高效落位、稳步推进，彰显党组织领导力、创新力。

一、实施思想政治教育工作机制

加强思想作风建设，组织干部政治理论学习活动，掌握干部的思想状况，做好经常性的思想政治工作。第一，组织系列政治学习活动。坚持每周一次中心组学习活动，通过“三讲堂”，即“领导专家讲堂”“校级干部讲堂”“干部互动讲堂”将习近平新时代中国特色社会主义思想作为重要学习内容，使干部教师不断提高政治能力、加强政治历练、积累政治经验、增进政治智慧，引领干部坚定理想信念，厚植家国情怀。第二，实施“干部信仰提升”工程。以教师队伍建设为依托，通过每月一次“学、思、践、悟”系列主题教育活动，广泛开展“四史”教育，不断提升干部的政治素质、业务能力、育人水平，努力建设一支政治强、情怀深、思维新、视野广、自律严、人格正的干部队伍。

二、实施蓬勃新锐团队培养机制

党组织为培养青年后备干部，以学校35岁以下教师为主，成立蓬勃新锐团队，在“坚定信仰、树立理想、品正德高、爱岗敬业、进取创新”等五个方面进行培养提升，为干部选拔输送人才储备，通过“五引领”培养“五突出”教师。第一，开展“国旗下的宣讲”活动，以爱国主义教育为主旋律，由青年教师宣讲“四史”育人又育己，实施政治引领；第二，开展“榜样教育”活动，学习身边榜样、行业楷模，实施师德引领；第三，配备“双导师”，党组织指派优秀党员和骨干，助力青年教师，实施专业引领；第四，试行青年骨干“挂职机制”，给优秀青年教师加任务压担子，锤炼成长，实施组织引领；第五，搭建交流展示平台，聘请教育专家现场指导，面对面解决实际问题，实施专家引领。党组织围绕“主题活动激情、实际工作践行”这一主线，通过一对一、点对点、面对面的“五引领”策略，落实“双培养”机制，引领蓬勃新锐快速成长，为中层干部储备后备力量。

三、实施中层干部全员岗位竞聘机制

党组织以《党政领导干部选拔任用工作条例》为指导，积极稳妥地改进中层干部选拔任用工作，推行竞争上岗，实施动态管理，形成中层干部能上能下、能左能右机制，激发中层干部开拓进取、奋发工作的积极性，建立一支理想信念坚定、宗旨意识过硬、专业能力超强、工作业绩突出、群众威望较高的干部队伍，实现干部队伍建设可持续发展，为试点工作提供有力的人才支撑和组织保证。根据上级工作要求，结合学校的实际，经选拔聘任领导小组研究，支委会审定，校务会、教代会讨论通过，特制订《燕山前进二小中层干部岗位竞聘方案》(以下简称《方案》)。《方案》坚持公开公平、德才兼备、竞聘上岗、群众公认、民主集中的原则，聘期1至3学年，依据竞聘条件，学校中层干部全部重新聘任，与教职工岗位竞聘同时进行（首次竞聘已于2019年12月末进行），对现有中层干部参加竞聘但未竞聘上岗的人员，将妥善安排其他工作。在学年度考核中民主测评优称率低于60%的，终止聘任，由学校安排其他非领导岗位。

通过科学制订、公开实施《方案》，使广大干部教师对党组织领导作用的发挥充满了信心，极大地调动了干部的工作积极性，形成了想干事、真干事、敢干事的良好工作状态。试点工作中，中层干部整体能力素质得到提升，为落实试点工作机制提供了有力保障。

四、制定中层干部沟通与协调工作机制

制定《前进二小中层干部“一三五七沟通法”》：突出“一个核心”、坚持“三条原则”、做到“五个及时”、恪守“七个不要”。制定《前进二小中层干部“六做到”机制》：做到勤于学习、甘于奉献、勇于担当、乐于合作、善于反思、敢于创新。

工作机制的制定，为中层干部的专业发展指明了方向和目标，激发了前

进的动力，中层干部能依规及时做到自警、自查、自律，干部综合素质不断提升，工作作风逐步改进，工作效率逐步提高，工作品质逐步提升，促进了试点工作稳步推进。

五、实施中层干部绩效考核奖励机制

为全面提升中层干部工作的时效性、主动性，学校党支部依据燕山教委印发的《中小学、幼儿园中层干部年度考核的实施办法》，科学、规范制定并实施了《燕山前进二小中层干部年度考核的实施办法》，同时制定并实施了《燕山前进二小中层干部考核评分细则》《燕山前进二小中层干部民主测评表》，依据《实施办法》对全体中层干部进行了考核评价及奖励，考核成绩最低达95.37，群众满意度比试点工作前有大幅提升，各部门干部工作业绩突出，学校年度工作被评为优秀等级。

【启示与反思】

一是，“五项机制”打造“五新”干部管理策略。

思想政治教育使干部成为政治坚定、信仰坚定、理想坚定的管理者，从而理解“东西南北中，党是领导一切的”深刻要义，对试点工作有更深刻的理解和更有效的落实，形成了党组织思想引领新高度；实施蓬勃新锐“五引领”机制，促进青年教师成为各部门的骨干和后备力量，为试点工作的深入推进提供人才保障，形成了党组织组织引领新平台；改变以往中层干部一岗定终身机制，实施全员重新聘任，形成了党组织制度引领新举措；通过制定中层干部沟通与协调工作机制，为中层干部在工作中遇到的热点、难点问题提供了解决方法，形成了党组织作风引领新境界；实施中层干部绩效考核奖励机制，为中层干部发展引领方向、制定目标、激发动力，形成了党组织目标引领新动力。

二是，“五项机制”推动试点工作高效落位。

党组织领导的校长负责制试点工作能否顺利推进，关键看干部团队是否过硬，党组织在干部的选拔与任用方面进行了初步的探索，并取得了初步成效。在职干部主动作为敢于创新，优秀率达95%，青年后备干部全面提升迅速，2020年全年共有6名青年教师向党组织递交了入党申请。经过培养、聘任、考核、激励，既调动了干部履职的积极性，同时又给年轻教师提供了发展进取的平台，为更多有思想、有能力、有追求的干部教师注入了前进的动力，让全体教师感受到党组织在领导学校工作中彰显的强大组织力，从而产生相信党、跟党走的内生动力，党组织凝聚力、战斗力不断攀升，试点工作高效落位。

三是，“五项机制”还需不断扩充外延。

试点工作中，党管干部作为党组织的主责主业，“五项机制”的落实还需进一步修正和创新，例如：如何坚定干部的政治信仰、政治追求，如何人尽其才、全面发展，如何引领非党员干部尽快进入党组织的大门等一系列干部管理策略都需要进一步修订和提升，确保党组织对学校工作的全面领导。

“阳光党建”促进党政融合

北京市燕山前进中学党支部　王欣晖

2019年3月18日，习近平总书记主持召开学校思想政治理论课教师座谈会并发表重要讲话，提出“全面贯彻党的教育方针，解决好培养什么人、怎样培养人、为谁培养人这个根本问题”的时代要求。进入中国特色社会主义新时代，燕山前进中学坚持社会主义办学方向，在中国共产党的领导下，为更好地培育和践行社会主义核心价值观、完成思想政治教育、培养德智体美劳全面发展的社会主义建设者和接班人持续努力。而同时，学校管理体制在不断改革发展中急需优化，这不仅要求我们积极学习世界学校管理先进经验，加快建立以学校章程为核心的现代学校制度，更要求我们加快改革步伐，完善学校内部治理体系等，而这些重大的变革都需要在学校党组织领导下不断推进。

【背景与目的】

燕山前进中学是燕山地区一所公办示范性初级中学，1985年7月建校，校舍于1987年8月竣工，时任燕化公司党委书记、前国务院副总理吴仪同志为校舍剪彩。2009年9月1日，新教学楼落成。目前，学校占地面积1.6762万平方米、建筑面积1.0938万平方米，体育场（馆）面积0.6782万平方米。教职工总人数85人，开设20个教学班，在校学生730人左右。

为切实加强党对中小学工作的全面领导，坚持社会主义办学方向，全面贯彻党的教育方针，不断促进燕山地区教育事业的发展。2018年9月，燕山工委组织部与燕山教委党委联合下发了《关于开展燕山地区中小学校党组织领导的校长负责制试点工作实施意见（试行）》，由此，全面启动了燕山地区党组织领导的校长负责制试点工作（以下简称试点工作）。2020年4月，随着试点工作进入全域推广阶段，前进中学在燕山教委党委的直接领导下，开始稳步推进此项工作。

【做法与成效】

一、持续深化思想认识

1. 提高学校支委会成员及校级领导干部的政治站位

学校支委会成员及校级领导干部通过不断学习和研究，深刻认识到开展党组织领导的校长负责制工作，是新时代加强教育系统党的建设的一个新探索、新举措，是集党组织集体领导和校长行政负责两个优势为一体、在学校党组织集体领导下充分发挥校长积极性的一种有效领导体制。前进中学党支部全体支委和校级领导干部自觉用"四个意识"导航、"四个自信"强基、"两个维护"铸魂。在学校试点工作实践中，坚持党管办学方向、党管改革，确保党的路线方针政策在学校得到贯彻落实。全体支委和校级领导干部在试点工作研究和实践当中，不断提升党的全面领导意识、两个责任意识、党建与中心工作有机融合意识，凝聚试点共识，坚定试点信心，发挥好思想先导作用，真正把试点工作的实效成果体现在教书育人中心工作、培养时代新人的重任上来。

2. 提升全体党员及中层领导干部的思想认识

学校党支部在深入学习习近平新时代中国特色社会主义思想的过程中，将学习贯彻党的创新理论与试点工作实际相结合，引导全体党员及中层领导干部深刻领会党组织领导的校长负责制这一创新工作的实施背景、主要目的和实践要求。学校党支部通过理论中心组学习、党小组学习和全体党员大会学习，掌握试点工作的理论依据和精神实质，并在实际工作中指导教育教学实践，反过来推动试点工作的扎实开展。

3.扩大试点工作在全体教师当中的影响范围

学校党支部将持续打造忠诚、干净、担当的高素质专业化教师队伍与试点工作相结合，以“双培养”工程为抓手，加强对全体教师的培训、管理和监督，通过“党员先锋模范作用”和“教师师德”双积分考核，使试点工作在全体教师当中产生实实在在的影响。同时，学校党支部通过严把师德关，加大对违反师德行为的惩戒力度，使全体教师深刻体会到了党支部在试点工作中的作用，以及试点工作给学校各项工作带来的新气象。

二、科学理顺体制机制

1.系统明确学校党支部、支部书记和校长的工作职责

学校党支部全面领导学校工作，履行党章规定的各项职责，发挥把方向、管大局、作决策、抓班子、带队伍、保落实的领导作用，支持校长依法依规行使职权，保证立德树人根本任务的完成。

学校支部书记主持学校党支部全面工作，负责组织党的重要活动，协调和安排领导班子成员工作，督促检查党支部决议贯彻落实，推动党政工作深度融合。

校长在学校党组织领导下，贯彻党的教育方针，组织实施学校党支部有关决议，依法行使国家法律法规规定的各项职权，全面负责教育教学和行政管理工作。

2.科学细化学校支委会和行政会议工作制度

学校支委会作为学校最高议事决策机构，对学校重要问题和重大事项，按照民主集中制的原则集体讨论、作出决定。

学校行政会议作为学校行政议事机构，负责研究拟提交支委会讨论决定的重要事项方案，研究贯彻支委会决策决议的有关部署，研究处理教育教学

和行政管理等具体工作。

3.严格执行学校支委会和行政会议议事规则

学校支委会由书记召集并主持，一般2周召开一次，遇有重要情况随时召开。会议议题由支委会成员提出，提前报书记确定。支委会议事时，坚持一题一议，逐项讨论通过。严格实行书记（校长）“末位表态制度”、逐项表决制度和半数同意通过制度。支委会讨论决定问题坚持科学决策、民主决策、依法决策，执行少数服从多数的原则。对事关师生员工切身利益的重要事项，坚持通过教职工代表大会或其他方式，广泛听取意见建议。

学校行政会议一般每周举行一次，遇有特殊情况随时举行。学校行政会议讨论议题时，坚持会前积极酝酿、会上充分讨论、会后坚决执行等原则，使学校行政会议作出的决定，在学校各个层面得到了有效维护。学校行政会议在研究重大决策、重大项目安排和大额度资金运作事项等重要议题前，都充分听取书记和纪检委员的意见，对事关师生员工切身利益的重要事项，都通过教职工代表大会或其他方式，广泛听取意见建议。

三、积极探索党政融合路径

1.凝聚共识、党政同心，建立阳光教育工作共同体

党组织领导的校长负责制是一个不可分割的有机整体，自试点工作开展以来，学校始终坚持学校党支部的领导地位，保证校长依法行使职权，建立健全支部统一领导、党政分工合作、协调运行的工作机制。合理确定领导班子成员分工，明确工作职责。领导班子成员认真执行支委会集体决定，按照分工积极主动开展工作。

雁群至千里而不迷散，头雁至重。在试点工作中，学校支部书记和校长树立政治意识、大局意识，相互信任，加强团结，建立定期沟通制度，及时交流工作情况。支部委员会对有关教学、德育、科研、行政管理工作等

议题，在会前听取校长意见。校务会议的重要议题，在会前听取支部书记意见。集体决定重大事项前，书记、校长和有关领导班子成员充分酝酿和沟通。

学校支部书记、校长带头发扬民主，充分听取和尊重班子成员的意见，支持他们的工作。领导班子成员相互理解、相互支持，对职责分工交叉的工作，注重协调配合。

2. 工作同向、责任共担，践行党政融合的大党建思维

学校党支部将党建思维融入学校教育教学体系之中，着力在党组织引领德育工作、党员与教育教学及管理人员“双培养”工作、“党员先锋模范作用”和“教师师德”双积分考核工作、党建带团建队建工作、校园文化和精神文明建设工作、师德师风和党风廉政建设工作等方面持续探索融合路径，使学校党建工作与学校中心工作融合发展，学校教育教学常规工作与党建基础工作一体推进。

3. 立德树人、党建引领，确保学生扣好人生第一粒扣子

学校在试点工作中，坚持德育为先，贯彻中学德育大纲，加强和改进德育工作，促进学生养成行为好习惯。通过学科教学、班团活动、主题教育活动和社会实践等形式对学生进行爱国主义、社会主义、集体主义、民族团结等教育，进行理想、道德、纪律及民主法制教育，提高学生政治思想素质。

学校党支部建立了以校长、书记为组长，德育副校长为副组长，由学生处主任、团委书记、年级组长和班主任为组员的德育和思想政治工作领导小组。进一步完善了党组织领导、校长负责、群团组织参与、家庭社会联动的德育工作机制，领导小组定期研究分析学生思想道德状况，跟进做好有关工作。坚持把握学校德育工作正确方向，抓好教室、图书馆、宣传栏、橱窗展板、食堂和网络等思想文化阵地建设与管理，把社会主义核心价值观融入学生日常学习生活，促进学生养成良好思想品德和行为习惯。

在学校党支部主导下，学校切实加强班主任队伍建设，利用每单周一下午班主任学习活动时间，开展了以阳光班主任专题培训为代表的主题活动，

通过这些活动不断提高班主任的责任感和业务水平。

在学校党支部领导下，学生处和班主任及任课教师积极关注学生的心理健康状况，开展丰富多彩的教育活动，促进学生身心全面发展和素质全面提高。以培养学生具备幸福生活能力为宗旨，认真贯彻《中学生守则》和《中学生日常行为规范》，将规范内化为学生的自觉行为，引导学生积极争做“爱国感恩、知书达理、品德高尚、豁达勤奋，具有良好行为习惯”的阳光少年。

四、初步成效

1. 思想认识不断提升统一

试点工作开展一年来，学校领导班子率先学习，统一思想，抬高站位，深入理解中央关于加强党的全面领导的一系列文件精神，把思想统一到市委组织部、市教工委、市教委和燕山教委党委的部署上来。全体党员和学校中层干部深入学习《实施意见》，针对前进中学的办学特点和实际，认真研究校级《实施方案》、商讨《实施细则》。学校党支部组织全体党员和教师学习校级《实施方案》和《实施细则》，引导大家深刻理解这场改革的重要性和必要性，不断提高思想认识，广泛凝聚共识，坚定改革信心。

2. 管理体制日趋科学规范

试点工作开展一年来，由学校党支部牵头，结合前进中学实际，进行学校章程的修订工作，在法律层面确定了学校党组织在学校各项工作中的领导作用，建立了权责明晰、结构合理的内部治理体系，特别是党组织发挥领导作用的具体职责、书记和校长工作职责。在学校支委会充分酝酿的基础上，广泛听取党员干部和教职工代表的意见建议，由支委会研究决定学校支部委员会议事规则、学校行政会议议事规则。

按照干部管理相关规定，完成了学校中层领导干部的调整，实现了学校党办、校办、人事、德育、团委等部门负责人均为中共党员，健全党支部领导社团工作的制度体系。

3. 运行机制逐步健全高效

试点工作开展一年来，学校健全沟通机制，对重大议题和事项，书记、校长等领导班子成员通过个别沟通、民主协商、集体酝酿等多种形式互通情况、达成共识。将支委会与校长办公会联席召开，加强对学校工作的日常沟通协调。学校及时将支委会形成的决策决议，通过线上线下等途径向教职员工公开。校级领导干部每半年向支委会报告工作、履行“一岗双责”及抓重大任务落实等情况。

学校根据有关职责、规则，结合班子成员分工、承担的任务等，制定了党支部议事决策重大事项清单、支部书记权责清单、校长权责清单等，做到任务见人见事、措施具体可靠、责任到岗到人。学校对各类会议进行了梳理，分级分层分类强化规范管理，明确职能职责、参会范围、会议规则和内容清单，厘清权责边界，基本实现了会议效果最大化。

4. 党政融合实现效能倍增

试点工作开展一年来，学校始终坚持学校党支部的领导地位，保证校长依法行使职权，支部统一领导、党政分工合作。支部书记和校长树立政治意识、大局意识，相互信任，加强团结。领导班子成员相互理解、相互支持，对职责分工交叉的工作，注重协调配合。

学校党支部将党建思维融入学校教育教学体系之中，以“党员先锋模范作用”和“教师师德”双积分考核工作为代表，学校党建工作与学校中心工作融合发展、一体推进。

在学校德育和思想政治工作领导小组引领下，全校教师坚持德育为先，贯彻中学德育大纲，加强和改进德育工作，促进学生养成良好行为习惯，通过“全方位、全领域、全过程、全人员”提高学生政治思想素质，同时不断提高全体教师的育人责任感和使命感。

【启示与反思】

未来，前进中学党支部将认真学习借鉴前两批试点单位的实践经验，将试点工作与深度涵养“阳光党建”品牌紧密结合。

1.将试点工作整体纳入学校“十四五”规划和党建规划，将党建创新成果及时转化成试点工作方法，重点围绕体制机制和育人成果等方面提升试点工作水平。

2.落实党建工作主体责任，充分运用互联网技术和信息化手段推动党建创新，助力党建提质增效，增强党建工作的时代性、时效性。持续深化“双培养”工作，推动党员队伍和教师队伍同步进步、同步过硬。

3.前期实践研究形成的行之有效的各项任务清单、运行机制，特别是书记校长权责清单、沟通协调机制和保障监督机制等进行系统梳理，并以制度的形式固化下来。

实施“五子工程”
构建学校干部选拔任用机制

北京市燕山向阳小学党支部　孟　勤　田金娥

【背景与目的】

培养和造就一支高素质专业化学校干部队伍，是学校改革发展的必然要求。随着党组织领导的校长负责制的不断推进，中层后备干部发展问题更加突出。目前，学校中层以上干部中超过45岁的占比较高，达到了70%，且数量不足，需要优秀青年干部的充实。但学校存在后备干部数量少，缺乏管理经验等问题，青年干部成长迫在眉睫。本文中学校干部选拔任用管理策略研究，意在通过建立健全中层后备干部选用机制，优化梯次结构，持续强化中层后备干部的党性修养和专业本领，更好地培养有“忠诚、干净、担当”意识的中层后备干部，促进学校高质量发展。

【做法与成效】

一、摸清底子——做好干部源头选拔

（一）物色“苗子”，建立干部储备制度

物色好“苗子”是基础。采取个人自荐和学校选拔相结合的方式，坚持上下联动、统筹谋划中层后备干部选拔培养工作。按照民主推荐、组织考察的程序，将发展有潜力、工作能力强、群众评价好的干部选拔出来，建立一

支数量充足、结构合理、质量优良的后备干部队伍。

（二）调查访谈，了解后备干部现状

以日常工作检查、调查访谈、对面谈心等形式，深入了解学校青年教师和现任中层干部德、能、勤、绩、廉等方面的现状，为选拔后备干部，制定中层干部管理制度打好基础。

主要问题表现在：后备干部理论知识储备不足，理论运用能力有待提高；在选拔之初，他们的角色意识不明晰，对岗位的认同感不高；后备干部普遍存在着较大的工作和生活压力，对未来的职业发展存在担忧。

经过分析，我们认识到：青年后备干部缺少的不是学识，而是坚定的理想信念；缺少的不是热情，而是对于事业的真正热爱；缺少的不是信心，而是人生多方面的历练。

（三）规划引领，抓好干部源头培养

好苗培育要趁早，青年后备干部处于成长的关键期，为他们的健康成长开好头，引好路。坚持正确的用人导向，突出规划引领，立足于学校发展和干部队伍建设需要，坚持把党员培养成骨干，把骨干培养成党员的“双培养”制度。党组织要为后备干部量身定制培养计划，促其思想上进步、意识上成长、政治上成熟。加大党员发展力度，让更多的骨干教师、优秀青年干部感受到党组织的召唤，使他们成为先进思想文化的传播者、中国共产党执政的坚定支持者，早日成为一名光荣的共产党员。

二、扣好扣子——有效提升政治能力

党支部通过“三个课堂”：即理想信念的教育课堂、责任意识的教育课堂、工作态度的教育课堂，增强青年干部干事创业的责任感和使命感，燃起他们的工作热情与激情。

（一）理论导航，坚定理想信念

习近平总书记提出，“好干部就要做到信念坚定、为民服务、勤政务实、敢于担当、清正廉洁”，并进一步提出“政治过硬、业务过硬、责任过硬、纪律过硬、作风过硬”的五个要求。干部要扣好对党忠诚的第一颗扣子，用习近平新时代中国特色社会主义思想武装干部队伍，坚持立德树人，坚持正确的成长方向，通过加强思想理论武装，筑牢信仰之基，树牢“四个意识”，坚定“四个自信”，做到“两个维护”，不忘初心，牢记使命，凝心聚力，团结奋进。

党支部要对青年干部“固根铸魂”，帮助青年干部打牢成长根基，把提高思想政治素质和职业道德水平摆在首要位置，坚定人生航向。在继承传统党性教育方法的同时，积极寻求将党性教育与实践锻炼紧密结合的方式方法，坚持“干什么学什么”“缺什么补什么”的原则，全面培养干部办学治校、议事决策、改革创新、团结共事和推动落实学校各项工作的能力，使干部的党性修养、师德修养和学识修养在实践中得到提升。

（二）牢记宗旨，强化责任担当

深入学习党章党规党纪，提升党性修养，强化责任担当，推动全面从严治党责任落到实处。引导中层后备干部胸怀大志、从小事做起，多干事干实事，在教学、科研、管理、服务等工作中爱岗敬业、恪尽职守、率先垂范，不断强化宗旨意识、群众观念。

学校为青年干部提供交流提高的平台，帮助他们重新审视自己的工作所承担的责任与意义，总结工作经验教训，进一步激发成长潜力。在工作实践中，学校开展悦心讲堂、专题辩论会、社会热点难点问题大讨论等活动，激发大家从民族振兴、党的事业、学校的长久发展等角度去反思，自己应该做什么，能够做什么，唤起工作热情与担当。

三、压实担子——有效提升管理能力

（一）导师帮带，提升干部专业素养

稳固的“梯子”可以让“苗子”有生长攀缘的平台，也让处于一定高度的“苗子”更好地成长。学校充分利用校内优秀党员干部等资源，成立导师团，对后备干部进行“传、帮、带”，定期开展座谈交流，汇报工作、提出困惑，校领导进行评价和解答，提高干部的政治素质、理论水平和工作能力，形成“螺旋式”上升的有效发展途径，使青年后备干部实现“四个转变”。

一是，实现心理上的转变。克服因为工作性质改变带来的心理压力，尽快适应新的工作需要，认真在实践中总结经验，磨炼意志，增长才干。

二是，实现知识结构上的转变。学校干部绝大多数是从教育教学专业技术岗位上转任的，需要及时学习更新管理知识。对所辖范围内的专业知识要有概括性的了解，还要学习一些管理学、心理学知识，一定的公文写作知识和接待礼仪等，以便做好管理工作。

三是，实现思维方式上的转变。面对学校发展中所遇到的一系列实际问题，要求干部应当以全新的领导素质和领导水平与之相适应，体现出更高的驾驭全局的领导能力。青年干部，更应当培养并增强自己的战略思维能力。

四是，实现工作方式上的转变。新走上管理岗位的干部由原来自己干变为带领大家一起干或指挥大家干。这种由干到管的变化，差别就在于由原来的着重干，转变到着重于协调工作关系和调动员工积极性的“管”上来。青年干部必须学习管理知识，掌握工作方法和策略，改进工作方式方法。

（二）项目引领，提高干部实践能力

帮助年轻干部不断地成长成熟起来，让政治上靠得住、工作上有本事、作风上过得硬的优秀年轻干部涌现出来，关键在于既要“铺好路子”更要“压实担子”。学校设立多样化特色项目，根据后备干部自身特点，合理安排岗

位，结合事业发展需要和自身特点培育其成长，实行一人一项目、人人有项目的运行模式，创造在实践中历练的机会，让年轻干部在擅长的业务领域内充分发挥特长，做到人岗相适、人尽其才，不断积累管理经验，逐步胜任管理工作。

四、搭好台子——实施选拔任用机制

（一）竞聘上岗，优化用人制度

坚持正确的用人导向，扎实做好中层换届和届中调整工作，注重选拔党性观念强、专业素质强的“双强型”中层干部，并切实优化中层干部队伍的年龄、学科结构。积极推进中青年干部选拔任用改革机制，做到在中青年后备干部选拔过程中引入竞争机制，建立和完善公开、平等、竞争、择优的选拔机制。

一是，规范中层干部选拔任用机制。进一步完善学校中层后备干部选拔任用工作流程，明确规范了“制订方案——公开报名——资格审查——组织考察——竞聘演讲——民主测评——综合分析——讨论决定——入职任用”等干部选拔任用各环节的工作程序，保障干部群众对干部任用工作的知情权、参与权、选择权和监督权，推进干部选拔任用工作的规范化。

二是，形成竞争机制，发挥激励作用。通过公开自主选择报名，履行公开竞聘程序，能增强中层后备干部选拔任用的民主透明度，变“伯乐相马”为“赛场选马”，促使一批优秀人才脱颖而出。

三是，实现人岗匹配的核心理念。从有利于学校改革发展的角度出发，坚持德才兼备、群众公认，真正把想干事、敢干事、会干事、能干事、干成事的优秀人才选拔上来。既满足学校长远发展的需要，又体现个人职业生涯发展的愿望，从而实现“人岗匹配，互利双赢”的目标。

（二）岗位交流，创设发展空间

让中层干部参与学校发展、规划等重大事项的讨论计划，提升其战略眼光和大局观。党支部在广泛调研的基础上，对学校干部的业务专长和综合表现进行摸底，将人岗适宜作为基本原则。一是，严格执行选人用人的工作程序和步骤，严格把好推荐考察关、酝酿决定关、任职试用关，在配备党政办、德育、教学等关键部门干部的过程中着重突出对政治能力、业务素质的考察，大胆起用德才兼备、业绩突出的年轻干部，关键岗位原则上应为党员；二是，实行干部任期制，在保证工作连续性的同时，努力加大干部交流力度，畅通多岗位培养和锻炼渠道；三是，要贯彻落实干部选拔任用方针，坚持崇尚实干、鼓励干事的用人导向，在制度设计和管理实践方面突出强调干部“能上能下”和“能进能出”。有活力的中层干部队伍，能使学校的工作更容易推进，工作成效更好。

五、常照镜子——完善干部考评机制

（一）述职考评，提升干部领导力

建立科学的干部年度考核评价体系。健全考核机制，制定评价标准，精准识别优秀中层、后备干部，不能只看一时一地、一事一物，要把功夫下在平时、下在经常。将日常考核、中期考核、换届考核结合起来，对中层及后备干部进行全面考核，了解他们的思想、工作情况，对德、能、勤、绩、廉做出全面客观的评价，考核结果作为中层后备干部培养、使用、调整的依据。探索日常式、分类式、跟进式等考核办法，采取看态度、看应变、看担当、看反响、看成效，听故事、听背景、听思路、听口碑、听心声“五看五听”等方式，全方位、多角度、宽领域把优秀年轻干部实际情况摸实摸深摸准摸透。支委班子成员定期召集青年干部进行谈话，帮助青年干部及时总结经验、查找不足，改进工作方法，促进青年干部领导力的提升。

（二）跟踪问效，激发干部内驱力

选拔出来的干部好不好，关键看其实践中能不能适应岗位、能不能让群众满意、能不能让组织放心。一方面，学校积极探索建立新提拔任职干部跟踪问效评估机制，综合采取书面述职、个别访谈、适岗测评、面谈交流等方法，了解掌握新提拔任职中层干部政治立场、工作状态、领导能力、履职成效、群众口碑、个性特点等情况，树立“能者上、优者奖、庸者下、劣者汰”的鲜明导向。另一方面，学校对青年后备干部从管理入手，实行动态跟踪管理，建立后备干部成长档案，有针对性地采取教育培训、导师帮扶、实践锻炼等措施，帮助改进提升，助力成长成才，动态跟踪掌握优秀后备干部的工作表现，完善干部“选育管用”全链条机制。对于纳入储备的优秀后备干部，表现突出的优先纳入提任“第一梯队”。

【启示与反思】

学校通过“五子工程”（摸清底子、扣好扣子、压实担子、搭好台子、常照镜子）建设，创新校本培训模式，为干部成长搭台铺路，总结提炼有效做法，形成符合本校特点、适合中层后备干部成长的机制。

一是，拓宽学校选人用人渠道。

新的选育管用机制打破了传统的选人用人方式，根据学校工作岗位需要扩大选人范围，选人用人视野得到拓宽。

二是，畅通干部能上能下的渠道。

新的选育管用机制变“伯乐相马”为“赛场选马”，以干部的德才、业绩和民意为依据，靠真才实学取胜，充分体现“能者上，平者让，庸者下”的竞争激励机制。

三是，优化学校中层干部结构。

新的选育管用机制为青年教师提供了展示才华和能力的舞台，为优化干部队伍年龄结构和知识结构奠定基础。

四是，提升干部队伍整体政治素质。

新的选育管用机制，注重对青年后备力量的“双培养”，使中层和后备干部中的党员人数占比增加。

五是，为学校注入新的活力。

新的选育管用机制选拔一批政治素质高、管理能力强、业务能力精、工作作风硬、年龄结构优的干部。这些新任的干部，不但综合素质高，受到了广大教职工的认可，而且思路清晰、方向明确，具备责任担当，为学校的改革发展带来新的活力。

立足三机制　解决三问题

北京市燕山向阳幼儿园党支部　刘红伟

【背景与目的】

在2018年的全国教育大会上，习近平总书记强调，“加强党对教育工作的全面领导，是办好教育的根本保证”。这对于全国教育界提出了更高要求，是新时代中国教育改革发展的重要指针，而党组织领导的校长负责制正是以习近平总书记的讲话精神为指引的一种领导体制，是集党组织集体领导和校长行政负责两个优势为一体，在党组织的集体领导下充分发挥校长积极性的一种管理模式。

2018年6月，年轻的向阳幼儿园党支部成立。历经三年的完善与建设，支部各项制度从无到有，党建建设从粗放到规范，党建品牌从零到初现轮廓，党员干部的先锋模范作用在各项工作中得到绽放，尤其是2019年9月，幼儿园党支部被确定为党组织领导的校长负责制试点单位，这更加助力了党支部的发展与进步。通过开展党组织领导的校长负责制的试点工作，支部确立了以下目标：一是能够进一步加强党对幼儿园工作的全面领导，明确幼儿园党组织把方向、管大局、作决策、抓班子、带队伍、保落实的领导职责。二是能够进一步加强幼儿园党建工作，发挥“向阳花·温暖”党建品牌的引领作用，加强幼儿园党建文化培育，提升党建品牌影响力。三是能够进一步发挥党建带团建、党建带队伍的工作机制，切实加强教师思想政治工作和幼儿的社会性教育，确保立德树人工作落到实处。

【做法与成效】

我们结合园所实际现状，对标对表，理清支部目前存在的问题，即党支部年轻、支部体量小且党政一肩挑，面对以上问题，我们对症下药，制定了三条切实可行的措施、机制，即立足“学习机制”，突出思想建设；立足“首议机制”，加强议事决策；立足“融合机制”，做到两担相平，进而明确了研究思路，为有效地开展试点工作做好了思想认知和行动方向的准备。

一、立足“学习机制”，学习教育从头学起

加强党对教育的全面领导是做好教育工作的根本保证。党的十八人以来，我国教育事业发展之所以取得显著成就，最根本的就是，在以习近平同志为核心的党中央坚强领导下，党对教育事业的全面领导得到有力贯彻，党对教育工作的领导得到全面加强。我们在试点研究过程中要牢牢抓住这一根本，做到两个到位。

（一）思想认识到位

作为年轻的党支部，我们加强党员干部、全体教职员工的思想政治建设，把思想政治工作，做在日常、落到个人，精心培养和组织一支会做思想政治工作的教师队伍，使教育领域成为坚持党的领导的坚强阵地。坚持把立德树人作为中心环节，把思想政治建设贯穿教育教学全过程，实现全员育人、全过程育人、全方位育人，这是做好试点工作坚实的思想基础和奋斗目标。

（二）学习教育到位

首先，加强试点相关文件、方案的学习，通过个人研读、班子研讨、教职工解读等方式，让试点工作的通识度达到100%。其次，是加强政治理论的学习。明确学习目标，突出学习重点，建立健全党员、教师经常性学习制度，通

过多种形式加强党员干部、全体教职员工的学习教育，不断提高学习教育的深度和广度，坚持理论与实际、学习与讨论、思想与工作相结合，着力用习近平新时代中国特色社会主义思想武装头脑，增强广大教师的政治责任感和使命感。

二、立足“首议机制”，集体议事从下谈起

面对支部党员数量少的问题，对于议事环节，经过支委会全面细致的思考，向阳幼儿园党支部党团员首议制度诞生了：党团员“首议制度”是指凡与党组织、党员及群众切身利益密切相关的事项，都必须先提交党团员大会讨论，让党团员先知晓、先讨论，然后再由支委会研究表决通过的一项议事制度。首议所产生的结果只是决策参政，不作决策结果，一经支委会形成决议，党团员必须带头执行。应属党内的研究议论的问题，要按照组织原则，通过支部会议决定，不作为议事内容。

党团员首议制度建立以后，我们充分发掘团员青年的主力军作用，用党建带团建，对于“三重一大”事项先在党团员中进行讨论研究，充分征求党团员的意见，为支委会议事决策提供了广泛的群众基础，形成了议事、决策、落实、监督四环节的环环相扣、严谨深入，切实做到了议事在前、议事在下、议事在全、议事在深的目标，自下而上地为集体准确、全面的“决策”做好了“议事”铺垫。

三、立足“融合机制”，决策落地从实做起

将党建与教育教学工作深度融合，实现党建工作与业务同部署、同落实、同考评。明确教育党建的根本任务就是落实教育工作根本任务，也就是为教育中心工作服务，与中心工作融合。面对我园党支部是党政一肩挑的模式，确实存在重业务、轻党建等问题，如何解决一肩挑两担、两担一样沉的问题，我园党支部在研究中努力发挥“融合机制”，切实做到了以下几方面。

（一）思想融入

将试点的理论学习与党员、教师日常的理论学习、思想教育，融入日常、抓在经常，融入教育教学工作，引导党团员教师立足本职，学理论、钻技能、强业务，努力提高履行岗位职责的能力素质。党支部推行党员教师“一对一”结对青年教师，有计划地对年轻教师进行专业指导，使群众教师不仅业务能力得到提升，更有助于他们思想的融入、政治理论素养的提升。

（二）工作融合

工作中突出党建在园所各项工作中的战斗堡垒作用，实现以试点为引领，与其他工作相融合。如在试点工作的引领下，形成了党组织领导下的保教工作、行政工作的“一核两轴”的中心工作框架体系。构建了向阳花·党建微课，通过课程的学习让党团员教师做好幼儿健康成长的启蒙者，为幼儿扣好人生第一粒扣子保驾护航。

（三）培养融通

抓好试点工作，就要持续发力，在融合的基础上做好每一点的贯通，我们认真贯彻落实“双培养”机制，实现党员、骨干的贯通，把骨干教师培养成党员，把党员教师培养成骨干，这样切实提高了党员队伍的先进性和纯洁性，引导广大教师树立坚定的政治信念和崇高的教育理想，用高尚的人格魅力，做幼儿幸福成长的引路人。

【启示与反思】

第一，立足三机制，破解了幼儿园领导体制改革的关键难题。

基于园所现状，针对推进党组织领导的校长负责制研究的瓶颈问题，探索形成了“学习机制”“首议机制”“融合机制”，这些机制破解了幼儿园领导体制改革的难题，厘清了思路，规范了程序，进一步加深了对“党对教育工作全面领导”的理解。

第二，立足三机制，加大了幼儿园党建研究的推进力度。

充分发挥党组织的战斗堡垒作用，坚持党组织集体领导、集体决策，用“四个意识”导航、“四个自信”强基、“两个维护”铸魂，不断强化党组织政治功能，加强了党的全面领导，不断凸显了支部党建特色，发挥党建品牌的作用。

第三，立足三机制，凸显了幼儿园党政融合的大文章。

树立了“一切工作到支部，一切规范在党员”的鲜明导向，切实与日常工作相结合，明确日常考核与量化，确保党组织在幼儿园中发挥把方向、管大局、作决策、抓班子、带队伍、保落实的作用。

党组织议事决策我们这样做

北京市燕山星城小学党支部　刘　晔

【背景与目的】

北京市燕山星城小学率先在北京市试行党组织领导的校长负责制，我校为第一批试点校，我们边试边做，边研究边行动，边实践边转化，已有初步成效。

星城小学试行党组织领导的校长负责制目前已有三年，试行过程中我们立足党对教育工作的全面领导，强化集体领导意识，集体决策意识，以及责任共担意识；分别通过制定实施细则，制定了支委会议事决策的重大事项十条、校务会议事十条，对支委会会前的前置研究、议题的提出、会中研究及决策等环节做出了明确规定。

【做法与成效】

党组织领导的校长负责制最大的改变之一就是议事决策方式的改变。

曾经，我们经历过失败的议事过程：

因为某件事书记和校长意见相左，会前也经过了充分的沟通但是还是没有达成一致，在此情况下书记召集支委会成员进行决策。会中，书记、校长各自阐明观点，两位副校长一人支持书记一人支持校长，决策的重担一下子落到了最后一名支委的肩上，这位支委委屈地表示自己弃权。于是议事会议以失败告终。会后我们分析失败的原因：一是支委会议事，应该以末位发言的顺序让所有支委充分讨论，所有支委是平等的，每个人都有权发表看法，我们这次议事之所以失败最大的问题是没有执行末位表态，造成其他支委无奈站队；二是支委会决策每个人都要表态，不存在弃权，但这位支委的弃权因规则被打破而造成；三是如果有争议的议题难以达成一致意见，可以投票表决，不宜举手或口头表达。

由此，我们意识到在今后支委会议事过程中必须强化规则意识。

一、重流程——会前议题汇总把关

一是所有支委要明确议题内容：如果支委会和校务会的决策议事范围不明确，学校重大事项的界限模糊，缺乏可操作性，这会影响支委会会议质量和决策效率，这个“模糊”不仅仅是定义上的“模糊”，更多的是我们对议事范围的不适应、不在意或者不重视。虽然北京市实施意见规定了支委会议事要点，但基于原有体制的惯性，极有可能存在议题不提交现象。还存在一个问题就是长久以来支委会会议议题多以党建内容为主，缺乏对教育教学、德育布置、工程问题、学校管理等偏行政类重要工作的研究部署。

二是星城小学党支部加强了对会议议题质量的把关，对于支委会的议题既注重对不同类型议题的统筹，同时增设研究性议题，例如十四五规划的讨论、教师队伍建设的策略研究等，让所有中层对支委会议事有清楚的认识。会前支委委员要填写“星城小学支委会会前议事汇集表”，一是为了广而告之各支委，知晓本次会议有哪些议题；二是提前收集议题让所有支委有所准备，提前备课，防止不议而决；三是让所有支委形成按规则办事的工作习惯。同时我们构建相关配套制度，为激发支委会成员集体智慧和依规议事的自觉，各位委员要明确议事的重要性。一些重大问题上风险大，不可预见内容多，大家互相提醒，多方考虑，有助于校长执行过程中少出现问题或不出现问题。

三是学校党组织议事程序为“三层循环式”：第一层为“事关教师利益的重大事项由教代会提出，支委会讨论，校务会落实”，也可能是支委会提出，教代会审议通过，然后落实；第二层为“学校重大事项由校务会研究提出，党组织会议讨论决定，校务会具体部署”，也可能是支委会直接决策，校务会分工落实；第三层为“重大事项的落实由支委会与教代会共同监督实施”的工作流程。

二、重程序——会中讨论关注细节

支委会议事必须关注以下十项内容：

第一，支委会强调一个“议”字；

第二，支委会有否决权；

第三，书记校长末位表态发言；

第四，全过程记录；

第五，所有支委都要表态；

第六，表态方式多样；

第七，每月至少召开一次；

第八,三分之二出席，三分之二通过；

第九,一题一议；

第十，支委会负责会后监督。

党组织议事决策中三个细节要格外关注：

首先，书记要最后表态，要在大家充分讨论的基础上书记做出最后的决策；将决策结果定为讨论通过、讨论未通过、暂缓再议这三种情况，要全程做好详细会议记录，每个委员充分表达个人意见后要签字、存档备查；支委会必须后续跟进，全程把控风险点，严格履行党支部的监督保障职责。

同时“三重一大”议事要做到“五记录”要求：

第一，决策事项；

第二，参与决策人；

第三，决策过程（详细记录）；

第四，决策结论；

第五，工作时效。

党组织集体决策的三个效果，也是显而易见的。第一，支委会会中充分交流意见，决策的科学性高了。第二，因为是党组织决定，而非校长个人意志，教师的赞成率高了。第三，凡是“三重一大”事项，都采用这一决策制度，大家依章办事的意识更强了。

其次，要杜绝支委会成员对于非分管领域的议题不发表意见现象，这样会导致支委会议题“议”得不够充分，会影响党组织集体作用的发挥，所以党支部对所有支委成员要有要求，支委会议事对事关学校发展的问题多有涉足，必须强调所有支委自觉加强管理水平与学习能力的双提升；由于党组织领导的校长负责制涉及很多新的机制，对党组织书记、校长的素质能力提出了很高要求，要求书记、校长以及支委会成员既会管理、善教学，又要讲政治、懂党建，因此，中小学校复合型领导队伍的建设迫在眉睫。

最后，学校为了减少会议可能以联席会议的形式对学校的事项采取党政共同决策方式予以确定，这可能就违背了集体领导和个人分工负责相结合的制度，但确实有这样的情况出现，基于问题导向和目标导向相结合的原则，联席会的会议记录要实施“双审阅”制度，确保党政思想一致、步调一致。

三、重监督——议事权责关注落实

校务会、支委会其实都是集体领导，但又有不同，支委会书记主持，原则民主集中制，少数服从多数；校务会由校长主持，校长在听取各方意见的情况下拍板定夺，布置落实。两个会议事内容和形式不相同。党支部不仅要监督支委会的决议落实还要监督支委会开在实处，要防止出现三种现象：

一是，开成“一揽子会”，大事小情统统端到支委会上来研究决定，越俎代庖包揽了行政的工作；二是，行政脱离党组织的领导，对事关学校全局的重大事项和教师利益的事项不提交支委会，使支委会形同虚设；三是，所有事情都让支委会人员签字，支委会变成了“签字会”，或只是跟各委员通报，不论不议，支委会变成“通报会”。

【启示与反思】

第一，提高认识——高标准议事规则决定议事成效。

民主集中制的落实、和谐的工作关系实现，需要制度规则的保障。诺贝尔经济学奖获得者布坎南，主张决策规则决定论。认为不同的决策规则导致不同的结果，一项政策的好坏取决于决策的规则以及规则之下的决策过程。所以，无论是党政分设还是一肩挑的学校，在试行初期首要工作是让所有人建立规则意识，有制度一定要执行，同时规则要不断完善不断改进，在实施过程中实现规则定位的准确和依章办事的强烈意识。

第二，完善制度——高要求突破党组织议事决策困境。

要建立完善的党政议事决策要求。党组织领导的校长负责制根本改变在于集体决策，要权责对应，充分体现依法治校，所以这种体制之下我们对所有支委会成员有要求：第一，要求包括党组织和校长在内的所有领导成员都必须以身作则，依法依章办事；第二，必须加强对权力的限制，在依法治校的框架下，协调好政治权力、行政权力和民主权力之间的相互关系，将权力关进制度的笼子里；第三，必须遵循正当程序，各权力在行使的过程中必须遵循法定的方式、步骤、顺序以及时限等，最大限度地保障有关主体的知情权、参与权、表达权和监督权。

第三，提高素养——高站位突破党组织议事能力困境。

支委会议事涉及学校工作的方方面面，对各位支委提出了更高的要求，尤其是学校的书记今后工作中肯定会涉及多功能定位：新时代的书记面临角色转换、面临能力欠缺，面临知识更新，面临要学习很多不熟悉的领域，党组织领导的校长负责制的实施对书记的要求越来越高，要有总揽全局的能力，更要善于沟通协调，时代特点要抓稳，中心工作不能丢，德育精髓要落实，还要懂一些财会知识，党组织融入中心工作不能做外行，这就要求我们所有的书记加强学习，提高自身素质，做复合型的学校领导人。

党组织领导的校长负责制的探索与实践

北京市燕山星城小学党支部　景芝玉

开展中小学校党组织领导的校长负责制试点工作，是深入贯彻落实党的十九大精神，推动全国教育工作会议精神落地的抓手，是加强党对教育工作全面领导的重要举措，是补齐中小学校基层党组织建设短板的有效途径。

【背景与目的】

关于校长负责制,《中华人民共和国教育法》第30条规定:“学校的教学及其他行政管理，由校长负责。”《中华人民共和国义务教育法》二十六条指出，“学校实行校长负责制”。

关于党组织领导的校长负责制，1990年中共中央颁发的《关于加强高等学校党的建设的通知》明确指出，高校实行党委领导下的校长负责制。2014年10月，中央办公厅颁布《关于坚持和完善普通高等学校党委领导下的校长负责制的实施意见》，要求普通高等学校实行党委领导下的校长负责制“必须毫不动摇、长期坚持并不断完善”。

伴随着中国特色社会主义进入新时代，对教育提出了新的更高的要求，需要我们以更高远的历史站位、更宽广的国际视野、更深邃的战略眼光去谋篇布局。全国教育大会明确指出，加强党对教育工作的全面领导，是办好教育的根本保证。

察势者明趋势者智，燕山教委党委审时度势，在全市乃至全国率先吹响了中小幼推进党组织领导的校长负责制的集结号。星城小学作为燕山地区第一批党组织领导的校长负责制试点校，在燕山教委党委领导指导下养正育正并轨，积极探索实践，及时梳理总结，取得了阶段性的成果，保证了学校办学的方向性，促进了学校管理的规范性，提升了学校办学的影响力，更铸就了学校健康发展的生命力。

【做法与成效】

作为学校校长、党支部副书记谈一些在实践过程中个人的体会与收获，以及试点工作对学校发展带来的变化与影响，希望能够为新加入的试点校提供一些借鉴。

一、加强学习明确站位正确理解（明确一件事）

最初听到“党组织领导的校长负责制试点工作”时内心还是有过疑问的：“问题一，开展党组织领导的校长负责制与通行校长负责制本质的区别是什么？问题二，党组织领导与校长负责是什么关系？”当然也曾有过幼稚的想法：“开展党组织领导的校长负责制以后学校的工作是校长说了算还是书记说了算？”

通过文件精神学习，以及在试点工作推进过程中不断领悟，不仅疑问得到了解答，也提升了自己对党组织领导的校长负责制全新的认识与理解。

党组织领导的校长负责制，是探索建立集党组织集体领导和校长行政负责两个优势为一体、在党组织的集体领导下充分发挥校长积极性的一种领导体制，是对中小学校管理体制与运行机制的一次重要变革，其核心要义是落实党组织对教育工作全面领导。同时健全党组织议事决策制度，完善协调运行机制，用制度来保障在党组织领导下、校长主持负责学校教学、科研及行政管理等工作，执行党组织关于学校重大问题的集体决策。

党组织处于领导地位，承担着把方向、管大局、作决策、抓班子、带队伍、保落实的领导职责。这就决定党组织要发挥领导作用，坚持党组织集体领导、集体决策，全面负责党的建设，把握学校发展方向，决定学校发展重大事项，监督重大决议执行，支持校长依法依规行使职权。

校长履行学校领导与管理工作职责的专业人员，要在学校党组织的领导下，主持负责学校教学、科研及行政管理等工作，推进落实《义务教育学校校长专业标准》《义务教育学校管理标准》《北京市中小学校长职级评价标准》等标准要求，保障学校重大问题要通过党组织集体决策，校长组织执行。

党组织领导的校长负责制，不是党组织领导和校长负责的简单相加，它是一个统一的整体，书记校长各自重任在肩，党组织作为学校改革发展稳定的领导是学校组织系统的决策中心；校长是学校管理系统的指挥中心和管理中心，是学校教育系统的执行中心。这两者是决策层与执行层的关系。所以试点中我们不能总是纠结校长和书记谁做主的问题，视野太窄了，也不能总是纠结支委会校务会哪个会先开哪个会后开的问题，必须认识到这是体制变革的问题，是这种集体领导体制如何在学校管理层面落实落地的问题。

二、组织好支委会校务会教代会（开好三个会）

学校在党组织领导下，坚持民主基础上的集中和集中指导下的民主相结合的原则。依靠和通过民主集中制，集中大家的智慧力量管理学校。贯彻集体领导、分工负责的原则，党组织统一领导学校工作，支委会、校务会、教代会承载学校主要管理功能。

支委会，对学校重大事项作决策。

校务会，对支委会作出的决策进行具体的落实。

教代会，是教职工参与民主管理学校的途径，对学校工作具有审议建议权、审议通过权、审议决定权和评议监督权。这四项权利能否得到落实，是衡量学校民主管理的重要标志。

工作流程：学校发现问题，由校务会或教代会向支委会提交议案，支委会研讨方案决策后由校务会进行具体落实，若涉及群众利益必须通过教代会审议后，再由校务会落实。同时，支委会、校务会、教代会对工作的落实都具备监督功能。

三、完善机制制度保证协调运行（处理好三个关系）

党组织领导的校长负责制，涉及党组织与行政、集体与个人、书记与校长三对关键的关系。完善党组织领导的校长负责制，需要正确认识与处理三对关系，在此基础上构建有关党政协调、集体决策与班子沟通的体制机制。

（一）要处理好党组织领导与校长负责的关系，完善协调机制

党组织领导的校长负责制中，党组织领导与校长负责是一个有机的整体。在这个整体中，校长既要作为党组织主要成员参与重大事项决策，又要在党组织领导之下行使管理职权，成为重大决策的执行者。可以看到，校长在党组织中地位与作用的体现与发挥，是“党组织领导”与“校长负责”能否成为有机整体的关键。换言之，处理党组织与行政的关系，实质是处理好党组织与校长的关系，要既保证校长对学校的行政管理工作全面负责，又要保证校长管理职权的行使处于党组织领导之下。

这就需要党组织与行政协调配合，分工合作。在学校重大事项上，党组织决策权与行政执行权相对分离有利于权力制衡，避免权力过于集中产生危害。但从提高决策质量与执行效率角度看，党组织与行政需要协调配合。作为行政最高领导，校长要尊重党组织决定，自觉接受党组织监督。校长既是学校党组织决策的具体执行者，同时也是主要决策者，校长的地位、作用的体现与发挥是党政能否协调运行的关键。党组织作为最高权力与决策机构，是支持与帮助校长开展工作的；事关学校改革发展的重大决策，在决策前充分听取校长的意见；党组织要为校长对决议的组织实施工作创造条件；对于校长在执行过程中遇到的问题和困难，党组织要积极帮助；在决策实施过程中党组织要履行监督职责。

（二）要处理好集体与个人的关系，完善决策机制

党组织领导的校长负责制涉及集体与个人的关系。党组织领导是指党组织集体领导，在党组织的集体领导下，经由党组织讨论决定的重大问题和重要事项，领导班子成员分工履行职责。同样，校长负责既包括校长个人的负责，也包括副校长在内的校长集体负责。就党组织领导的校长负责制中的“党组织”与“校长”而言，其关系的实质也体现为集体与个人的关系。

集体领导与个人分工负责相结合，关键是坚持集体领导、集体决策。书记是党组织集体的一员，不能将党组织领导等同于党组织书记领导；校长是党组织的一员，不能在“三重一大”事项上不经党组织决定而个人说了算；领导班子的每位成员，都要服从集体领导。集体决策方面，事关改革发展稳定和师生员工切身利益的重大问题、学校基本制度的确定和修订、内部机构设置及其负责人人选的决定和干部奖惩、基础设施建设和教学科研等方面的重要项目安排、年度经费预算与大额预算外资金使用等重要事项方面的决策，必须集体讨论与决定。

（三）要处理好党组织书记与校长之间的关系，完善沟通机制

党组织书记与校长在集体领导与集体决策中发挥着重要作用，书记与校长之间的关系很大程度上影响到党组织与行政的协调运行。作为党组织领导班子的“班长”，书记要切实肩负起抓党建工作第一责任人职责；校长要切实承担教学、科研及行政管理工作的全面责任，同时还要肩负起副书记职责；党组织重大问题讨论决定后，属党的建设和思想政治工作方面的由党组织直接组织实施，属学校行政方面的工作由校长统一组织实施。因此，要完善沟通与协商机制，具体体现在以下几方面：

建立健全沟通机制及会前书记校长沟通机制，党组织会涉及有关教学、科研、行政管理工作等议题，党组织书记应在会前听取校长意见；校长办公会有关重要议题，校长应在会前听取党组织书记意见；集体决定重大事项前，党组织书记、校长和有关支委成员要进行充分沟通；意见不一致的议题暂缓

上会，待进一步交换意见、取得共识后再提交会议讨论。

在探索与实践中总结出了经验：

书记要高明、开明，校长要精明、清明。

校长书记间要做到：性格相融，理念相通，相互坦诚，高度信任。

党支部书记“十五字”准则：不抢事、不推事、做实事、抓大事、解难事。

校长“十五字”准则：顾大局、多沟通、强制度、重流程、保落实。

初步成效：

党组织领导的校长负责制促进了学校党建工作的健康发展，推进了学校德育工作的特色发展，让学校的校风、教风、学风风清气正。

党组织领导的校长负责制为学校开展各项工作提供了一种保障。规范了学校的管理模式和治理结构，让决策、执行、监督权责清晰，形成闭环管理，规避管理风险，促进了依法治校；提升了学校管理团队的执行力，增加了教师对学校管理团队的信服力；凸显了集体领导的优势，提升了整体发展的核心动力，就像由普通列车升级为动车组，通过系统分工，将动力装置分散安装在每节车厢上，一级一级“动力叠加”，每个人都是动力源，团队就此协调配合，高效运行；推进了办学理念分层落地，养正课程体系健全，教师培训机制完善，保障了教学质量的提升。

【启示与反思】

实践表明，中小学校党组织领导的校长负责制并不神秘，也不是新生事物，某个环节或某些环节各校一直在运行。不过我们可以通过试点工作的引领与指导，做得更规范、更系统，从而使学校的管理更科学、更有效、更和谐。

中小学校党组织领导的校长负责制的推进，既不能故步自封也不能急于求成，要做到与时俱进。让我们一道，共同实践，一起探索，不断积累燕山经验，携手为打造小而全、小而特、小而精、小而美的燕山教育而努力。

以“融合工作法”探索党建工作新模式

北京市燕山星城幼儿园党支部　杨　毅

【背景与目的】

习近平总书记在第十八届中共中央政治局第十一次集体学习时强调指出“要推动全党学习历史唯物主义基本原理和方法论，更好认识国情……更加能动地推进各项工作”。这一论述体现了党中央对马克思主义哲学和方法论的高度重视。马克思主义哲学是我们党的理论基础，也是我们党指导一切工作的基本方法，对党建工作具有十分重要的指导作用。自2018年燕山教委党委开展地区党组织领导的校长负责制试点工作（简称试点工作）以来，星城幼儿园党支部在辩证唯物主义理论指导下，把求实思维、系统思维和战略思维及其领导方法运用到党支部的试点工作中，充分利用党政一肩挑的特点，在党建工作中逐步形成“融合工作法”，推动试点工作开展，并取得了一定的经验成果。

【做法与成效】

一、坚持党建思维引导试点工作，推动试点工作常态化

“思想走在行动之前，就像闪电走在雷鸣之前一样。”思想是行动的先导，思维模式问题也是党建工作首先要解决的问题。无数事例证明，党建工作必须建立系统思维模式，才能抓住整体，抓住重点，才能不失原则地采取灵活

有效的方法处置各项实践工作和事务。因此，星城幼儿园党支部从自身实际情况出发，运用求实思维，聚焦实际问题；运用系统思维，解决实际问题；运用战略思维，构建共同愿景。通过党建思维模式，将党建工作中的理论与实践有机结合，不断提升试点工作的高度、深度、广度、力度、精度和温度。有了党建思维的引导，幼儿园党建工作不再出现想抓就抓的现象，不再出现忙起来就忘了抓的情况，而是朝着常抓常新、不断创新的方向发展。

二、坚持试点工作与制度建设融合，提升党组织的领导力

制度建设是做好试点工作的重要保障。我们着力构建由党支部领导、园长负责制、教职工代表大会民主监督、家委会监督组成的“四位一体”治理体系，将党的领导嵌入幼儿园治理结构之中，并贯穿于制度建设的全过程。首先，架构重建，把握发展方向。在幼儿园领导层实现党政班子成员“双向进入，交叉任职”。党支部全程参与幼儿园章程建设、课程体系建设、教育教学管理、评价体系建设、校园文化建设等教书育人环节，把握好方向，确保党支部处于改革发展的领导地位。其次，流程再造，前置议事决策。根据“党管干部，党管人才，党管意识形态”的原则，设定议事内容和方式。第一类是针对干部人才、思想政治工作和德育工作的议事决策，先在党支部会议中研究讨论，在党政工领导成员中达成共识，形成集体意见。第二类是涉及幼儿园“三重一大”等重要事项，由党政联席会集体讨论决策，党组织班子成员要认真履行职责，积极参与幼儿园重大问题决策，保证党组织意图在决策中得到充分表达和体现。最后，督导融合，健全评价体系。建立和完善党建综合评价指标体系，并纳入幼儿园教育考核评价内容。坚持全面评价与专项考核相结合，与教育教学业务同部署，同落实，同考评，探索推行试点工作的融合督导机制，做到一个方案、一个标准、一支队伍、一次反馈、一份报告、 份档案。

三、坚持试点工作与课程建设融合，提升党组织的引领力

课程是幼儿园中心工作的核心，课程建设是实现育人目标、开展教育教学工作的桥梁。我们在加强园长对课程建设领导力的同时，也加强党组织对课程建设的影响力。一方面，以课题研究形式，进行园本课程开发。根据儿童发展对需要和园所实际情况，我们充分发挥党员干部的优势，党支部书记申报了“儿童戏剧体验活动课程开发的实践研究”课题，党员教师进行了开题报告的撰写。在实施过程中，我们引导教学科研部门规范校本课程的开发，注重戏剧课程的选材，突出体现中华优秀传统文化；在课程实施过程中，广泛听取党员教师和骨干教师的意见；在党组织活动中，积极开展讨论，组织党员教师开展校本课程示范课，起到引领作用。另一方面，以联盟共育的方式，助力园本课程开发。我们充分发挥组织协调功能，构建优质资源共享机制。在幼儿园内部，由党支部牵头建设网格化教育资源体系，从保育与教育联合推进健康教育，从教育与后勤联合推进安全教育，从党务与教育联合推进廉政教育。在幼儿园外部，由党支部牵头，构建幼儿园、家庭、社区三方教育资源体系。我们与星城教育联盟联合，多次开展师德教育、劳动教育等活动，取得了良好的效果。同时，我们以“小手拉大手”的形式，把幼儿园党建融入社区党建，积极参与社区治理，在清理垃圾、拆除违建、疫情防控等方面进行合作，发挥作用。这些举措产生了“1+1+1>3”的社会效应，反响良好。

四、坚持试点工作与队伍建设融合，提升党组织的凝聚力

依据《中共中央、国务院关于全面深化新时代教师队伍建设改革的意见》精神，我们将试点工作与教师队伍建设有机结合，充分发挥党员教师的“领头雁”作用，增强团队凝聚力。首先，抓党员，加强示范引领作用。为了更好地发挥党员就是一面旗帜的示范作用，我们开展了“党员领岗位领任务”活动，覆盖了保教、后勤、安全、家园共育、宣传等主要工作。每项工作都

由党员和部门负责人共同协商，使党建工作与园所各项工作有机联系，从细节上体现出党员的引领示范作用。其次，树典型，加强师德师风建设。在“双培养”过程中，我们紧扣教师专业素质，重视专业精神和专业能力的提升；同时，我们把业务学习和政治学习融合，把课题研究与德育融合，把专业能力与师德素养相结合，通过教研、团队建设等活动，在提升教师专业能力的同时，增强教师的职业幸福感。最后，强专业，全面提升专业素质。针对星城幼儿园青年教师多、专业能力弱的现状，我们组织开展了“党员导师”活动，把每一名党员教师看作青年教师的成长导师，从党支部书记到党员教师，每人带领三四名学员，从师德、教学技能、科研能力等方面，根据学员本人的实际情况，进行个性化的帮扶和培养。

五、初步成效

（一）制度执行落实到位

作为第一批党组织领导的校长负责制试点单位，近三年的时间，支部立足“小而精”的实际情况，发挥书记园长一肩挑的优势，不断完善“7+X”制度体系，促进融合工作法对幼儿园工作的领导，将原有支部的制度，进行可视化、结构化调整，把“教育教学”“卫生保健”“后勤安全”等部门进行融合，新组建“评价研究中心”“战略发展中心”“课程发展中心”等六个中心，有效打破原有组织界限，“网格化”管理从之前横纵结合的平面管理向三维的立体“多面体”管理过渡。至此，幼儿园各项制度真正落实到部门、落实到班级、落实到人，规范性作用日趋明显。

（二）园所文化创新发展

星城幼儿园党支部立足北京市学前教育发展现状及园所实际，以党建思维与融合工作法为依托，创建了“幸福”党建品牌与三个工作法，即融合工作法、养爱工作法、育美工作法，分别指向支部书记工作、幼儿品德启蒙工作及干部队伍工作，并取得显著效果，强化了党支部战斗堡垒作用，推动幼儿园稳定优质发展。同时，幼儿园党支部将“幸福”党建品牌与“家文化”建设目标对接，充分发挥党组织的引领作用，激发全园教职员工的工作热情，使幼儿园处处洋溢着一种温馨和谐、积极向上的精神氛围，形成了心往一处想、情往一处聚、劲往一处使的良好局面。

（三）队伍建设持续提升

在教师队伍建设中，党支部极为重视教师队伍的理论学习，通过开展系列活动不断提升教师师德素养，践行教师职业道德。结合社会主义核心价值观安排集体学习和自主学习，引导教师树立正确的职业观，不断加强教师队伍的思想建设，提升教师服务意识，在不断提高个人素质与工作水平的基础上，培育出了相互服务、相互支撑、思想统一、凝心聚力的教师队伍。

【启示与反思】

星城幼儿园在“党建思维+融合工作方法，探索党建工作新模式”的实践中，总结出以下经验与启示：

一、强化守章立制，促党建工作与制度建设合力

在党建工作中，制度建设是根本性、全局性、稳定性、长期性的建设，不断提升制度建设的系统化、科学化水平，是保证和发展党支部先进性的重要举措。因此，立足全局，着眼长远，把制度建设当成党建工作先进性建设的治本之策来抓，不断强化制度体系，是推动党建工作平稳有序发展的重要经验之一。

二、整合教育资源，促党建工作与课程建设合力

课程建设是园所教学的基本建设，也是幼儿园党建工作中的基础。加强课程建设，整合教育资源，提升教学质量，深化教学内容和教学方法改革，是落实新课改计划的需要，也是形成园所办学特色的需要，更是幼儿终身发展的需要。因此，要加强党建工作对课程建设的领导管理和规划建设，全面促进幼儿园教育教学质量稳步提升。

三、加强师德师风，促党建工作与队伍建设合力

教师在教育中的特殊地位决定了园所党建工作必须要重视队伍建设这一重要问题。幼儿园教师队伍不仅肩负着全面贯彻党的教育方针、落实立德树人根本任务，还肩负着培养德智体美劳全面发展的社会主义建设者和接班人的根本任务。加强师德师风，为幼儿健康成长履职尽责，是每一名教师职责所在。因此，不断加强教师队伍建设，必将对幼儿园党建工作产生深远影响。

作为燕山地区中小学校党组织领导的校（园）长负责制试点工作的第一批试点单位，我园试点工作从最初的“跟着感觉走”“看着别人做”的状态，到每一项工作都系统思考，整体谋划，全面布局，抓住重点，灵活创新，形成试点工作与各项工作融会贯通，党支部的领导作用得到发挥，力量得到加强，党建与教育工作取得新成果，幼儿园办园质量呈现出新面貌。今后我园将不断总结、不断完善、不断实践，坚持以习近平新时代中国特色社会主义思想为指导，全面贯彻党的教育方针，努力为新时代学前教育改革贡献新的力量！

五个“最好”的党管德育新体系

北京市燕山星城中学党支部　郭庆芳

【背景与目的】

在党组织的引领下，2011年学校提出“相信自己，赏识他人”办学理念及“做最好的自己”的校训，遵循“求真、向善、为美”的学校价值观，发展完善科学课程、人文课程和艺术课程。通过实施“赏识教育”，提升了社会对学校教育的认同感，激发了教师发展的动力，促进了学生的健康成长。但在如何把党组织的思想政治工作、意识形态工作和学校的德育工作紧密结合上，党的思想文化、组织文化、廉政文化如何引领学校发展上还需进一步探讨。

【做法与成效】

结合学校“做最好的自己”的校训，以社会主义核心价值观为统领，学校党组织提出了“润德党建铸魂育人”的党建工作特色思路。润德党建以大德育理念为基础，通过培植干部的政德、厚植党员的德行、涵养教师的师德、培育家庭的美德、锤炼学生的品德，引导干部做“最好的榜样”、党员做“最好的先锋”、教师做“最好的引路人”、家长做“最好的表率”，从而促进学生做“最好的奋斗者”的铸魂育人目标。

一、培植政德，干部做最好的榜样

干部是教学的骨干，管理的中坚。党支部以党管干部的原则，激励引导教育干部，锤炼担当作为的干部队伍。

（一）选人用人，树立榜样标杆

党支部在选拔青年干部和后备干部时以中青年教师群体为依托，选拔政治可靠、人品过硬、业务过关的优秀教师充实干部队伍。这既对优秀中青年教师委以重任，又在师生中发挥榜样引导的隐性教育作用，激发了干部队伍活力。

（二）强化学习，提高政治素养

学校领导班子认真参加北京市干部在线学习。中层干部积极参加燕山工委、教委党委的培训。党支部把理论学习中心组扩大到所有的中层干部队伍。学习使领导干部不断提高政治理论素养、政治能力和政治本领，为学校发展提供有力思想保证。

（三）注重实践，强化过程管理

党组织根据后备干部各自的能力和特长，有意识地让他们参与行政管理，鼓励他们勇于担当，各司其职，团结协作，发挥创新才能、管理艺术，为学校教育教学做贡献。干部每学期向教职工述职，接受教职工监督。

二、厚植德行，党员做最好的先锋

一个党员一面旗帜。学校党支部严格党的组织生活制度，教育管理监督党员；创新方式方法，增强党的组织生活活力，打造率先垂范的党员教师队伍。

（一）学习强信念

共产主义远大理想和中国特色社会主义共同理想是中国共产党人的精神支柱和政治灵魂。在学习中，党支部以“五个一”为标准，要求党员教师讲授一堂党课、观看一部教育片、撰写一篇学习心得、参与一次知识测试、参加一场专题讨论，引导党员教师增强“四个意识”、坚定“四个自信”、做到“两个维护”，争做“四有”好教师的示范标杆。

（二）行动显担当

党支部注重在日常行动中发挥党员教师的先锋模范作用。党支部以亮身份、亮承诺、亮形象要求党员教师做好日常功课，通过示范课、示范岗、责任区展示良好形象。党支部结合学校实际推出党员教师“一对一”结对帮扶制度、贫困家庭学生免费就餐制度及看望慰问生病困难学生制度，让学生感受党组织的关爱与呵护。党支部以主题教育为契机，开发特色活动，不断增强党员的先进性。

（三）考核促提升

年终时，党支部以群众测评、党员自评、党员互评的“三个评”方式考核评议党员，发现问题及时谈话引导，加强党员的自我监督和民主管理，不断提高党员素质，加强党组织建设，落实从严治党要求。

三、涵养师德，教师做最好的引路人

党支部树立“大思政”理念，加强师德建设，培育“灵魂之师”“品行之师”“工匠之师”，引导教师做最好的引路人，从而更好地帮助学生扣好人生“第一粒扣子”。

（一）建设思政课教师队伍，育“灵魂之师”

思想政治理论课是落实立德树人根本任务的关键课程。党支部努力把思政课打造成铸魂育人的“金课”，召开会议专题学习习近平总书记在学校思想政治理论课教师座谈会上的重要讲话精神，要求思政课教师努力以“六个要”加强自身建设，坚持“八个统一”上好日常的每堂思政课。

（二）抓实班主任队伍，育“品行之师”

党支部重视班主任理论学习，不断提高班主任自身修养，增强使命感和价值感，更好落实教育方针。党支部要求德育处不定期邀请专家进校做讲座，加强班主任教育学、心理学等专业知识学习，提高专业素养。党支部引导班主任增强大局意识、协同意识，积极配合任课教师做好课堂管理，上好常规班会课，落实日常班级管理，增强责任意识。

（三）引导学科教师队伍，育“工匠之师”

党支部通过多层面把党的思想文化、组织文化、廉政文化和学校工作结合，提高教师政治素养；加强课堂指导，引导教师将积极的情感和正确的价值观融入课程教学；参与学校课程的开发、评审与实施，强调在课程中强化优秀传统文化和社会主义核心价值观教育；组织教学处挖掘身边好老师事迹，树立典型，培养学生尊师重教的品格。

四、培育美德，家长做最好的表率

家庭是学生的第一所学校。为了更好地发挥家庭教育的作用，发挥家庭美德的辐射影响，合力育人，党支部注重开展家校合作。

（一）参与社区综合治理，育公德

党支部以区域化党建为契机，积极参与区域党建活动。“小手拉大手”参与社区综合治理活动，引导学生和家长们共同清除地下室公共空间安全隐患。这既引导了家长，也教育了学生。

（二）建设良好家教家风，育美德

党支部组织德育处开展家教家风征文活动，发掘家教家风，巩固家教法宝，交流家教经验。党支部联合燕山工委宣传部、社区、妇联为家长开设心理讲座，帮助家长学习育儿知识，掌握科学家教方法，提升教育理念，提高家教水平。

五、锤炼品德，学生做最好的奋斗者

为使社会主义核心价值观成为青少年学生的日常行为准则和自觉奉行的信念理念，学校党支部从落细、落小、落实入手，注重认定和养成，做到坚守和践行。

（一）校园氛围，以文化人

党支部把握审核德育活动的体系和方向，学校主题教育活动围绕育人目标分两条主线系列化、具体化开展。一条主线是以年级为单位的时间线，一条主线是以月份为单位的空间线。体系化的德育活动使社会主义核心价值观教育持续深入开展。

（二）志愿服务，以德立身

党支部、团委推行学生会执勤制度，设立节粮监督员、纪律监督员等，学生在服务中自我约束与教育，并发挥同伴榜样作用。党支部启动“小手拉大手”活动，鼓励学生走进社区参与活动；广泛开展爱心义卖等学雷锋活动，创设学校爱心助困基金。这些道德实践活动引导学生将认知内化为品行。

（三）生产实践，磨炼意志

党支部牵头利用学校空地建成“爱绿护绿基地”“生物探索实验基地”“教工爱农体验基地”。班级有了责任田，学生有了管理权，无论课间还是午饭后都能看到学生在基地里辛勤劳作的身影。农业基地的建成激发了学生从事农事劳动的兴趣，锻炼了不怕苦、不怕脏的坚毅品格。

在党组织的引领下，学校形成了管理育人、教学育人、教育育人，家庭社会协同育人的全员、全方位、全过程的育人体系。干部队伍凝聚力增强，尽职尽责，分工协作。党员理想信念增强，尽心尽力发挥模范带头作用。教师更加注重一言一行对学生的影响，潜心教书，专心育人。学生更加勤勉向上、团结向善，在各项活动中展现出良好的素质和风貌。学生、教师通过社区活动展示了风采，树立了形象，党建工作、学校工作得到创新与发展。

【启示与反思】

一是，党管德育重在领航德育发展方向。

润德党建工作法立足新时代中小学校面临的新使命、新任务、新要求，学校党组织加强对德育工作的领导，促进党组织工作与教育教学中心工作紧密结合，充分发挥党组织在学校事业发展中的战斗堡垒作用。

二是，德育新体系是党管德育的重要支撑。

五个“最好”探索建立的党建引领新德育体系，为抓好学生德育工作、做好教职工思想政治工作、推进师德师风建设，更好地落实“把抓好德育和思想政治工作作为中小学校党组织重要任务”的要求提供了重要支撑。

三是，党建+工作还有待进一步探索。

教育引导青少年学生自觉培育和践行社会主义核心价值观，涉及教育工作的各个环节、各个方面，党组织如何引领学校更好地敞开大门办教育，引导全社会关心支持基础教育，协调形成体现社会主义核心价值观的教育治理环境，党建工作可持续发力的制度安排、互联网下的党建工作等方面还有更多可探索的内容。

强试点工作 促“五维”发展

北京市燕山羊耳峪小学党支部 刘海燕

羊耳峪小学始建于1993年，是燕山地区唯一一所普特相融的学校。学校现有教职工30人，党员15人，今年又确定了两名发展对象，党员人数已占全体教职工50%。学校党支部坚持党建领行，以党组织领导的校长负责制试点工作为契机，从“融合、精准、参与、辐射、执行”五个维度抓思想，聚人心，夯基础，激活力，有力地推动了学校高质量发展。

【背景与目的】

自2019年我校成为党组织领导的校长负责制试点学校以来，通过深化党组织建设，压实全面从严治党主体责任，学校的党建工作基础不断夯实，党建水平不断提高。但是在实现党建工作与学校中心工作深度融合方面仍存在一些问题，使学校党支部的组织力稍显不足，党员的先锋作用有所弱化，民主议事决策程序尚未规范等。为此，学校党支部积极探索“五个维度”模式，推进党组织领导校长负责制试点工作，促进党支部各项工作水平的提升和党员厚德先锋作用的发挥，形成党建工作与学校中心工作互融、互促、互赢的良好和谐局面，推动学校全面发展。

【做法与成效】

一、做法

（一）增进党政融合度，引领内涵发展

党组织领导的校长负责制试点工作，促进了党建与中心工作的有机融合，“一岗双责”全面落实。党支部通过建立“微分工”“微通报”机制，实现了党政深度融合，发挥了“领头雁”作用，有力推动了学校的内涵发展。

1.“微分工”明确党政融合思路

“微分工”充分发挥党组织的领导作用，健全党建工作责任制度。把党政工作责任细化分工，一目了然，从严治党作为分内之事、应尽之责，真正把担子扛起来，种好自己的“责任田”，实现了党政思想同心，目标同向，行动同行，密切配合，互相支持，推动学校工作上台阶、上水平。

2.“微通报”实现机制良性循环

党政沟通制度是实现党政融合的连心桥梁。按照议事规则，“大事”会上讨论决定，“小事”会下微通报。在促进党政融合的过程中，建立健全微通报机制，一个电话、一条微信……实现了沟通的良性循环。

（二）提升管理精准度，营造民主氛围

试点工作推进了党支部标准化规范化建设，提高了管理精准度，增强党员干部的大局意识、服务意识，营造统一领导、上下协同的民主氛围。

第一，常规工作，网格流程化。支部将常规工作进行梳理，工作程序进行规范。梳理了支委会、党小组、“三会一课”、民主评议党员、主题党日等工作程序，将党支部日常工作流程具体化、图表化，确保了规定动作做到位。

第二，主体责任，网格清单化。认真贯彻落实全面从严治党工作任务，对工作任务进行责任分解，制定责任清单。党支部对干部落实清单的情况跟

踪检查，做到一周一自查、一月一小结、一学期一述职，一学年一测评，督促班子成员认真落实。

第三，“掌上平台”，网格效能化。依托互联网平台，加强党员的教育管理。一是党支部以党小组为单位建立了“掌上小课堂”“掌上小讨论”等，便于有效管理党员，实现了党员学习教育的便捷化。二是坚持落实“1+2”党员干部“掌上联系制度”，做到真挚诚恳，会听善解，发现问题，提交支委会共同研讨，并及时整改。小小平台引领党员在学习中提升，在实践中巩固，在检视问题整改中增强党性修养。

（三）重视教师参与度，凝聚集体智慧

学校党支部积极拓宽渠道，广开言路调动教师的参与意识，真正让教师参与到学校的民主管理之中。

第一，广开言路，集体研磨。学校的重大事项议事决策，党支部十分重视教师的理解和认同，创造多种形式随时征求意见，把教师吸引到学校管理中来。学校工作的各项工作都是按照《试点细则》规范实施，即由支委会牵头起草，之后通过支委会、校务会、教代会、家委会等形式多次研讨修改之后执行，以此引导教师积极参与学校管理，激励教师广开言路、敢于直言，发挥集体智慧，不断推进决策的民主化、科学化，保障支持校长依法治校。

第二，全员参与，凝聚力量。通过线上微信课堂、线下研讨，开展形式多样、多层次、全方位的宣传推广，形成人人知晓、人人参与、统一思想、提升认识的浓厚党建工作氛围，增强了支部的凝聚力。

（四）拓展党员辐射度，树立先锋形象

一名党员就是一面旗帜，一个支部就是一座堡垒。学校充分发挥党员示范引领作用，让每一个党员成为一个辐射源，以点带面，树立学校“厚德先锋”形象。

第一，“厚德先锋岗”引领促发展。学校党支部设立了党员“厚德先锋”示范岗，向全体党员发出倡议：“亮身份、树形象、做表率”，充分发挥党员骨干教师的示范引领作用，通过党员骨干教师“一带二”帮扶机制，针对青年教师进行思想上引导、工作上指导、心理上疏导，引领他们思想、业务走向成熟，如今又有两名青年教师被评为区骨干。

第二，“天使服务队”先锋有担当。党支部根据教师专业特长及特教班孩子的需求，组建了卫生保健、科普教育、心理辅导等“天使小队”，定期开展帮扶活动。全体党员积极参加社区卡口、桶前值守等志愿活动，用实际行动助力防控，彰显了一名共产党员的忠诚与担当。

（五）强化工作执行度，确保阳光运行

习近平总书记强调，要加强对权力运行的制约和监督，让人民监督权力，让权力在阳光下运行。党支部积极探索民主监督机制，强化工作落实的执行力度，让学校充满阳光。

第一，“民主例会听证制”推进党务校务公开。党支部坚持“两公开四步法”召开“民主听证会”，即定期公开征集议题、公开听政会结果，以及事先告知、民主协商、监督过程、结果反馈。每学期，支部向党员教师代表通报近期学校工作情况、“三重一大”及老师们普遍关注的问题，针对党建工作中遇到的新情况、新问题，广泛听取意见，并及时改进工作，推进了党务校务的公开透明。

第二，“厚德先锋积分制”确保工作阳光运行。支部为了激励党员发挥先锋模范作用，实行了党员积分卡管理制度。在实践中我们不断完善评价标准，用积分记录党员变化、衡量党员作用、评价党员标准，促使党员肩上有责、争先有标、行为有尺、考核有据，实现小小微积分，将党建工作的暖心工程落到实处，让党员随时查阅积分，激发了党员内在活力。

二、成效

（一）党员先锋模范作用更加凸显

试点工作提亮了厚德党建品牌，丰富了党建工作的内涵，党员教师的身份意识、主人翁意识、担当意识不断强化，学校发展已然是党员教师的“心里事”。全体党员带头敬业奉献、带头服务群众、带头学习提高、带头立德树人，先锋作用不断凸显。疫情期间，全体党员下沉到社区防控第一线，自觉当好战斗员、宣传员和服务员，与社区工作人员一起，参与疫情防控工作，把好管辖社区防疫关口，表现出“抗击疫情，党员当先”的责任担当。

（二）教师核心素养不断提升

党支部充分发挥引领作用，让群众看到了党员的先进性，不知不觉靠近党组织，听党指挥。教师们在政治意识、思想水平、业务能力方面不断提升，责任心和使命感不断增强。同时，老师们在国家、市、区等各级各类评比中也取得了较好的成绩。试点工作凝聚了人心，激发了全体教师积极主动的工作热情，推动了各项工作的开展，形成了促进学校发展的合力。

（三）校长依法治校更具有保障

试点工作推进过程中，党支部不断完善管理机制，规范了议事决策程序，细化了议事决策事项，明确了议事决策执行责任，学校党组织充分发挥领导作用，全力支持保障校长依法治校。

（四）学校办学特色进一步彰显

学校在支部的引领下，党员干部的“一岗双责”意识不断增强，形成了党政齐抓共管的工作局面，激发了全体教师的干劲和动力，营造了全体教师上下一条心，学校一盘棋的团结协作的和谐氛围，“厚德教育”办学理念更加凸显，推动了学校高质量发展。同时，学校荣获了“北京市文化建设示范校”“北京市义务教育标准化达标校”等荣誉称号。

【启示与反思】

一是，坚持党建引领，强政治。学校党支部突出党建引领，强化政治保证。全面落实从严治党主体责任，最大限度地发挥党组织的统率作用，充分发挥党员的先锋模范带头作用，彰显厚德情怀，推进党建与学校中心工作同谋划、同部署、同推进、同考核，努力把党的领导贯穿办学治校的整个过程，渗透到教育教学的各个环节，融入立德树人全过程。

二是，坚持问题导向，强实践。党支部将持续探索“五个维度”工作模式，并在实践工作中进一步印证，及时发现试点工作中的问题，积极调整工作方法，提高工作的实效性。通过实施党组织领导的校长负责制，厚德党建品牌更亮，干部凝聚力更强、党员先锋模范作用更突显，学校运行机制更加顺畅，立德树人根本任务更加有效落实，实现学校治理能力不断提升。

三是，坚持制度建设，强机制。在推进试点工作的过程中，进一步完善决策、执行、监督管理体系，把制度建设、民主参与、信息化应用整合成一个科学规范的民主议事决策机制，全校形成了上下联动、左右协同的一盘棋民主和谐校园氛围。

今后，学校党支部继续充分发挥党组织的领导作用，持续探索试点工作有效路径，赋能学校高质量发展。

决策执行立规矩

北京市燕山职业学校党支部　韩显辉

【背景与目的】

2019年7月，我校作为燕山地区第三批试点单位开始实施党组织领导的校长负责制，经过近两年的实施运行，坚持贯彻落实燕山教委党委的工作指引，逐步摸索适合自己的组织建设模式，明确了支委会议、校长办公会职能定位等制度建设，结合学校实际情况形成了一套试点工作方案，已取得明显成效，学校各项工作在党建统领下，办学成效、议事规则、校风校纪、职工爱校等方面都保持良好态势。

【做法与成效】

一、做好推行新领导体制的宣传和解释工作

近几年来，燕山教育系统扎实推进此项工作，“党组织领导的校长负责制”工作稳步推进。我校全体教职工的思想认识程度有了新提高。积极探索、创新实践，不断建章立制、把此项工作纳入学校党建工作考核体系，确立党建引领的发展思路，确保党的领导更加坚强有力。

在最初的阶段，有以下两个问题：首先，部分党员干部主观上不愿谋划项目，因为在实施推进过程中，有大量的具体工作要分散到基层，个别人存在躲避思想，还有一部分人有“重业务轻党建”的思想，认为只要把教学培

训业务抓上去，就可以“一俊遮百丑”，党建项目做不做不重要。

其次，有些支委会成员缺少对项目的深度思考和深入研究。在我校目前党政分设模式的校长负责制下，校长的职责范围广而实，而书记的职责则窄而虚，有时会造成强校长、弱书记的领导配置。

这种现状往往会影响党组织的领导地位，这些都需要支委成员统一思想。我们在实施中，让全体教职工了解到，要坚持系统思维，主动找准定位。推进实施“党组织领导的校长负责制”，首先要准确理解其科学内涵，本质上是以民主集中制强化党组织领导下的班子建设，以班子建设强化党建引领学校发展，强化党对学校的全面领导。党组织应发挥好领导作用，是宏观性、方向性、原则性的领导，总揽学校改革发展稳定的全局，统揽不包揽，集中力量把方向、管大局、作决策、抓班子、带队伍、保落实，确保党的路线方针政策在学校得到贯彻落实；校长应服从党组织的统一领导，自觉维护党组织的领导地位和权威，不能削弱更不能脱离党组织领导，在党组织集体领导下依法行使职权，依靠不依赖，积极主动地做好学校管理工作。党组织领导与校长负责是一个有机整体，相辅相成、相得益彰。

二、扎实做好组织建设和制度建设，全面加强学校党的领导的工作格局

作为试点校，最初在思考如何形成一套行之有效的方案时，学校班子成员一致认为试点工作要牢牢扣住将党的领导、党的建设贯穿办学治校、立德树人全过程，为推进学校教育发展提供坚强政治保障和组织保障。

针对学校现实情况，学校第一个落脚点是抓好组织建设和制度建设。鉴于学校此前组织建设方面存在覆盖面不广和深度不够的情况，我们借鉴“支部建在连上”的做法，同时按学校部门对党员进行配置，确保学校各个部门都有党员，这一组织建设实现了党组织覆盖全校各部门，提升了学校各级人员对党建工作重要性的认识，有利于党建工作和学校日常工作同步融合进行。

在制度建设方面，学校党政班子共同商议，研究制定了学校议事规则，进一步明确了党组织职责、校长职责，秉承着在工作职能上分，在工作目标上合的原则，形成了党管决策，政管落实模式。譬如事务性工作、常规性工作上分开来做，在涉及学校发展、执行上级要求、师德建设、队伍建设、学生思想等方面共同来做。党是在政策、方针上把握指导，政是在具体操作执行上指导，工作关系上相互配合，最终目的都是促进学校发展、师生成长。

在组织建设和制度建设的同时，党组织领导的校长负责制也经受住了实践的检验。2020年初新冠肺炎疫情发生后，学校第一时间启动应急防疫工作。学校严格按照党组织领导的校长负责制开展各项工作，在制订各项防疫方案时，学校党支部及时贯彻中央和市委各项精神，决策时提供建议和指导，譬如明确提出防疫时要发挥党员模范带头作用，各项工作党员要冲在第一线。同时，支委全体成员参与全程工作，既是对学校防疫工作的支持也是代表党组织进行监督，保障各项工作严格稳步有序进行。

三、做好党员队伍的建设，充分发挥每一位党组织成员的作用

学校高度重视党员教师的专业成长，采取多种举措努力使优秀教师成为党员，使党员教师成为业务骨干，以带动更多教师提升专业素养。聚焦学生德育，利用劳动教育的课程优势，以“劳动过程”特色之优长培育和践行社会主义核心价值观。通过每一位党员在基层的教学，发现问题、反映问题、解决问题，以构建及时准确的信息渠道助力培训教学和其他业务的发展，全力推进学校创新发展。

四、严格按照规定程序，实施学校各项工作

2020年10月，学校根据“一校一品三服务”的发展规划，决定在家政养老领域发展培训，这是一个全新的培训项目，教学计划、设施和师资都需要从头

筹备，其中教学设施的配置作为“三重一大”的内容提到了议事日程。

首先，由分管教学的支委委员、副校长李立娜提出增设培训项目方案，由教务处的相关教师参与意见，宋勇校长和韩显辉书记在方案的设计过程中，分别跟教师们进行了调查，从行政和党务两个渠道进行了了解，掌握了不同的信息；在准备充分后，由书记召开支委会，会上，由李立娜副校长对教学方案作出说明，其中包括改造教室和采购家政养老教学设施的资金需求，并给各支委委员过目。

三天后，再次召开支委会会议，韩显辉书记主持。各委员依次发言，对改造教室工程要不要做、采购教学设施的预算合不合理等问题发表意见，韩显辉最后表态。按照民主集中制原则，多数人当时表示同意，纪律委员佟云红对培训发展的一些细节提出了顾虑，经大家共同分析，最后全部都同意，最终会议通过了这项增设培训项目方案。

两天后，学校召开校务工作会议，按照支委会议的要求一一落实，宋勇校长根据学校教室分布、师资配备和资金情况，安排负责行政后勤的徐暤副校长对项目的硬件建设跟踪监督，李立娜副校长对项目的软件筹备实施负责，并对能预料到的各个细节都做了分工；随后，韩显辉书记布置了项目的跟踪监督事宜，确保及时纠偏，保证项目质量。

在大家意见一致的情况下，在此项目的筹备过程中，都表现出了很强的积极性，同时，在后期的党员大会上，韩显辉书记也对党员做了要求，鼓励大家在筹备新项目的过程中，要积极到头，遇到困难时，要勇挑重担，充分起到带头模范作用，对近期项目顺利推进有积极作用。

在支委会议过程中，我们格外重视三个细节：第一，书记要最后表态，不能第一个“抢头”定调。第二，全程做好会议记录，每个委员对个人意见要签字、存档。第三，指定纪检委员后续跟进，全程把控风险点。同时，有三个好处：第一，党总支会议充分交流意见，决策的科学性高了。第二，因为是支委会决定，而非校长个人意志，教师的赞成率高了。第三，凡是“三重一大”事项，都采用这一决策制度，大家依章办事的意识更强了。

【启示与反思】

党组织领导的校长负责制在实际实施过程中，解决了以前的很多问题，比如，学校权责划分不明确、权力制衡缺失、校长个人意志强、缺少监督约束，党支部与教代会成为校长领导下的下属部门，应有的民主监督不能够发挥作用；教师在教育教学工作中或多或少采取慵懒行为，简单地完成学校下达的教学教育工作任务，缺乏民主意识，工作没有积极性，导致学校教育教学工作没有活力，没有了首创精神，没有了特色，也没有了群众性。现在，这些问题已经得到了很大的改善。

总结两年来的试点工作，学校教师深深地感受到“负责制”利于工作的协调安排、统筹布置，相互理解，相互配合；新的议事规则使管理更规范、更合理、更顺畅，使决策更科学、更符合实际，有力地推动了学校各项事业的进一步发展。